한국어 학습자를 위한 음운교육 연구

저자 박덕유 외

박문사

한국어 학습자를 위한 음운교육 연구

머리말

　밖으로는 한류 열풍으로 한국어를 배우려는 사람들이 갈수록 늘어나는 추세이다. 더욱이 요즘 대한민국에서 대중적 인기를 얻는 유행음악을 총칭한 이름의 K-pop이 아시아를 넘어 유럽, 남미 등 세계적으로 큰 인기를 얻으면서 한국어에 대한 관심이 점점 고조되어 가고 있는 실정이다. 이에 한국어교육의 필요성이 대두되고 있는 상황에서 보다 정확한 교육이 수반되어야 한다. 특히, 한국어는 실제 발음과 표기가 일치하는 경우도 있지만 다른 경우도 많기 때문에 이에 대한 교육이 반드시 필요하다. 예를 들어 '국민'을 '궁민'으로 '해돋이'를 '해도지'로, '보냅니다'를 '보냄니다'로, '갖고'를 '갖꼬'로 '좋겠어요'를 '조켔어요'로 표기하는 외국인 학습자들의 오용 현상이 매우 많다.

　이에 한국어에 대한 정확한 언어생활을 할 수 있는 다양한 교수·학습이 필요한데 그 출발점이 음운교육일 것이다. 한국어교육의 기본적인 발음교육과 음운교육을 이해하는 데에 중점을 둠으로써 표음주의와 표의주의의 이중 구조에 따른 내용과 특성을 학습해야 한다. 따라서 한국어의 음운 체계와 음운변동, 음의 길이, 형태의 연접, 문장의 억양 등 음운의 제반 원리를 학습하고, 이를 실제 한국어교육 현장에서 사용하도록 한국어 음운교육에 대한 정확한 학습 방안을 모색해야 한다.

 이에 본서는 모두 4장으로 구성되었다. 제1장은 한국어 음운교육의 내용과 방법으로 우선, 한국어 음운 학습의 내용과 방법을 통해 한국어 학습자가 음운 영역에서 학습할 내용을 소개하고, 외국인 학습자들의 오용 현상을 분석하여 그 학습 방안에 대해 고찰하였다. 그리고 주요 대학 교재를 분석함으로써 한국어 음운교육 내용 선정 및 배열이 제대로 이루어졌는가를 살펴보고 이에 대한 학습 방안을 제시하였다. 제2장은 한국어 학습자를 위한 발음교육 연구로 한국어를 배우는 데 기초 학습인 발음교육에 중점을 두어 중국인 학습자, 일본인 학습자, 태국인 학습자를 위한 발음교육의 필요성, 음운 대조를 통한 접근적 방법 모색, 그리고 이에 따른 효율적인 학습 방안을 제시하였다. 제3장은 한국어 억양교육 연구를 통해 외국인들의 실제 억양 실현 양상을 분석하여 그 차이점을 제시함으로써 정확한 억양 교육 방안을 제시하였다. '音韻'은 자음과 모음의 '音素'와 한국어의 음절에 상대적 길이를 나타내는 음량, 구절과 문장에 관련된 '억양' 등의 '韻素'의 실합적 의미이다. 이에 본장에서는 그간 경시되어 온 억양에 대한 학습의 중요성을 제시하고, 아울러 그 방안을 제시하였다. 제4장은 맞춤법 및 불규칙 활용 교육 방안 연구로 교포 아동의 맞춤법 오류 분석을 통해 음운과 음운규칙에 따른 학습 방안을 제시하였으며, 불규칙 활용 유형에 따른 학습이 한국어 교재에 어떻게 나타났는가를 분석함으로써 그 문제점을 제시하고 올바른 학습 방안을 제시하였다.

 한국어는 15세기에 세종대왕이 발음기관과 天地人의 상형의 원리를 이용하여 과학적이며 체계적이고 배우기 쉬운 한글 문자를 창제하여 오늘에 이른 것이다. 전 세계 180여 국가에 700만 명의 한국인 교포가 거주하고 있다. 21세기는 언어 경쟁력 시대이다. 이에 표기하기 쉽고,

배우기 쉬운 우리말을 정확하게 사용하도록 교육하는 것은 당연한 일이다. 다만, 한국어를 표기하는 데 있어서 오용 현상이 일어나지 않도록 기초적이며 중요한 음운교육을 학습해야 하는 데 본서가 조금이나마 도움이 되기를 기대하며, 이런 기대감을 이해해 주고 본서를 발간해 주신 도서출판 박문사 관계자 여러분께 진심으로 고마움을 전한다.

2011년 8월
박덕유

차례

제1장
한국어 음운교육의 내용과 방법

제2장
한국어 학습자를 위한 발음교육 연구

제3장
한국어 억양교육 연구

제4장
맞춤법 및 불규칙 활용 교육 방안 연구

제 1 장
한국어 음운교육의 내용과 방법

제1장 한국어 음운교육의 내용과 방법

한국어 음운 학습의 내용과 방법

한국어 음운교육 내용 선정 및 배열에 관한 연구

한국어 음운 학습의 내용과 방법

 1 한국어 음운 학습의 필요성

한국어를 제대로 배우려면 의사소통의 기능적 측면도 중요하지만 음운, 형태, 문장 등 문법의 중요 영역의 체계적인 학습이 필요하다. 특히, 외국인들은 체계적이고 원리적인 문법 지식이 부족하므로 이에 대해 간결하면서도 명확한 지식 학습이 이루어져야 한다. 효율적인 한국어 학습의 기초적 논의는 무엇보다도 음운교육일 것이다. 한국어를 배우려는 외국인(중국, 몽골, 방글라데시, 태국 등) 학습자들의 글쓰기에서 가장 많은 오류가 음운에서 나타났다. 따라서 음운 학습이 철저하게 이루어지면 그만큼 오류가 적게 일어날 것이며, 이를 기저로 하여 보다 정확한 한국어교육이 실행될 것이다.

2 글쓰기의 오용 실태

한국어를 배우고 있는 외국인 학생들을 대상으로 중급 정도 수준의 학생들의 글을 통해 오용 사례를 들고자 한다. 몽골, 중국, 방글라데시, 태국 등 다양한 나라의 학습자의 오류 현상이 대체로 동일하다는 사실을 알게 되었고, 이는 한국어를 모국어로 하는 한국인 학습자의 오류 현상과도 유사함을 제시할 것이다. 아울러 오용 사례를 토대로 음운 학습 방안을 제시하고자 한다.

<축제 소감문 1> OOO(몽골)
지난주 목요일에 저는 학교 축제를 경험했어요. 수업후에 나는 활동에 참여해서 놀니 즐거었어요. 그리고 재미있는 일을 말했어요. 교수님는 참 재미있고 친절해서 분위기가 좋았어요. 그러서 나의 기분도 좋았어요. 지난주 금요일에도 학교에 가앗어요. 학교에 너무사랍이 많아서 매우 놀랐어요. 어떤사람이 노래를 했어요. 어떤사람은 게임을 했어요. 어떤사람은 태권도 시범을 했어요. 어떤사람은 호수에서 배를 잡었어요. 그리고 저었어요. 그들 모두는 너무 행복하고 즐거어 보였어요. 나는 이번 축제가 매우 성공적이라고 생각해요. 내년 축제에도 가려고 해요.

<학습할 내용>
1. 띄어쓰기
2. 문법 : 교수님+은(주제격 보조사), 놀+니(노니, ㄹ 탈락), 즐겁다+어
        (ㅂ불규칙), 가+았(축약), 잡+았(모음조화), 가+려고+해요
3. 어휘 : 저는 / 나는, 그래서

<축제 소감문 2> OOO(중국)

5월 17일-20일 우리학교 축제일 임니다. 그때에는 우리학교 축하의 활동 많이 했습니다. 나는 학교 후문에 살읍니다. 그리고 바빴었지만 참석했습니다. 학생이 스스로 만든것 게임 많이 있습니다. 게임이 진짜 재미있습니다. 저는 놀아 싶어서 그런데 시간이 없어서 할 수 없습니다. 목요일 한국어 수업이 끝나서 우리와 교수님 함께 맛있는 것 먹어로 갔어요. 그리고 차도 마셨어요. 그래서 얘기 많이 하고 노래도 했어요. 기분이 아주 좋아요. 이러케 재미있은 축제 더 하고 싶습니다.

<학습할 내용>
1. 띄어쓰기
2. 문법 : 이다+ㅂ니다, 살+ㅂ니다, 싶+습니다(자음동화), 놀고 싶어, 먹+으러, 재미+있는, 바쁘+았(모음조화, '으' 탈락), 이렇+게>이러케(자음축약)

<축제 소감문 3> OOO(방글라데시)

대학교 축제는 봄에 축제 입니다. 우리대학에서는 매년 오월이면 약 5일 축제가 시작됨니다. 올해 16일부터 20일 까지 축제는 됬습니다. 만사가 잘 처리 되어있다. 그러나 17일 비가 왔습니다. 그래서 프로그램들은 취소되기도 했습니다. 현제 이 축제에서는 많이 동아리들이 가치 참석하였습니다. 각과별로 특장한 프로그램으로 진행됩니다. 또한 동아리와 과별을 시원한 음료수와 아이스키림, 술도 맛있는 음식도 있습니다. 하고마지막 날에는 유명한 가주가 와서 노래도 춤도 추며, 함께 축제를 보냄니다. 아주 인상깊고 즐거왔습니다.

<학습할 내용>
1. 띄어쓰기
2. 문법 : 되+어(돼, 축약), 같+이(구개음화), 보내-/시작되-/진행되-+ㅂ니다(자음동화), 즐겁다+어(ㅂ불규칙)
3. 어휘 : 특정한, 아이스크림, 현재, 가수

<일기> OOO(태국)
4월 20일은 생일입니다.
바베쿠를 갖꼬 와서 가치 먹었어요. 다음에 또 먹었으면 좋겠어요.
네가 만지는 것마다 금으로 돼면 좋겠어요.
옛날에 ... 푸러 주었어요.
친구들이 왜이러케 코 기러 물어써요.
이제 끝

<학습할 내용>
1. 띄어쓰기
2. 문법 : 생일이+ㅂ니다(자음동화), 갖+고>갖꼬(된소리), 같+이(구개
        음화),좋+겠+어요, 네가>내가, 되+면, 옛날(자음동화), 풀+어,
        이렇+게>이러케(발음축약), 길+어, 묻+었+어요, 끝>끝(끝소
        리규칙)
3. 어휘 : 바베큐

　　이상의 예문에서 국어 어문 규정에 위배가 되는 것은 수로 음운 변동
에 관련된 내용이다. 음운 변동 중에서 자음동화, 구개음화, 축약, 탈락,
음절끝소리규칙 등이다. 몽골, 중국, 방글라데시, 태국 등에서 온 한국어
학습자들의 오류는 거의 유사한 것으로 볼 수 있는데, 이는 한국인들의
오류 현상도 크게 다르지 않다. 중학교 2학년 학생들을 대상으로 글쓰기
를 실시한 결과 띄어쓰기와 문장이 잘못된 것은 제외하더라도 맞춤법이
잘못된 경우가 상당히 많았다. 예를 들어 "어머니는 아프싶니다. 슬펏던
일, 사람들 아페 못나감니다, 일본이 실습니다. 여러가지가 걱정이 돼다.
일본이란 개념은 없어진지 오래됐다, 지금까지 꿈은 수도없이 밖였다"
등 잘못 쓰고 있는 경우가 많아 그 어느 때보다도 정확한 언어생활을 할
수 있는 교육 정책이 필요한데, 그 출발점이 음운교육일 것이다.

<오용 실태 분석>

영역	세부 영역	빈도수(%)	세부 사항
음운	음운과 음운체계		
	음운의 변동	30(44.1%)	축약(13), 탈락(9), 구개음화(1), 끝소리규칙(2), 자음동화(1), 고설모음화(4)
단어	단어의 형성		
	품사	8(11.9%)	조사(4), 어미(2), 접사(2)
어휘		16(23.9%)	
문장[1]	문장의 성분		
	문장의 짜임		
	문법 요소	3(4.5%)	높임표현(3)
규범	표준발음법	10(14.9%)	발음(10)
	외래어표기법	1(1.5%)	
		68(100%)	53개 항목이지만 12개는 복수 인정

위의 표에서 보듯이 한국인 중학교 2학년 학생들의 영역별 글쓰기 실태를 분석한 결과 잘못된 것을 빈도수로 보면 음운 영역(44.1%), 어휘 영역(23.9%), 표준발음법(14.9%), 품사(11.9% 순으로 나타났다.[2] 비문과 띄어쓰기는 많은 학생들이 오류를 범해 이 영역에 대해서는 언급하지 않았다. 음운 영역 중에서도 많은 학생들이 축약과 탈락, 자음동화, 구개음화 현상에 대해 오용 현상을 보이고 있어 이에 대한 원리와 실제 교육이 필요함을 알 수 있다. 표준발음도 음운 영역에 포함시킬 수 있어 이를 합치면 50%가 넘어 음운 학습의 중요성을 알 수 있다.

· · · · · · · · · · · · · · · · · · · ·

1) 바른 문장을 사용하지 않은 경우가 너무 많아 이번 분석 대상에서 '비문'은 빈도수에 포함시키지 않았다.
2) 본고에서는 '표준발음법'도 음운 영역에 포함시킨다. 그럴 경우 실제로 학생들이 오용 현상의 59.0%가 음운교육에서 이루어짐을 알 수 있다.

3 한국어 음운 학습의 내용

다른 언어 학습도 그렇듯이 한국어를 배우는 출발은 음운이다. 그런데 어떤 내용을 학습해야 한국어를 정확하게 잘 표현할 수 있는지 생각해 보아야 할 것이다. 다른 문법 영역보다도 음운 영역은 발음교육까지 포함해야 하므로 그 비중과 범위를 확대해야 할 것이다. 이에 학습해야 할 내용과 그 범위를 제시하면 다음과 같다.

    1. 음운과 음절
      1) 음운
        (1) 음성과 음운   (2) 음운의 체계
                              ① 한글의 제자원리
                              ② 자음 체계
                              ③ 모음 체계
      2) 음절
        (1) 음절의 구조   (2) 음절의 제약
    2. 음운의 변동
      1) 동화
        (1) 자음동화 : 비음화, 유음화   (2) 자음·모음 동화 : 구개음화
        (3) 모음동화 : 모음조화, ㅣ모음 역행동화
      2) 비동화
        (1) 축약   (2) 탈락
        (3) 음절의 끝소리규칙   (4) 첨가 : 된소리, 사잇소리
      3) 자생적(무조건적) 변화
        (1) 자음변화 : 어두강음화   (2) 모음변화 : 高舌모음화[3]

....
3) 일반적으로 모음 발음을 고설화 하는 경향이 있다. 즉, 'ㅐ'를 'ㅔ'로 'ㅗ'를 'ㅜ'로

3. 운소 체계

      (1) 장단   (2) 연접과 휴지   (3) 억양

4. 형태음운

      (1) 음운의 이형태   (2) 형태의 이형태

      (3) 연성규칙(탈락, 첨가)

5. 표준발음법[4]

      (1) 총칙

      (2) 자음과 모음 → 음운

      (3) 음의 길이 → 운소

      (4) 받침의 발음 → 끝소리규칙, 연성규칙

      (5) 음의 동화 → 비음화, 유음화, 구개음화, 모음동화

      (6) 경음화 → 된소리, 사잇소리

      (7) 음의 첨가 → 비동화

4 한국어 음운 학습의 방법

제2장에서 글쓰기의 오용 실태를 제시하였는데, 이를 토대로 주요 학습 내용과 방법을 보이고자 한다. 당구를 잘 치는 비결이 무조건 많이 치는 것보다는, 원리를 익히고 치면 훨씬 더 빠르게 당구를 배울 수 있는 것과 같이 한국어의 문법 원리를 학습하면 그만큼 정확한 한국

발음하는 것이다. 이에 대한 사례로 '없애고'를 '없에고'로, '원래'를 '원레'로 표기하고 있다. 이외에 '재작년→제작년', '자기소개→자기소게'로 오용하고 있는데, 이는 漢字 어휘 문제이기도 하다.

4) '표준발음법'은 국어의 어문규정으로 독립 범주로 설정되어 있지만, 음운에 관련된 내용이다. 따라서 음운교육이 제대로 이루어지면 표준발음의 오용 현상을 바로 잡을 수 있을 것이다.

어를 배울 수 있다.[5] 이에 한국어 학습자들의 오용사례를 들어 주요
음운 원리를 제시하고자 한다.

4.1. 자음동화

음절과 음절이 결합할 경우에 음절 끝 자음이 그 뒤에 오는 자음과
만나면서 어느 한쪽이 다른 쪽 소리를 닮아서 그 영향을 준 소리로 바
뀌거나 그와 비슷한 성질을 가진 소리로 바뀌기도 하고, 양쪽이 서로
닮아서 두 소리가 모두 바뀌는 현상을 자음동화라고 하며, 비음화와
유음화가 있다.

(1) 비음화

비음이 아닌 자음이 비음(ㄴ, ㅁ, ㅇ)으로 바뀌는 현상으로 다음과
같다.

  ① 'ㅂ, ㄷ, ㄱ' → 'ㅁ, ㄴ, ㅇ'(ㄴ, ㅁ 앞에서)
    밥물 → [밤물], 맏며느리 → [만며느리], 속는다 → [송는다]
  ② 'ㄹ' → 'ㄴ'(ㅁ, ㅇ 뒤에서)
    남루 → [남누], 종로 → [종노]
  ③ 'ㅂ, ㄷ, ㄱ' → 'ㅁ, ㄴ, ㅇ'('ㅂ, ㄷ, ㄱ'이 'ㄹ'과 만나면 우선 'ㄹ'이
    'ㄴ'으로 바뀌고, 다음으로 'ㅁ, ㄴ, ㅇ'으로 바뀐다.
    섭리 → [섭니] → [섬니], 백로 → [백노] → [뱅노]
    몇리 → [멷리 → 멷니] → [면니]

....

5) 한글의 제자원리와 현재 사용하고 있는 한국어 음운(자음, 모음) 체계의 연계
   학습, 그리고 운소에 해당되는 장단, 연접과 휴지, 억양 등 반드시 필요하고
   효율적인 학습 방안은 지면 관계로 제시하지 못한다.

더 하고 싶습니다 → [싶슴니다]
시작됩니다 → [시작됨니다]
진행됩니다 → [진행됨니다]

(2) 유음화

유음이 아닌 자음이 유음으로 바뀌는 현상이다.

난로 → [날로], 천리 → [철리], 신라 → [실라]

4.2. 구개음화

끝소리가 'ㄷ, ㅌ'인 형태소가 'ㅣ' 혹은 반모음 'ㅣ'로 시작되는 형식
형태소와 만나면 'ㅈ, ㅊ'으로 발음되는 음운현상을 구개음화라고 한다.
이는 자음·모음간 동화로 볼 수 있다.

굳이 → [구디 → 구지], 해돋이 → [해도디 → 해도지]
같이 → [가티 → 가치], 붙이다 → [부티다 → 부치다]

'ㄷ'의 뒤에 형식 형태소 '히'가 오면, 먼저 'ㄷ'과 'ㅎ'이 결합하여 'ㅌ'
이 된 다음, 'ㅌ'이 구개음화하여 'ㅊ'이 된다.

닫히어 → /다텨/ → [다처], 굳히다 → /구티다/ → [구치다]

4.3. 모음조화

모음조화는 모음동화의 일종으로 양성모음('ㅏ, ㅗ, ㅑ, ㅕ')은 양성모

음끼리, 음성모음('ㅓ, ㅜ, ㅡ, ㅕ, ㅠ')은 음성모음끼리 어울리는 현상으로 15세기에는 철저히 지켜졌지만, 현대 국어에서는 현실발음의 모음 강화현상으로 모음조화 현상이 많이 붕괴되었다. 용언어간에 붙는 어미는 대부분 모음조화를 지키고 있으나(①), 일종의 발음 강화현상으로 모음조화가 붕괴된 단어가 많다(②). 반면에 의성어와 의태어에서는 지금도 철저히 지켜지고 있다(③).

① 막아 : 먹어   막았다 : 먹었다   막아라 : 먹어라
   잡+아>잡아, 잡+았>잡았다, 잡+아라>잡아라
   바쁘+아>바빠, 바쁘+았>바빴다
② 졸졸 : 줄줄   캄캄하다 : 컴컴하다   알록달록 : 얼룩덜룩
   살랑살랑 : 설렁설렁   찰찰 : 철철   달달 : 들들
③ 오순도순6), 오뚝이, 괴로워, 아름다워, 소꿉놀이

4 4 음운의 축약

두 형태소가 서로 만날 때에 앞뒤 두 음운이나 두 음절이 하나로 줄어드는 현상을 축약(縮約)이라 하는데, 'ㅂ, ㄷ, ㄱ, ㅈ'과 'ㅎ'이 서로 만나면 'ㅍ, ㅌ, ㅋ, ㅊ'으로 축약되는 자음 축약(①)과 두 모음이 서로 만나서 한 음절이 되는 모음 축약(②)이 있다.

① 좋다→[조:타], 잡히다→[자피다], 먹히다→[머키다], 닫히다→/다
   티다/→[다치다]

....

6) 2011년 8월 31일 '오손도손', '자장면' 등 39개의 새 표준어를 국어심의회를 거쳐 국립어원에서 발표하였다. 이로써 '오순도순', '오손도손' 모두 표준어로 인정되었다.

② 되어→[돼:], 가리어→[가려], 뜨이다→[띄:다],

　두었다→/뒀다/→[뒫:따]

　오래됬다→[되었다=됬다], 공부가 잘 되요→[되어요=돼요]

　잘 됬으면 좋겠다→[되었으면=됬으면]

　용서가 돼지 않다→[되지]

4.5. 음운의 탈락

두 형태소가 만날 때에 앞뒤 두 음운이 마주칠 경우, 한 음운이 완전히 발음되지 않는 현상을 탈락(脫落)이라 한다. 자음(子音) 탈락은 자음이 3개 이상 연이어 만나면 어느 하나가 탈락하거나 'ㄴ, ㅅ, ㅈ, ㄷ' 앞에서는 'ㄹ'이 탈락하고(①), 모음 탈락은 한 음절이나 모음의 한 음운이 탈락한다(②).

① 값도→/갑도/→[갑또], 딸님→[따님], 울는→[우는], 열달이→여달이,

　울짖다→우짖다

② 가아서→가서, 가았다→갔다, 서었다→[섰다], 뜨어→[떠]

4.6. 음절의 끝소리 규칙

한국어에는 'ㄱ, ㄴ, ㄷ, ㄹ, ㅁ, ㅂ, ㅇ'의 7자음만이 음절의 끝소리로 발음된다. 따라서 음절 끝에 7개 소리 이외의 자음이 오면 받침은 7자음 중의 하나로 바뀌어 발음된다. 이런 현상을 음절의 끝소리 규칙이라고 한다.

① 음절의 끝자리 'ㄲ, ㅋ'은 'ㄱ'으로 발음한다.

밖 → [박], 부엌 → [부억]
② 음절의 끝자리 'ㅍ'은 'ㅂ'으로 발음한다.
앞 → [압], 잎 → [입]
③ 음절의 끝자리 'ㅅ, ㅆ, ㅈ, ㅊ, ㅌ, ㅎ'은 'ㄷ'으로 소리난다.
옷 → [옫], 낮 → [낟], 꽃 → [꼳], 끝 → [끋], 히흫 → [히흗]
④ 'ㅄ, ㄳ, ㄾ, ㄿ, ㄵ'은 첫째 자음만 발음된다.
값 → [갑], 몫 → [목], 외곬 → [외골], 핥다 → [할따], 앉다 → [안따]
⑤ 'ㄻ, ㄿ'은 둘째 자음만 발음된다.
젊다 → [점따], 읊지 → [읍찌]
⑥ 'ㄺ'은 불규칙적이다.
읽고 → [일꼬], 읽지 → [익찌], 넓다 → [널따], 밟다 → [밥ː따]

겹받침 외에 더 필요한 사항이 있다. 끝에 자음을 가진 형태소가 모음으로 시작되는 형식 형태소와 만나면, 그 끝 자음은 다음 음절의 첫소리로 발음된다. 그러나 뒤에 오는 형태소가 실질 형태소이면 음절 끝소리 규칙에 따라 대표음으로 바뀌고 뒤의 음절 첫소리로 발음된다

옷이 → [오시], 옷을 → [오슬]
옷 안 → [오단], 옷 아래 → [오다래]

4.7. 용언의 활용

용언이 일정한 문법적 관계를 표시하기 위하여 어간에 어미를 여러 가지로 바꾸는 현상을 活用이라고 한다. 활용형에는 종결형(문장을 끝맺는 활용형), 연결형(문장을 연결시켜주는 활용형), 전성형(문장의 기능을 전성시키는 활용형)이 있다. 그리고 활용할 때 어간이나 어미의 모습이 달라지는 경우가 있다. '굽다'는 '굽고, 굽어, 굽으니'로 활용해

도 어간이 바뀌지 않는 규칙 활용이라 하고, '아름답다'의 '아름다워, 아름다우며'처럼 활용할 때 어간이나 어미의 기본형태가 달라지는 경우를 불규칙 활용이라고 한다.

불규칙의 갈래를 보이면 다음과 같다.

		<불규칙>	<규칙>
① 어간의 바뀜	'ㅅ'불규칙	짓다→지은	벗다→벗은
	'ㄷ'불규칙	묻다(問)→물어	묻다(埋)→묻어
	'ㅂ'불규칙[7]	돕다→도와	뽑다→뽑아
		굽다→구워	
		즐겁다→즐거워	
	'ㄹ'불규칙	흐르다→흘러	치르다→치러
	'우'불규칙	퍼(푸+어)	주어, 누어
② 어미의 바뀜	'여'불규칙	하다→하여	막다→막아
	'러'불규칙	이르다→이르러	치르다→치러
	'너라'불규칙	오다→오너라	웃다→웃어라
	'오'불규칙	다+아→다오	주어라
③ 어간과 어미의 바뀜			
	'ㅎ'불규칙	노랗다→노란	좋다→좋은

'ㅂ'불규칙 : 곱+아>고봐>고와, 굽+어>구버>구워
즐겁+어>즐거버>즐거워

<참고>
① '거라' 규칙
   예) 가다→가거라, 오거라, 넣거라, 두거라 등[8]

....
7) ㅂ 불규칙 : 덥 + ① -다, -게, -지, -고
                  ② -어서(더워서), -으니(더우니), -은(더운), -음(더움)
8) '-거라'는 제6차 학교문법에서 불규칙으로 활용된다고 보았으나, 제7차에서는

② '으' 탈락 규칙

'으'로 끝나는 어간은 예외 없이('러'불규칙 용언은 제외) 모음으로 된 어미 '-어(아)' 앞에서 모음 충돌을 막기 위해 '으'가 탈락된다. 따라서 '으'탈락은 불규칙이 아니다.[9]

예) 바쁘+아>바빠, 바빠+았다>바빴다, 기쁘+어>기뻐
쓰+어>써, 끄+어>꺼, 아프+아>아파, 따르+아>따라,

③ 'ㄹ' 탈락 규칙

'ㄹ' 받침을 가진 말이 불규칙 용언이 되려면 '니'와 'ㄴ, ㅂ, 오, -시-' 앞에서 'ㄹ'이 떨어지지 않는 일이 있어야 하는데, 그런 일이 없으므로 규칙적인 현상이다. 이에 해당하는 것으로 '살다, 알다, 돌다, 떨다, 멀다, 가늘다, 날다' 등을 들 수 있다.

예) 놀다 : 놀+니>노니, 놀+시오>노시오, 놀+ㅂ니다>놉니다
울다 : 우니, 웁니다, 우오, 우시오

5 정리

요즘 외국어로서의 한국어교육에 대한 관심이 고조되고 있다. 더욱이 한류열풍의 영향으로 한국어를 배우려는 외국인들의 수가 매우 증가하고 있는 추세에서 한국어 학습의 효율성이 제기될 수밖에 없다.

....

규칙으로 보고 있다.
9) 많은 한국어교재에서 아직도 '으' 탈락을 불규칙으로 보고 있으나 규칙으로 보는 것이 좋다.

물론, 선천적인 학습 능력에 따라 자주 접하고 익히면 자연스럽게 배울 수 있는 것은 사실이다. 그러나 우리는 학습의 효율성을 고려하지 않을 수가 없다. 시간적으로나 금전적으로나 이는 당연한 것이기 때문에 체계적이고 효율적인 학습 모형을 개발해야 한다.

최근에 서구에서는 외부적인 입력의 학습 요인이 제시되어야 내부적인 능력이 밖으로 출력된다는 전제하에 경험주의 학습론을 수용하고 있는 추세이다. 따라서 인간의 언어 능력에는 선천적인 문법 능력과 사용 능력이 있으므로 이 모두를 체계적으로 포괄하는 문법 지식 영역이 필요하다. 중요한 문법 지식 영역은 음운, 형태, 어휘, 문장, 의미, 담화 영역으로 구분할 수 있으며, 각 영역별로 학습 내용이 체계적으로 제시되어야 한다. 효율적인 한국어를 학습하려면 가장 기본적인 음운 영역에서 필요한 학습 내용과 방법에 대한 모형이 제시되어야 한다.

한국어교육에서는 주로 기능적인 입장 위주로 교재가 만들어지므로 음운이나 발음 교육에 대한 독자적인 학습이 배제되고 있다. 그러나 가장 이상적인 문법 지식 교육은 변형·인지문법의 통합에 따른 학습 모형이다. 더욱이 통합된 두 문법 중 어느 쪽이 중심이 되느냐에 따라 학습 모형도 달리 나타나기 때문에 우선, 문법 지식의 독자성을 확보하는 입장에서 음운과 발음 학습을 체계적이고 구조적인 문법 지식으로 학습해야 할 것이다.

참고문헌————————————————————————————

김제열(2001), "한국어 교육에서 기초 문법 항목의 선정과 배열 연구", 한국어교육 12-1호, 국제한국어교육학회.

박덕유(2002), 문법교육의 탐구, 한국문화사.

박덕유(2004), "현행 文法교과서 내용 분석", 문법교육 제1호, 한국문법교육학회.

박덕유(2005), 문법교육의 이론과 실제, 역락.

박덕유(2007), "효율적인 음운교육 학습 방안 연구", 한국국어교육학회.

박덕유(2009), "외국인 학습자를 위한 어휘력 신장 연구(Ⅰ) : 한국어 漢字 및 漢字語를 중심으로", 언어와 문화 제5권 1호, 한 국언어문화교육학회.

박덕유(2009), 학교문법론의 이해, 역락출판사.

박동호(2004), "외국인을 위한 한국어문법 교육과정", 문법교육 제1호, 한국문법교육학회.

박재현(2005), "발음교육 변천사", 국어교육론2, 한국문화사.

배주채(2003), 한국어의 발음, 삼경문화사.

방성원(2002), "한국어 교육용 문법용어의 표준화 방안", 한국어교육 13-1호, 국제한 국어교육학회.

백봉자(2001), "외국어로서의 한국어 교육문법", 한국어교육, 12-2호, 국제한국어교육학회.

이미혜(2002), "한국어 문법 교육에서 '표현항목' 설정에 대한 연구", 한 국어교육 13-2, 국제한국어교육학회.

이해영(2003), "한국어 교육에서의 문법교육", 국어교육 112, 한국국어교육학회.

이철수(1997), 韓國語音韻學, 인하대출판부.

이철수, 문무영, 박덕유(2010), 언어와 언어학(개정판), 역락출판사.

최윤곤(2005), 「한국어교육을 위한 구문표현 연구」, 동국대학교 대학원
　　　　박사학위 논문.

Clarence Sloat · James E(1978), *Introduction to Phonology*, Oregon University.

George Yule(1985), *The Study of language*, Cambridge University Press.

Guy Cook(1989), *Discourse*, Oxford University Press.

한국어 음운교육 내용 선정 및 배열에 관한 연구

 1 한국어 음운교육 내용 선정의 필요성

표준화된 한국어 문법이 체계화되지 않은 현 실정에서 한국어 문법에서의 음운론 관련 교육 내용은 각 교육기관이나 교육과정별로 매우 다양한 양상을 보인다. 물론 이러한 특징은 학습자나 교육기관별로 다양한 교육이 가능하다는 장점도 있지만, 교육기관이나 교수자 등의 차이를 초월하여 어느 기관, 어느 교육 프로그램에서건 적정 수준 이상의 문법 교육의 질 및 교육목표 달성을 유지해야 한다는 점에서는 많은 한계를 지니고 있다. 즉, 한국어 문법 교육에서의 일정한 효과를 거두려면, 문법 교육 내용 항목을 선정하고 배열하는 데 있어서 표준화된 기준이 필요하다.

표준화된 한국어 문법이 없는 현 시점에서는, 한국어 음운 교육 내용의 표준화를 위해서 한국어 교육과정이 구체적 형태로 가시화된 한국어 교재의 음운 관련 내용을 분석하여 실태와 문제점을 파악하는 것이 선행되어야 할 것이다. 그리고 이를 통해 표준화된 한국어 문법 체계화를 위한 기틀을 마련할 수 있을 것이다.

따라서 '음운' 관련 내용 항목 선정 및 배열에 있어서, 이화여대에서 출판한 구교재 '말이 트이는 한국어'(이하 A로 지칭)와 신교재 '이화 한국어'(이하 B로 지칭), 배재대학교에서 출판한 '배워요 재밌는 한국어'(이하 C로 지칭), 한양대학교에서 출판한 '한양 한국어'(이하 D로 지칭), 한국어교육개발연구원에서 개발한 '아름다운 한국어'(이하 E로 지칭) 등의 5개의 교재 분석을 토대로 논의를 전개할 것이다.

학교문법에서의 한국어 음운론 관련 내용 체계를 기반으로 5종의 한국어 교재 음운교육 내용 항목의 제시 실태를 분석한 결과 다음과 같은 문제점이 있었다.

첫째, 음운 관련 문법 내용 항목이 초급 교재에만 있는 것은 의도적이고 체계적인 계획 하에 진행되는 발음교육이 초급 단계에서만 이뤄짐을 뜻한다.

둘째, 음운관련 문법 내용 항목을 비슷한 내용끼리 분류, 체계화하여 제시하는 데 있어, 표준화된 기준이 없기에, 교재에 따라 차이를 보였으며, 문법 내용의 분류 및 체계화에서 오류가 보였다.

셋째, 음운 관련 문법 내용 항목의 내용이 교재마다 차이를 보이는 경우도 있었으며, 내용과 제시된 사례에서 오류가 있었다.

넷째, 학교문법의 음운론 체계의 틀을 빌려 이야기할 때 누락된 음운론 내용적 요소가 많았다.

이러한 한국어 교재의 분석 내용을 바탕으로, 음운 체계, 음절, 음운 변동 등의 음운 교육 내용 항목을 지식, 사용, 태도의 영역으로 나누어 선정하고, 일정한 제시 순서에 따라 교육 내용을 배열하는 작업에 대한 시험적 고찰을 할 것이다. 본고에서의 시도는 완결된 한국어 음운

교육 내용의 표준화를 목표로 하는 것이 아니라, 그 가능성을 타진하기 위한 하나의 시도임을 밝혀 둔다.

 2 내용 선정 및 배열의 원리 설정

2.1 한국어 음운 교육 내용 체계 설정

'문법'[1]은 <표 1>과 같이 여러 층위로 나눌 수 있고, 그 중 학교문법과 한국어 문법은 교육문법으로서의 공통점을 지닌다. 물론 학교문법과 한국어 문법은 교육 목적 및 목표, 교육대상 등의 여러 요소에서 차이를 지닌다. 하지만 이 두 문법이 교육을 위한 목적으로 체계화되는 실용문법이라는 점, 둘째, 현 한국 사회가 다문화 사회화 되면서, 다문화 가정 학습자들에게는 - 외국어로서의 한국어와 제1언어로서의 한국어라는 두 영역의 절충과 조화가 필요한 - 제2언어로서의 한국어의 중요성이 대두되고 있다는 점을 고려한다면, 즉 제1언어와 외국어로서의 한국어의 절충과 조화를 용이하게 하기 위해서라도, 학교문법과 한국어 문법

---

1) 우리가 일반적으로 말하는 '문법'은 언중들이 사용하는 실제의 언어 사용 속에 내재한 규칙과 질서로서의 추상적 실체로서의 문법을 구체적으로 실현하여 기술한 문법이다. 이렇게 구체적 기술로서의 문법은 크게 그 목적에 따라 학문문법과 실용문법으로 나눌 수 있고, 실용문법은 규범문법과 교육문법으로, 교육문법은 다시 학교문법과 한국어 문법으로 분류할 수 있다. 여기서 학문문법은 기술주의적 태도를 가지고 학문용 언어 지식을 구축하는 것을 목적으로 한다. 반면에 규범문법은 '있어야 할 이상적 국어'를 규범적 지식으로 기술하며, 오용 언어를 예방하여 규범적 문법 지식을 바탕으로 바른 국어 사용 능력을 함양하도록 한다.

<표 1> 문법의 분류

추상적 실체로서의 문법	(한국어에 내재한 규칙과 질서)		
구체적 기술로서의 문법	학문문법	(이론 중심)	
	실용문법	규범문법	(규범성)
		교육문법	학교문법(국어문법)
			한국어 문법

은 체계나 용어 등에서 같은 맥을 유지할 필요가 있다고 하겠다.

따라서 교육문법으로서 학교문법이 지니고 있는 통일성과 효용성, 실용성은 '문법의 체계화와 표준화'라는 과제를 안고 있는 한국어 문법에 의미 있는 틀을 제시해 줄 수 있을 것이다. 실제로 연재훈(2010)은 'Korean: A Comprehensive Grammar(Yeon & Brown)'의 집필을 통해 한국어 문법과 학교문법 사이에 여러 차이점이 있음에도 불구하고, 한국어 문법의 전체적 체계를 설정하여 목차를 정하고 영역별로 하위분류를 시도했는 데에, 이는 학교문법의 틀이 매우 유용한 기준으로 사용될 수 있음을 시사해준다. 따라서 본고에서는 학교문법과 한국어 문법의 교육문법으로서의 공통적 특징, 현 한국사회가 다문화 사회가 되면서, 제2언어로서의 한국어 교육과 제1언어로서의 한국어 교육 사이의 적정하고도 공통적인 체계화가 필요하다는 관점을 고려하여, 외국어로서의 한국어 교육의 음운 교육 내용 선정 및 배열의 기본적 틀설정에 있어, 학교문법의 틀을 바탕으로 하고자 한다.

박덕유(2009)와 이관규(2010)의 음운 관련 문법 내용 체계를 보면, 세부적으로 기술된 표현이나 제시 순서 등이 약간 다른 것처럼 보일 수 있으나 그 구현 양상이 거의 비슷함을 알 수 있다. '소리의 길이'가 비분절 음운에 속하고, 어감의 분화가 모음조화가 일어난 구체적 현

<표 2> 기존의 학교문법 음운 내용 체계

박덕유(2009)의 음운론 내용 체계	이관규(2010)의 음운론 내용 체계

1. 음운과 음운 체계
  1) 음성과 발음기관
  2) 국어의 음운 체계
    (음운/모음/자음/소리의
    길이)
  3) 음절
2. 음운의 변동
  1) 음절의 끝소리 규칙
  2) 음운의 동화(자음동화/구개음화/
    모음동화/모음조화)
  3) 음운의 축약과 탈락
  4) 사잇소리 현상
	1. 음성과 음운
	2. 음운 체계
	  1) 모음 체계
	  2) 자음 체계
	  3) 비분절 음운
	3. 음절 구조
	4. 음운 변동
	  1) 음절의 끝소리 규칙
	  2) 동화 규칙
	  3) 이화 현상
	  4) 축약과 탈락
	5. 어감의 분화

상 중 하나이며 사잇소리 현상이 이화 현상의 한 양상임을 고려한다면, 음성과 음운, 음운체계, 음절, 음운변동과 관련된 내용 항목들이 한국어 음운 교육에서 필수적인 내용 요소임을 알 수 있다.

또한 이상적인 문법 교육은 지적인 부분 뿐만 아니라 정의적 부분까지도 아우를 수 있어야 하며, 실제 활용의 측면도 신장시킬 수 있어야 한다는 점을 고려한다면, 문법 교육의 내용 영역은 지적 측면, 정의적 측면, 활용적 측면을 고려하여 구분되어야 할 것이다. 이에 대해 이관규(2010)는 학교문법의 내용체계는 지식과 사용과 태도의 영역으로 나누어 제시해야 한다고 했다.

앞에서 제시한 음성과 음운, 음운체계, 음절, 음운변동과 관련된 내용 요소가 지적 측면과 관련된 항목이라면 훈민정음의 창제 및 창제 원리, 세종대왕, 한글의 위상 등과 관련된 요소는 정의적 측면의 내용 항목이라 할 수 있을 것이다. 그리고 한글의 표기법이라든가 정확한

발음 및 음운과 관련된 어문 규정은 사용 측면의 내용 항목이라 할 수
있을 것이다. 따라서 한국어 음운 교육 내용의 체계는 <표 3>과 같이
설정할 수 있을 것이다.

<표 3> 한국어 음운 내용 항목의 체계 분석을 위한 틀

영역	음운 내용 항목의 체계	
지식	음성과 음운	음성과 음운
	음운체계	자음, 모음, 비분절적 음운(장단, 억양 등)
	음절	음절의 구조 및 음절의 유형
	음운변동	음절의 끝소리 규칙, 음운의 동화(자음동화 / 구개음화 / 모음동화 / 모음조화), 음운의 축약과 탈락, 음운의 첨가
태도	훈민정음의 창제 및 창제 원리, 세종대왕, 한글의 위상 등	
사용	한글의 표기법, 정확한 발음 및 음운과 관련된 어문 규정 등	

본고에서는 위의 틀을 기준으로 교육 내용 선정 및 배열 원리에 따
라 한국어 음운론 내용 항목을 선정하고, 이를 적절히 위계화하여 제
시하고자 한다.

2.2 교육 내용 선정 및 배열의 원리

외국어로서의 한국어 학습자는 대부분이 임계기(critical period)를
지났기 때문에 특별한 학습 절차 없이 자연스럽게 문법을 학습할 수
있는 단계를 벗어나 체계적인 문법 교육을 통해서만 한국어 문법을 형
성할 수 있다(한재영 외, 2008). 따라서 효과적인 한국어 문법 교육을
위해서는 적절한 교육 내용을 선정하고, 적절한 시기에 적절한 수준의

교육 내용을 배열하여 제시하는 것이 중요하다.

외국어로서의 한국어 발음 교육에서 음운 체계 및 음운변동 규칙을 가르치는 목적은, 한국어 사용에 있어 가장 기본인 음운 체계와 음절의 구성 및 운용법을 직접적 또는 간접적으로 지도함으로써 한국어를 정확히 배우고 사용하는 기틀을 마련하는 데 있다. 또한 음운 변동에 대해 가르침으로써 표기와 발음이 일치하지 않는 것을 정확하게 발음하고 제대로 듣고 이해하게 하기 위해서이다. 따라서 음운 체계 및 음절, 음운변동 규칙 등을 가르치는 목적이 그것의 교수-학습 내용을 선정하는 기준이 되며, 우리는 학습 목적을 달성할 수 있는 있는 음운 교육 내용 항목을 선정해야 할 것이다.

한국어의 음운변동 교육 내용을 효율적으로 선정하기 위해서는 첫째, 표기와 발음이 일치하지 않는 것에 관한 음운 변동 현상만을 핵심 교육 내용으로 선정하고, 철자대로 발음되는 음운 변동 현상에 대해서는 부수적인 교육 내용으로 선정하여 교재의 <부록>과 같이 참고 내용으로 제시해야 할 것이다. 둘째, 특수한 몇몇의 형태소에만 일어나는 음운 변동 규칙을 한국어 발음 교육에서는 핵심적 교육 내용으로 선정하는 것은 비효율적이다. 따라서 몇 가지의 사례에서만 발견되는 수의적 음운 변동 현상은 규범적인 음운 변동 현상이 아니므로 굳이 음운 변동 현상으로 가르치기 보다는, '사용' 영역 또는 교재의 부록에서 구체적 사례를 통해 접근하는 것이 학습자의 학습 부담을 덜어주면서 더 효율적일 것이다. 셋째, 같은 음운변동이라 하더라도, 음운 변동이 일어나는 음운 환경 및 조건을 자세히 분석하여, 교수-학습 내용으로 제시하는 시기를 달리해야 할 것이다. 문법 내용 항목의 경우 한꺼번에 관련 내용을 다 제시하기 보다는, 학습 요소를 적절히 세분화 시켜, 학습자에게 반복적으로 제시하되, 단순 반복이 아니라 후행 학습의 경험

내용이 이전 학습 경험의 내용보다 심화되도록 나선형으로 제시하는 것이 효과적이기 때문이다.

교육 내용을 선정한 후에는 음운 교육 내용을 체계적으로 배열하여 학습자에게 제시하는 것이 필요하다. 실제로 Hermann Funk & Michalel Koenig(2009)는 문법 규칙 배열의 기준을 언어체계상의 근거(언어 체계와 관련하여 어떤 순서로 이끌 것인가), 교수법적인 근거(무엇이 더 쉽고 어려운가?), 실용적인 근거(주어진 주제와 관련해 무엇이 학습자 언어 사용에 도움이 될까)로 제시했다. 또한 Spada&Lightbowon(1993)은 문법요소들에 대한 학습 가능성(learnability)의 여부를, Herron(1991)은 모국어 간섭으로 나타나는 오류를, Palmer(1968)는 빈도(frequency), 구체성(concreteness), 구조적 결합(ergonic combination), 일반적인 편의(general expediency) 등을 배열 기준으로 내세웠다.(김재욱, 2010)

그러나 일반적으로 교수-학습 내용의 순서를 정하고 단계 학습을 하기 위해서는 간단한 것에서 복잡한 것으로, 쉬운 것에서 어려운 것으로, 일반적인 것에서 특수한 것으로, 규칙적인 것에서 불규칙적인 것으로, 사용 빈도가 높은 것에서 사용 빈도가 낮은 것, 중요한 것에서 덜 중요한 것 순으로 교육 내용을 배열하는 것이 기본 원리이다.

본고에서는 한국어 교육에서의 음운 교육 내용의 표준화를 위한 내용 선정 및 배열과 관련한 시험적 고찰을 하고자 하므로, 학습자의 모국어에 따른 오류 분석을 통한 난이도 분석이라는 기준은 논외로 하겠다. 그리고 음운 변동 규칙의 교수-학습 순서를 정하는 데 유용하다고 판단되는 기준으로, 기초가 되는 것, 쉬운 것, 많이 사용되는 것을 삼고, 그에 따라 교수-학습 순서를 배열하고자 한다.

음운 교육 내용 배열의 첫째 원리는, '기초적이고 쉬운 것을 먼저 가르친다'는 것이다. 음운 관련 내용을 가르칠 때는, 또한 교수-학습을 위해서 꼭 필요한 선행 학습 요소를 먼저 가르치되, 쉬운 내용부터 가르쳐야 할 것이다. 예를 들면, 김형복(2004)은 종결어미 '-아요/어요' 학습에 있어서 모음동화의 교수-학습이 먼저 선행되어야, 종결어미 '-아요/어요' 중 어느 것을 용언 어간과 결합할 것인가를 학습시킬 수 있어 학습 목표를 효과적으로 달성할 수 있다고 했다. 따라서 음운 내용 배열 및 제시에 있어서는 기초가 되는 것을 먼저 제시하고 목표 음운 내용을 제시하고, 쉽고 단순한 것을 먼저 제시하고 뒤에 갈수록 어려운 내용이 제시되도록 해야 할 것이다.

둘째, 많이 사용되는 내용 항목을 먼저 제시해야 할 것이다. 학습자가 느끼는 심리학적 난이도가 언어가 가지고 있는 일반적인 난이도와는 다르다는 연구 결과가 나오면서 학습자의 요구와 사용 빈도가 교육 내용과 순서를 결정하는 데 중요한 변수가 되었다(김정숙, 2003 : 39). 또한 학습자들의 문법 발달 단계상 아직 습득한 단계가 아닌 문법 항목이라 하더라도, 미리 접했을 때 실제 언어 습득에 도움이 될 수도 있기에 사용 빈도를 통한 교육 내용은 매우 의미가 깊다(김재욱, 2010). 그러므로 음운 변동 규칙도 한국어 학습자가 한국어를 배우기 시작하는 초급 단계에서부터 많이 사용하게 되는 것을 중심으로 먼저 가르쳐야 할 것이다. 따라서 초급 단계에서 사용 빈도가 높은 음운 변동 규칙은 한국어 기초 어휘에 많이 나타나는 음운 변동 규칙일 것이므로 그것을 대상으로 음운 변동 규칙의 출현 빈도를 조사한 선행연구를 바탕으로 교수-학습 순서를 정하고자 한다.

3 '지식'영역의 교육 내용 선정 및 배열

한국어 범용 교재들은 공통적으로 초급 교재의 첫 부분에서 모음, 자음, 음절 구성, 받침 발음의 초기 문자 교육과 음운 교육을 하되, 초급 단계에서만 음운 관련 내용 항목을 제시하고 있었으며, 한국어 음소를 단순히 제시하기만 하고 그것의 교수-학습 순서와 교수-학습 활동은 고려하고 있지 않으며 음운 이외의 음운 변동 규칙이나 억양 및 장단 등의 비분절 음운 교육에 대한 관심도 부족한 상태였다. 이런 점을 고려한다면, 음운 교육 내용 항목 선정의 중요성이 더욱 부각된다 할 수 있겠다.

3.1 음운 체계

지금까지의 한국어 발음 교육에 대한 연구는 주로 한국어의 음소, 즉 자음과 모음의 발음에 관한 것으로, 이것을 학습자의 언어권에 따라 학습자 모국어의 음운 지식을 활용해서 교육하거나, 한국어 음소의 조음 위치, 조음 방법을 통해 직접적으로 교육하는 것이었다. 최근에는 언어 교수법의 변화에 따라 분절음보다는 초분절음의 의사소통적 기능에 대한 인식이 확대되면서 억양 교육에도 관심을 가지기 시작했다.[2] 따라서 음운 체계에서는 자음과 모음, 비분절 음운에 관련된 내용 항목을 선정하고 순서를 정해 배열하는 표준화 작업이 필요하다. 이에

---

2) 정명숙(2002)에서는 분절음의 정확한 발음을 교육하는 것보다 한국어의 기본적인 억양 유형을 교육하는 것이 선행되어야 한다고 하였다.

대한 시범적 고찰을 해 보면 다음과 같다.

1) 모음

한국어 교재 A~E 속 모음 체계 관련 내용을 분석해 보면, 모음에 대해 제시한 부분은 있으나 제대로 된 설명은 거의 되어 있지 않았다. A교재에서만 모음체계와 관련된 조음방법에 대해 설명하고 있을 뿐, 나머지 거의 대부분의 교재가 모음과 관련된 분류기준 및 개념, 조음방법 등과 관련된 설명은 거의 제시하지 않고, 모음의 기호와 발음, 쓰는 순서만을 제시하고 있었다.

<표 4> 한국어 교재 속에 드러난 모음 체계

	설명내용	모음 제시 순서			
A	기호, 발음 연습 제시	세종대왕과 한글부분에서 모음 제시했음	table1. Simple Vowel Characters 모음 ㅏ,ㅑ,ㅓ,ㅕ,ㅗ,ㅛ,ㅜ, ㅠ,ㅡ,ㅣ	table2. Simple Vowel Characters 이중모음 ㅐ,ㅒ,ㅔ,ㅖ,ㅘ,ㅙ, ㅚ,ㅝ,ㅞ, ㅟ,ㅢ	-
B	문자, 이름, 발음, 쓰는 순서	Part2 한글익히기 ㅏ,ㅑ,ㅓ,ㅕ,ㅗ, ㅛ,ㅜ,ㅠ,ㅡ,ㅣ	Part2 한글익히기 ㅐ,ㅒ,ㅔ,ㅖ,ㅘ,ㅙ,ㅚ, ㅝ,ㅞ,ㅟ,ㅢ	-	-
C	기호, 'ㅇ'와 결합형, 자음과 결합형, 쓰는 순서	I 한글 1 ㅏ, ㅓ,ㅗ,ㅜ, ㅡ, ㅣ	I 한글 2 ㅐ, ㅔ, ㅘ, ㅙ, ㅝ	I 한글 3 ㅚ,ㅟ,ㅑ,ㅕ,ㅛ,ㅠ	I 한글 4 ㅒ,ㅖ,ㅞ, ㅢ
D	-	-	-	-	-
E	기호, 발음, 쓰는 순서	모음(1-1 1과) ㅏ,ㅓ,ㅗ,ㅜ,ㅡ, ㅣ	모음(1-1 2과) ㅑ,ㅕ,ㅛ,ㅠ	이중모음(1-1 3과) ㅐ,ㅒ,ㅔ,ㅖ,ㅘ,ㅙ, ㅚ,ㅝ,ㅞ,ㅟ,ㅢ	-

특히, 교재마다 모음을 제시하는 순서가 달랐는데, 모음과 이중모음을 구분하여 제시하고 있으나, 모음과 이중모음에 대한 구분이 교재마다 다르고 구분 또한 바르지 않았다. 이것은 모음과 관련된 기본적인 음운론적 체계가 제대로 정립되지 않은 상태이기에, 단모음과 이중모음에 대한 구분과 교육내용 제시 순서가 교재마다 다르게 나타난 것이다. 뿌리가 바르게 내리지 못한 나무가 쉽게 고사하는 것처럼, 한국어의 올바른 발음교육 또는 학습자의 한국어 사용 능력을 고급의 수준으로까지 신장시키기 위해서는 이러한 기초적인 부분의 체계화가 중요하다.

이러한 모음 체계의 체계화와 관련해서 민현식(2009)의 견해를 참고할 수 있다. 민현식(2009)는 한국어 교재 속에서 매우 다양하게 나타나는 모음 체계를 분석하고, 이를 토대로 한국어 교육에서의 모음 체계 표준화를 위한 2가지 대안을 다음과 같이 제시했다.

<표 5> 한국어 모음 체계 표준화 안

1안	전통 1차 모음	ㅏ, ㅑ, ㅓ, ㅕ, ㅗ, ㅛ, ㅜ, ㅠ, ㅡ, ㅣ
	전통 2차 모음	ㅐ, ㅒ, ㅔ, ㅖ, ㅘ, ㅙ, ㅚ, ㅝ, ㅞ, ㅟ, ㅢ
2안	단모음	ㅏ, ㅓ, ㅗ, ㅜ, ㅡ, ㅣ, ㅐ, ㅔ, ㅚ, ㅟ
	이중모음	ㅑ, ㅕ, ㅛ, ㅠ, ㅖ, ㅒ, ㅘ, ㅝ, ㅢ, ㅞ, ㅙ

민현식(2009)는 2안의 경우 국어 어휘에서의 자모의 사용 빈도수 결과와 비교했을 때 'ㅡ'의 순위만 차이가 있을 뿐, 나머지 모음의 순서도와 일치하여, 'ㅚ, ㅟ'를 포함하여 단모음과 이중모음으로 나누어 제시하는 것이 의미가 있다고 하였다. 반면에 1안은 훈민정음 초출자와 재출자의 제정 순서에 따른 인지상의 체계성이 주는 장점과 운율적 타당

성에 따른 전통 1, 2차 모음 순서 방식대로 학습하는 타당성이 있으며 음절 모아쓰기 표기 훈련과 연계할 때 유의미하다고 했다. 이와 같이 한국어 모음 제시 순서로는 1, 2안의 모든 방식을 허용할 수 있겠지만, 학습자의 학습 용이성 및 교육의 효용성의 측면을 고려한다면, 1안이 좀 더 효과적이라 할 수 있을 것이다.

2) 자음

기존 한국어 교재에서 자음 체계는 다음과 같이 제시되고 있다.

<표 6> 한국어 교재 속에 드러난 자음 체계

교재	설명 내용	제시 순서			
A	기호, 이름, 자음분류	모음과 자음(닿소리) 14자: ㄱ,ㄴ,ㄷ,ㄹ,ㅁ,ㅂ,ㅅ, ㅇ,ㅈ,ㅊ,ㅋ,ㅌ,ㅍ,ㅎ	Table 3. 에서 자음 총 19개 다시 한번 제시했음		
B	삼지상관속을 이루는 자음들의 조음법 설명	1-1, 1과 Part2 한글익히기 자음(1) 기본자음 14개	1-1, 1과 Part2 한글익히기 자음(2) 겹자음 5개		
C	기호, 발음, 쓰는순서	I 한글 1 ㄴ,ㄹ,ㅁ,ㅇ	I 한글 2 ㄱ,ㄷ,ㅂ,ㅅ, ㅈ	I 한글 3 ㅊ,ㅋ,ㅌ,ㅍ,ㅎ	I 한글 4 ㄲ,ㄸ,ㅃ, ㅆ,ㅉ
D	×	×	×	×	
E	기호, 발음, 쓰는순서	(1-1 1과) ㅇ,ㄱ,ㄴ,ㄷ,ㄹ	(1-1 2과) ㅁ,ㅂ,ㅅ,ㅈ, ㅎ	(1-1 4과) ㅊ,ㅋ,ㅌ,ㅍ /ㄲ,ㄸ,ㅃ,ㅆ,ㅉ	

위와 같이 자음 체계와 관련해서는 A교재에서 자음 분류 기준을 간

단하게나마 제시하고, B교재에서 삼지상관속과 그 조음방법을 설명하고 있을 뿐, 나머지 교재에서는 모두 자음의 기호와 이름, 획순에 따른 자음 쓰는 방법을 간략하게 제시하는 것이 일반적이었다. 그래서 자음 분류 기준, 자음의 개념, 자음 체계, 조음방법, 삼지상관속 등 자음 관련 내용 항목 모두 제시되지 않았다.

또한 교재에서 자음이 제시되는 순서는 다섯 교재가 모두 달랐다. A교재와 B교재의 경우 기본 자음 14자를 먼저 제시하고 추후에 겹자음 5개를 제시하였고, 나머지 교재는 예사소리, 거센소리, 된소리 순으로 제시하였으나, 예사소리의 제시에 있어 자음의 제시 순서가 달랐다. 즉, 한국어 교재에서 예사소리를 제시할 때 체계성이 부족하여, 문법 내용 제시에 있어 교육적 관점이 부족함을 알 수 있었다.

교육적 관점에서 볼 때 자음을 제시할 때는 사전 찾기 활동을 고려하여 '가, 나, 다' 순으로 제시하는 방법과 조음방법에 따라 제시하는 방법, 또는 조음위치를 고려하여 제시하는 방법으로 나눌 수 있는데, 이 세 가지 방법을 삼지상관속으로 제시하는 방법과 병행하는 것이 교육적 효율성을 높일 수 있을 것이다.

이에 대해 민현식(2009)에서도 의미 있는 논의를 <표7>과 같이 제기하고 있다. 자음을 제시할 때, 조음위치 및 조음 방법에 따라 기본 예사소리 9자를 제시한 후, 거센소리와 된소리를 제시하여 삼지상관속을 고려하여 제시하고 학습시키는 것이다. 여기서 예사소리 'ㅎ'은 유기성이라는 언어적 자질을 바탕으로 격음 'ㅋ, ㅌ, ㅍ, ㅊ'과 함께 제시한 것이 특이하다.

<표 7> 한국어 자음 체계 및 자모 체계 교육 내용 배열

배열 순서	과정	자음 체계 및 자모 교육 단계		
1	1차 모음 or 단모음 학습 단계	·1안 or 2안		
2	19자음 체계 학습 단계	기본 평음 9자 ㄱ, ㄷ, ㅂ, ㅅ, ㅈ, ㄴ, ㄹ, ㅁ, ㅇ	격음 5자 ㅋ, ㅌ, ㅍ, ㅊ, ㅎ	경음 5자 ㄲ, ㄸ, ㅃ, ㅆ, ㅉ
3	2차 모음 or 이중모음 학습 단계	· 혼동모음 'ㅒ-ㅖ', 'ㅚ-ㅙ-ㅞ'의 혼동 현상 연계 설명 가능		
4	19자음 * 1차 10모음 결합 단계	· 190자 음절 학습 단계 · 국어의 불필요 음절도 있음을 주의하여 지도 · 쉬운 단어의 사례부터 익히기		
5	19자음 * 2차 11모음 결합 단계	· 209자 음절 학습 단계 · 쉬운 단어의 사례부터 익히기		
6	받침 가진 단어 학습 단계	· 27개의 받침이 있어 종성 받침을 갖는 음절 표기를 익힘 · 홑받침부터 익히고 겹받침으로		

위와 같이 음운 관련 내용을 배열할 때는 6단계에 걸쳐 모음과 자음의 결합 학습을 함으로써 한국어 모음 및 자음 체계 및 음절의 구성까지도 연계하여 지도가 이뤄질 수 있도록 교육 내용을 배열한다는 것이다.

즉 자음과 모음을 제시할 때에도 기본적 문법 내용 항목 배열 원리와 같이 기초적이고 쉬운 것에서부터 덜 기초적이고 어려운 것으로 순으로 배열해야 할 것이다. 그래서 음절을 이루는데 중요한 역할을 하는 모음을 자음보다 먼저 제시하고, 모음은 1차에서 2차모음으로, 자음은 예사소리, 거센소리, 된소리 순으로 배열하되, 둘의 결합을 통해 음절 학습 및 어휘 학습이 같이 이뤄지도록 해야 할 것이다.

3) 비분절 음운

장단, 음량, 강세, 성조, 억양, 연접 등의 비분절적 음운인 운소(prosody)(=초분절음:suprasegmentals) 중에서 한국어에서 유의미한 것은 장단, 억양, 연접인데, 한국어 교재 속에 반영된 내용 요소를 분석해 보면 <표 8>과 같다.

<표 8> 한국어 교재 속에 드러난 비분절 음운

	장단	강세	억양	연접	설명내용	비고
A	x	x	x	x	비분절 음운에 대한 설명 없음	
B	⊗	⊗	⊗	⊗	비분절 음운에 대한 설명 없음	
C	x	x	○	x	억양 – 평서문(하강조), 의문문(상승조)	
D	x	x	x	x	비분절 음운에 대한 설명 없음	
E	x	x	○	x	억양 – 평서문(하강조), 의문문(상승조)	

A, B, D교재는 비분절 음운에 관한 설명 내용이 없었다. 또한 C와 E 교재에서는 한국어가 소리의 장단에 의해 의미가 변별되는 언어임에도 불구하고 길이의 장단에 대한 설명은 제시되어 있지 않았고, 평서문과 의문문의 억양에 대한 설명만 제시되어 있어 구체적인 설명이 부족하였다.

물론 현대 국어에서 소리의 장단에 의한 의미 변별 기능이 점차 약화되고 있고, 한국인 조차도 소리의 길이에 따라 의미를 변별하기 보다는 문맥에 따라 의미를 변별하는 실정이지만, 소리의 길이에 따른 의미 변별 관련 설명이 되어 있지 않은 것은 문제점이라 지적할 수 있다. 소리의 길이, 즉 장단에 따른 의미 변별은 한국어의 중요한 특징 중 하나이기 때문이다. 단, 그 내용 항목의 난해성을 고려한다면, 지식 영역의 측면에서 제시하기 보다는 태도 영역의 측면에서 내용 항목으로 제시하되 사례를 중심으로 한국어 문화 교육과 연계시키는 것이 좋을 것이다. 또한 고급 수준의 한국어 사용 능력 신장을 목표로 하거나 학문 목적의 한국어 사용자에게는 소리의 길이를 지식 영역의 측면에서 내용 항목으로 제시하는 것도 유의미하리라 본다. 따라서 '소리의 장단'은 '사용' 영역 측면에서 사례 중심으로 교육 내용을 선정하여 배열하되, 주로 중고급 단계에서 다루도록 하고, '지식' 영역에서는 '소리의 억양'의 내용만 선정하고 배열하여 지도하는 것이 좋을 것이다.

이에 대해 정명숙(2002)의 견해가 참고할 만 하다. 억양 지도의 경우 첫째, 초급 단계에서는 단문을 이용하여 LHLH 유형과 HHLH 유형과 같은 강세구의 기본 유형을 교육한다. 둘째, 서술문과 의문문의 문미 억양을 구별하는 교육의 경우, 서술문의 하강조, 의문문의 상승조 억양은 한국어만의 특징이 아니므로 언어의 보편적 측면에서 접근하고, 좀 더 긴 문장을 발화하는 단계에서는 억양구의 경계 부분에서 실현되는 억양 유형을 교육한다.[3] 셋째, 중급이나 고급 단계에서는 초점이 있는 문장의 억양, 화자의 태도나 감정을 나타내는 억양 등 다양한 담화 의미를 갖는 문장의 억양에 대해서 교육해야 한다. 이러한 선행연구는

---

3) 정명숙(2002)은 초급 단계의 억양 교육에 대해 다음과 같이 분류하여 제시하고 있다.
  (1) 서술문(L%)과 의문문(LH%, H%)의 구별 예) 영만이는 어머니를 좋아해요/어머니를 좋아해요?/누구를 좋아해요?
  (2) 주어부와 술어부의 놓이는 억양(HL%) 예) 영만이는 / 어머니를 좋아해요.
  (3) 의문사 의문문(H%)과 네-아니오 의문문(LH%)의 구별 예) 어디 가요? / 학교에 가요?
  (4) 문장 내의 억양구 경계에서 다양하게 실현되는 억양 유형(L%, H%, HL%) 예) 집에서 텔레비전을 봐요. / 우리 가족은 아버지, 어머니, 누나, 형, 나, 모두 5명입니다. / 내일은 일요일이고, 모레는 월요일이에요.

'억양 지도'와 관련하여 구체적인 문법 내용 선정 및 배열에 많은 지침을 제공해 줄 것이다.

지금까지 '지식' 영역의 '음운체계' 부분의 교육 내용 선정 및 배열에 대해 살펴보았다. 특히 음운 체계의 교육 내용을 제시할 때는 분절음운과 비분절음운의 개념을 제시하고, 자음의 경우 모음 없이는 발음을 할 수 없다는 것을 고려하여, 자음-모음-비분절 음운(억양-장단)의 순서로 내용이 배열되고 지도되어야 할 것이다.

3.2 음절

한국어 교재 속에서 '음절'과 관련한 중요한 내용 항목은 <표 9>와 같이 제시되고 있다.

<표 9> 한국어 교재 속에 드러난 음절 관련 내용

	정의	구조	구성 방식	발음 제약	설명내용	비 고
A	×	○	○	○	한국어의 음절 구조 : 모 / 모+자 / 　　　　　　　자+모+자 / 자+모+자+자 음절 초성에 자음이 없을 때는 'ㅇ'자를 쓰며 이 때의 'ㅇ'은 소리가 없음을 뜻한다. 반면, 음절 종성 자리의 'ㅇ'은 [ŋ]으로 발음함	
B	×	×	○	×	음절의 구성 방법만을 간단히 소개하고 있음	
C	×	○	○	×	한국어의 음절 구조 : 모 / 모+자음 / 　　　　　　　자+모+자 / 자+모+자+자 수직적 구성 방식 - ㅗ, ㅛ, ㅜ, ㅠ, ㅡ 수평적 구성 방식 - ㅏ, ㅑ, ㅓ, ㅕ, ㅣ, ㅐ, 　　　　　　　　ㅒ, ㅔ, ㅖ	
D	×	×	×	×	×	

| E | × | ○ | ○ | ○ | 한국어의 음절 구조 : 모 / 모+자 /
　　　　　　　　자+모+자 / 자+모+자+자
수직적 구성 방식 - ㅗ, ㅛ, ㅜ, ㅠ, ㅡ
수평적 구성 방식 - ㅏ, ㅑ, ㅓ, ㅕ, ㅣ,
　　　　　　　　　ㅐ, ㅒ, ㅔ, ㅖ
1-1단계 1과 '선생님의 한 마디'
　: 음절의 첫소리 'ㅇ'은 음가가 없는 소리라
는 것을 밝힘
부록의 음운 변동 규칙 : 음절 끝소리의 발음
제약을 정확히 제시 |

'음절' 관련 내용 항목에 있어 D교재에서는 아무것도 제시되지 않았고, 교재 B에서는 음절 구성의 방법을 간단히 소개하고 있을 뿐이다. 또한 네 가지 음절의 구조 및 구성 방법은 교재 A, C, E에서, 특히 발음 제약과 관련된 내용은 C와 E 교재에서 제시했는데, C교재의 경우 음절의 첫소리 'ㅇ'에 대해서, 교재 E에서는 음절의 첫소리 'ㅇ'과 음절 끝소리의 발음 제약을 정확히 제시하고 있었다.

이렇듯 한국어 교재의 '음절' 관련 내용 항목에서도 체계화가 필요하며, 또한 음절의 정의가 없이 관련된 내용만 제시해서, 한국어의 문법 용어에 익숙하지 않은 학습자들이 한국어를 체계적으로 이해하거나, 학문 목적의 한국어를 배우려는 학습자들에게는 한계가 있다. 물론 문법 용어들이 학습자의 한국어 학습에 방해가 될 수도 있지만, 가장 기본적이고 필요한 용어들은 학습자들이 쉽게 이해할 수 있는 일상적 어휘들을 사용해서 제시함으로써 학습의 효용성을 높이는 것이 필요할 것이다.

따라서 '음절'과 관련하여 내용 항목을 선정하고 배열할 때는 음절의 개념, 음절의 구조, 음절의 구성방식(글자 운용 방식), 발음 제약 등을 제시해야 할 것이다. 구체적으로 내용 항목을 선정하고 배열하는 것은 다음과 같다.

<표 10> '지식' 영역에서의 '음절' 관련 내용 항목 선정 및 배열

배열 순서	내용 항목 선정	내용 항목 제시
1	음절의 개념	· 음운론에서 가장 기본이 되는 개념 중 하나이므로 제시하나, 외국인이 이해할 수 있는 쉬운 말로 표현한다. · 일반 목적의 한국어 학습자의 경우 생략 가능
2	음절의 구조	· 모 / 모+자 / 자+모+자 / 자+모+자+자 · 구체적 사례를 중심으로 설명하고, '사용' 영역에서 글자 쓰기와 연계할 수 있도록 제시
3	음절의 구성 방식	· '수직으로 구성하는 방식', '수평으로 구성하는 방식' · '사용' 영역의 '글자 운용법' 관련 내용 항목을 배울 때, 긴밀하게 연계하여, 글자 쓰기 연습과 연계시킴. · 사례 중심 실제 맥락 중심으로 내용 항목을 제시
4	발음 제약	· 어두'ㅇ'의 음가, 음절 말 발음의 제약 현상 · 어두'ㅇ'의 음가의 경우 '지식' 영역의 '자모 체계'와 음절 말 발음 제약의 경우는 '지식' 영역의 '음운변동'의 '음절 끝소리 현상' 내용 항목을 지도할 때 연계하여 제시

3.3 음운변동

형태소와 형태소의 결합 시, 형태소의 음운 조건에 따라 다른 음운으로 바뀌는 음운변동은 한국어의 정확한 발음 교육에서 필수적으로 다뤄야 하고, 음절의 끝소리 현상, 자음동화, 구개음화, 모음동화, 설측음화, 된소리되기, 축약, 탈락, 첨가 현상은 대표적인 한국어 음운변동 현상이다. 그 동안 이러한 음운변동 현상이 한국어 발음 교육에서 다른 분야에 비해 상대적으로 덜 중요하게 다뤄진 것이 사실이나 그 중요성을 간과할 수는 없다.

한국어는 음절간의 경계에서 많은 음운 변동이 일어나므로 자·모음의 정확한 발음만으로는 한국어다운 발음을 할 수 없고, 소리의 축약이나 연음 등을 알지 못하면 의사소통에 장애가 생길 수 있다. 이렇게 다양한 음운변동의 여러 가지 양상에 대한 학습은 듣기를 쉽게 하고 자연스럽고 유창한 발음을 생성하도록 하는 데 중요한 역할을 하므로 한국어를 배우는 초기부터 지속적으로 교육해야 한다.

한국어 음운 변동 규칙 중에서 '무엇을 가르칠 것인가'를 정하고, 그것을 계획된 교수-학습 순서에 따라 '어떻게 제시해야 하는가'의 문제는 여러 가지 교육적 요소를 고려해야 하는 복잡한 문제이다. 한국어 음운 교육 내용 요소 선정과 관련된 논의를 나누기를 위해 한국어 교재 속의 음운 변동 내용 항목의 제시 실태를 살펴보면 다음과 같다.

<표 11> 한국어 교재 속 음운변동 제시 실태

		음절의 끝소리	동화				된소리 되기	축약	탈락	첨가
			자음 동화	구개 음화	모음 동화	설측 음화				
A	급	초급 1단계	-	-	-	-	-	-	-	-
	권수 (과)	1-1	-	-	-	-	-	-	-	-
	소개 파트	세종대왕 과 한글	-	-	-	-	-	-	-	-
	설명 내용	음절의 끝소리	-	-	-	-	-	-	-	-
	빈도	2회	-	-	-	-	-	-	-	-
B	급	초급 (1급)	초급 (1급)	초급 (1급)	-	-	초급 (1급)	초급 (1급)	초급 (1급)	-

	권수(과)	1-1	1-1,2	1-1	-	-	1-1	1-1,2	1-1,2	-
	소개파트	발음	발음	발음	-	-	발음	발음	발음	-
	설명내용	음절의 끝소리, 연음·절음현상	자음동화	구개음화	-	-	된소리되기	축약	탈락	-
	빈도	1회	2회	1회	-	-	4회	2회	2회	-
C	급	초급 1 단계	-	-	-	-	-	-	초급 2단계/중급 1단계	-
	권수(과)	한글 2, 3,	-	-	-	-	-	-	2-2과 3-2과	-
	소개파트	한글 2, 3,	-	-	-	-	-	-	문법	-
	설명내용	끝소리 규칙	-	-	-	-	-	-	ㄹ탈락	-
	빈도	2회	-	-	-	-	-	-	2회	-
D	급 권수(과)	초급 1권 1-15과 1권	초급 1권 1-14과 1권	초급 1권 4과 1권	-	-	초급 1권 1-15과 1권	초급 1권 10-15과 1권	초급 1권 9.13과 1권	-
	소개파트	없음	없음	없음	-	-	없음	없음	없음	-
	설명내용	없음	없음	없음	-	-	없음	없음	없음	-
	빈도	1회×26	1회×13	1회	-	-	1회×14	1회×5	1회×2	-
E	급	초~중급	초~중급		-	초~중급				초~중급
	권수(과)	1-1(2), 각 권	각 권(부록)		-	각 권(부록)				1-2(10), 각권(부록)
	소개파트	선생님의 한마디, 부록규칙	부록 - 한국어 발음 규칙		-	부록 - 한국어 발음 규칙				선생님의 한마디, 부록 규칙

설명 내용	음절의 끝소리, 연음·절음현상	자음동화	구개음화	-	유음화	경음화	격음화	ㅎ 탈락	ㄴ 첨가
빈도	1회, 5회×5	3회×5	1회×5	-	1회×5	4회×5	1회×5	1회×5	1회×5

위의 다섯 교재에서 제시한 음운변동과 관련된 내용 요소를 살펴보면, 음절의 끝소리 현상과 탈락 현상은 거의 대부분의 교재에서 모두 다루고 있어, 음절의 끝소리와 탈락 현상이 한국어 발음에 있어서 가장 기초적이고 필수적인 학습 요소로 인식되고 있는 반면에 설측음화 현상과 첨가 현상, 모음동화는 잘 다루지 않았다. 이렇게 특정의 음운변동 현상을 교재에서 생략하고 있는 것은 이들이 음운변동 현상이기는 하지만 외국어로서의 한국어 발음교육에서는 덜 필수적이라는 교재 집필 기관의 판단 때문으로 보인다.

예를 들자면 모음동화가 생략되는 경우는 모음조화가 초기 종결어미 학습에서 다뤄져야 한다는 것이고, '탈락'이나 '축약' 현상이 생략된 교재의 경우는 이런 현상이 불규칙 용언 학습에서 다뤄져야 한다는 판단 때문일 것이다. 문제는 이러한 내용 선정에 있어서의 판단이 교재를 개발하는 교육기관별로 차이를 보임으로, 교재에서 제시되고 있는 음운 변동 관련 교육 내용 항목이 교재별로 다르다는 점이다. 따라서 교재별로 음운변동과 관련하여 가르치는 내용들이 달라지게 되므로, 이에 대한 표준화된 입장이 필요하다.

또한 이렇게 교재별로 특정의 음운변동 현상을 외국인 학습자에게 지도하는 것이 불필요하다고 생략하는 현상은 문법적 지식이 가지고 있는 내용적 성격을 간과한 데서 나온 처사라 할 수 있다. 가령 '축약'이나 '모음동화'와 같은 음운변동 현상이 다른 문법 요소를 지도하는데 필요한 기초적 지식으로서 연계되어 가르쳐진다 하더라도, 문법 지식의 성격상 음운변동 현상이 여타의 통사론적 지식이 되는 것이 아니다. 따라서 다른 통사적 지식과 연계되어 가르쳐진다고 해서 이를 교재에서 제외한다는 것은 옳지 않은 일이다. 만약 학습자에게 제시할 학습 요소의 분량이나 수준의 문제가 염려된다면, 이렇게 다른 문법적 지식과 연계되는 음운변동 현상의 경우 부록에서라도 간단한 설명이라도 제시해 주는 것이 타당할 것이다.

더구나 다른 교재에 비해서 음운변동 현상이 잘 제시되어 있는 'E' 교재 조차도, 교재 본문이 아니라 부록에서 참고사항으로 제시되는 수준에서 그쳤으며, 음운변동에 대한 설명이나 제시한 사례가 부정확한 부분이 의외로 많았다.

<표 12> 'E' 교재에서 제시된 음운변동 관련 내용 항목

음운변동	조건
13. 경음화4	합성명사가 될 때 평음이 경음으로 소리남. 이 때 붙는 '사이ㅅ'은 생략되거나 [ㄷ]으로 발음
16. ㄴ 첨가	복합어의 선행 단어가 자음으로 끝나고 후행 단어의 첫 음절이 '이, 야, 여, 요, 유'인 경우, 'ㄴ'소리 첨가

예를 들자면 '13. 경음화4'와 '16. ㄴ 첨가'는 사잇소리 현상으로 비슷한 음운 변동현상임에도 불구하고, 하나는 경음화, 하나는 첨가 현상으로 다르게 분류하여 제시하고 있다. 이는 외국인 학습자에게 보다 쉽게 전달하기 위해 효율성이나 편리성이란 측면에서 음운변동 현상을 재구조화하는 과정이 잘못되었기 때문이며, 음운변동에 대한 정확한 개념 정의 및 교육 내용 체계화 없이 단편적으로 음운 관련 내용 항목을 제시하기에 급급했기에 생긴 문제라 할 수 있다.

외국어로서의 한국어 발음 교육에서 음운 변동 규칙을 가르치는 목적은, 표기와 발음이 일치하지 않는 것을 정확하게 발음하고 제대로 듣고 이해하게 하기 위해서이다. 즉, 따라서 표기와 발음이 달라 외국인 학습자들이 어려움을 겪을 음운 변동 현상은 중심 교육 내용으로 삼아 교재 본문에 제시하고, 모음조화와 같이 철자대로 발음되는 음운 변동 현상은 한국어 교육에서 중심적인 교육 내용은 아니지만, 한국어의 특징적인 음운변동 현상의 한 갈래이므로, 부록에서라도 정확히 제시해야 할 것이다. 따라서 외국인 대상의 한국어 음운 교육 내용을 선정할 때는 다음에 유의해야 할 것이다.

첫째, 한국어의 음운변동에 관련한 지식은 가급적 정확하고 체계적으로 전달하되, 실용문법의 공통점이라는 측면에서 학교문법과 맥을 같이한다.

둘째, 각 음운변동 현상은 내용 항목을 세분화하여 구체적으로 제시한다.

셋째, 표기와 다르게 발음이 이뤄져서 외국인 학습자들에게 발음의 혼동 및 어려움을 가져다 줄 내용 항목은 교재의 본문을 통해 제시한다.

넷째, 발음과 표기가 어느 정도 일치하여 혼란을 일으키지 않는 음운변동 현상의 경우는 교재의 부록에서라도 간단하게 언급한다.

다섯째, 음운변동 현상이 규칙적이지 않고 수의적이거나, 표준발음이 아닌 현실발음인 경우에는 음운 교육 내용으로 제시하지 않아도 되나, 관련 내용이 우리 실생활에서 사용되는 빈도가 높을 경우에는 지식적 측면이 아닌 사용적 측면에서 접근하여 하나의 사례로서 제시한다.

이러한 관점에서 외국어로서 한국어의 표준화를 위한 음운 내용 항목을 제시하면 다음과 같이 선정할 수 있을 것이다.

<표 13> 한국어교육 음운 관련 내용 항목

	음운변동		내용
1	음절 끝소리 규칙		(1)음절 끝자리-홑받침 관련 (2)음절 끝자리-겹받침 (3)연음현상-홑받침 관련 (4)연음현상-겹받침 관련 (5)절음현상

2	자
	음
	동
	화
		1)
		비음화
			(1) 역행동화 : 'ㄱㄷㅂ'→'ㅇㄴㅁ'(ㄴ,ㅁ 앞에서)
			(2) 순행동화 : 'ㄹ'→'ㄴ'(ㅁ, ㅇ 뒤에서)
			(3) 상호동화 : 'ㄱㄷㅂ'→'ㅇㄴㅁ'
			    (ㄱㄷㅂ이 ㄹ과 만나면 ㄹ→ㄴ으로 바뀌고,
			    ㄱㄷㅂ→ㅇㄴㅁ으로 바뀜)

		2) 설측 음화	받침 'ㄴ'은 'ㄹ'의 앞이나 뒤에서 [ㄹ]로 발음
		3) 구개 음화	(1) 'ㄷ'의 뒤에 형식 형태소 '이'가 오면, 먼저 'ㅈ'이 됨(자 음·모음 간 동화) (2) 'ㄷ'의 뒤에 형식 형태소 '히'가 오면, 먼저 'ㅌ'이 된 다음, 구개음화가 일어나 'ㅊ'이 됨
3	모 음 동 화	1) 모음 동화	(1) 'ㅣ'모음 역행동화 : 'ㅏ, ㅓ, ㅗ, ㅜ'가 'ㅣ'모음의 영향으로 'ㅐ, ㅔ, ㅚ, ㅟ'등 으로 변하는 현상, (2) 'ㅣ'모음 순행동화 : 'ㅣ'뒤에 'ㅓ, ㅗ'가 오면 'ㅣ'모음의 영향으로 'ㅕ, ㅛ'로 바뀜,
		2) 모음 조화	모음동화의 일종으로 양성모음('ㅏ, ㅗ, ㅑ, ㅛ')은 양성모음끼 리, 음성모음('ㅓ, ㅜ, ㅕ, ㅠ')은 음성모음끼리 어울리는 현상
4	경음화 (된소리 되기)		1) 받침 'ㄱ,ㄷ,ㅂ' 뒤에 연결되는 'ㄱ, ㄷ, ㅂ, ㅅ, ㅈ'은 된소리로 발음됨 2) '-(으)ㄹ' 뒤에 'ㄱ, ㄷ, ㅅ, ㅈ'이 'ㄲ, ㄸ, ㅃ, ㅆ, ㅉ'으로 발음 3) 'ㄴ, ㄹ, ㅁ, ㅇ'의 뒤에 'ㄱ, ㄷ, ㅂ, ㅅ, ㅈ'이 오면 [ㄲ, ㄸ, ㅃ, ㅆ, ㅉ]으로 발음
5	축약	1) 자음축약 (=격음화)	'ㅂ, ㄷ, ㅈ, ㄱ'과 'ㅎ'이 서로 만나면 'ㅍ, ㅌ, ㅊ, ㅋ'으로 축약되는 현상
		2) 모음축약	두 모음이 서로 만나서 한 음절이 되는 현상

6	탈락	1) 자음탈락	(1) 자(1) 자음이 3개이상 연이어 만나면 어느 하나가 탈락 (2) 'ㅎ' 탈락 (3) 'ㄴ, ㅅ, ㅈ'앞에서 'ㄹ'이 탈락
		2) 모음탈락	한 음절이나 모음의 한 음운이 탈락
7	사잇소리 현상		1) 두 개의 형태소 또는 단어가 어울려 합성어를 이룰 때, 앞의 말의 끝소리가 울림소리이고 뒤의 말의 첫소리라 안울림소리이면 뒤의 예사소리가 된소리로 변하는 현상 2) 앞말이 모음으로 끝나고, 뒷말이 'ㄴ, ㅁ'으로 시작되면 'ㄴ'소리가 덧남 3) 뒤의 말이 모음 'ㅣ'나 반모음 'ㅣ'로 시작될 때, ㄴ'이 하나 혹은 둘이 첨가되는 현상

위의 내용들이 한국어 교육에서 직접적이든 잠재적이든 다뤄져야할 음운 관련 교육 내용 항목들이다. 하지만 여기서 모음조화나 'ㅣ'모음 순행동화, 축약, 사잇소리 현상 등의 경우는 한국어 초기 학습기에 '어미'와 관련하여, 탈락은 '불규칙 활용', 사잇소리 현상은 조어법 등과 연계하여 가르쳐지면서 한국어 교재에서 음운 관련 내용 항목으로 제시되지 못하는 경우가 많았다. 그렇다면 연계되어 교수학습이 이뤄지는 통사 관련 내용 항목에서라도 간단히 언급되어야 하는데, 이 경우도 생략될 때가 있었다. 더구나 'ㅣ'모음 역행동화4)의 경우는 표준발음으로 인정되지 않을 뿐만 아니라, 보편적인 음운 변동이라기보다는 수의적 성격이 강하기에 아예 생략되는 경우가 많았다.

하지만, 모음조화나 'ㅣ'모음 순행동화, 축약, 탈락의 경우 대표적인 한국어의 음운변동이기에 부록을 통해서라도 내용을 꼭 제시해야 할

....

4) 이 경우 발음은 대부분 표준어로 인정하지 않는다(예: 아비→[애비], 남비→[냄비]). 단, '냄비, 멋쟁이, 댕기다(성냥불을), 올챙이, 신출내기, 수수께끼' 등은 표준어로 인정

것이다. 또한 'ㅣ'모음 역행동화의 경우는 표준발음으로는 인정되지는 않지만, 우리 실생활에서 현실발음으로 사용되는 경우가 많으며, 외국인 학습자를 대상으로 하는 한국어 방언 교육의 필요성이 제기되는 현 시점에서 '지식' 측면이든 '사용'의 측면이든 성실하게 반영되어야 할 것이다.

　이러한 음운 변동 관련 교육 내용 항목들의 배열은 전술한 바와 같이 기초가 되는 것, 쉽고 단순한 것에서부터 어렵거나 복잡한 것 순으로 교육 내용을 배열해야 한다. 일반적으로 음운 변동 현상이 음절 말이나 어말에서 일어난다는 점, 둘 이상의 음운 변동 규칙이 적용되는 발음에서는 음절의 끝소리 현상이 제일 먼저 적용된다는 점을 고려한다면, 음절의 끝소리 현상이 가장 일반적이고 기초적일 것이다. 따라서 음절의 끝소리 현상은 다른 음운 변동 규칙에 앞서 가장 먼저 가르쳐야 할 것이다.

　음절의 끝소리 현상의 경우 첫째, 홑받침과 관련된 규칙이 다른 소리를 가진 자음들의 연속체인 겹받침과 관련된 규칙5)보다는 기초적이고 단순하다. 따라서 음절의 끝소리 현상 중 홑받침과 관련된 내용을 먼저 가르치고 겹받침 관련 내용은 나중에 가르쳐야 할 것이다. 둘째, 실제 언어 상황에서 어휘 단독형이 아닌 체언과 조사의 결합형이나 용언의 활용형으로 발화될 경우에는 용언의 활용형보다는 체언과 조사의 결합형이 학습자들에게는 좀 더 쉽고 단순할 것이며, 기초적일 것이다. 셋째, 모음으로 시작하는 조사나 어미가 후행할 때 일어나는 연

---

5) 여기서 한 가지 더 염두에 두어야 할 것이 겹받침 관련 규칙이 음절의 홑받침 발음에 관련되기 때문에 다른 연음이나 절음현상보다 먼저 가르친다 하더라도, 그것이 두 자음 중 어느 것이 남는 지의 규칙이 복잡하므로 겹받침 내에서도 교수-학습 순서를 정할 필요가 있다. 하지만 어느 것을 먼저 가르치냐 하는 것은 좀 더 연구가 필요하기에 추후 연구 과제로 남기도록 하겠다.

음현상이 모음으로 시작하는 실질형태소가 후행할 때 일어나는 절음 현상보다는 더 기초적일 것이며, 같은 연음 및 절음 현상이더라도 체언에서 일어나는 경우가 용언의 어간에서 일어나는 경우보다 더 기초적이고 쉬울 것이다. 연음현상의 경우에는 음절의 끝소리가 대표음으로 변하지 않고 다음 음절의 첫소리로 발음되지만, 절음현상의 경우는 대표음으로 변한 연후에야 다음 음절 첫소리로 발음될 수 있기 때문이다. 넷째, 자음이 모음 없이는 소리를 낼 수 없다는 점을 고려한다면, 모음으로 시작하는 조사나 어미가 후행하는 경우가 자음으로 시작하는 조사나 어미가 후행하는 경우보다 좀 더 기초적일 것이다. 자음으로 시작하는 조사나 어미가 후행하는 경우에는 음절의 끝소리를 연이어 다른 음운변동 현상이 중첩되어 일어날 수 있기 때문이다.

따라서 모음으로 시작하는 조사나 어미가 결합하는 경우를 우선적으로 가르치되, 음절의 끝소리 현상, 연음현상, 절음현상의 순으로 가르치고, 체언에서 일어나는 경우를 먼저, 용언의 어간에서 일어나는 경우를 나중에 가르쳐야 할 것이다. 그리고 연후에 자음으로 시작하는 조사나 어미, 실질형태소가 붙는 경우를 가르쳐야 할 것이다6). 이는 음

....

6) 이에 대해 김형복(2004)는 자음으로 시작하는 조사나 어미의 결합형의 경우에는 음절의 끝소리 현상이 일어난 후 다시 된소리되기, 축약, 비음화 등의 여러 음운 변동 규칙이 일어날 수 있기에, 모음으로 시작하는 조사나 어미와의 결합형에 비해 훨씬 어렵고 복잡해진다고 설명했다.
   ex) 밥 / 먹-
      (1) 밥 + 이 → [바비] / 먹- + -어요 → [머거요]
      (2) 밥 + 도 → [밥또] / 먹- + -고   → [먹꼬]   (3) 밥 + 만 → [밤만]
      / 먹- + -는   → [멍는]
   (1)의 연음현상의 경우는 (2)나 (3)의 학습에 비해서 학습 부담이 적고 쉽다. 학습 부담감이 적고 쉽다는 것은 (1)의 소리 이음 규칙을 먼저 학습해야 한다는 것을 말한다. 또한 한국어에 모음으로 시작하는 조사와 어미가 자음으로 시작하는 조사와 어미보다 많은 것은 소리 이음 규칙의 사용 빈도가 높다는 것을

절의 끝소리 현상이 일어난 연후에 된소리 되기, 축약, 비음화 등의 다른 음운 변동이 연이어 일어나기 있어서 연음이나 절음 현상 등에 비해서 복잡하기 때문이다. 특히 김형복(2004)에서는 'ㅎ탈락'의 경우 음절 끝의 'ㅎ'이 모음으로 시작하는 형식형태소와 만날 때, 연음이 되어 다음 음절의 첫소리에서 'ㅎ' 소리가 나야 하는데, 연음 현상 속에서 'ㅎ'이 소리가 나지 않으므로, 연음현상을 학습한 후에 후행 학습해야 한다고 했다. 즉, 된소리되기, 축약, 비음화 등의 다른 음운변동 현상은 연음이나 절음현상, 'ㅎ탈락' 다음에 가르쳐야 할 것이다.

이렇게 되면, 음절의 끝소리 현상과 탈락 현상을 제외한 나머지 음운변동 현상 중에 어느 것을 먼저 가르쳐야 하느냐의 과제가 남는데, 이 중에서 어느 음운변동 현상이 더 기초적이고 단순하고 쉬운 지는 따지기는 어렵다. 또한 어렵고 간단하지 않더라도 한국어 학습자가 많이 사용하는 것은 먼저 배우는 것이 좋을 것이다. 따라서 이 문제를 해결하기 위해서 음운 변동 규칙의 사용 빈도를 조사하여 학습자들이 많이 사용하는 것을 먼저 가르칠 수 있도록 배열 순서를 정하도록 하겠다[7].

이를 위해 음운 변동 규칙의 출현 빈도에 대해 조사한 선행연구(김형복, 2004)를 바탕으로 교수-학습 순서를 정하고자 한다.

    a. 국립국어연구원(2003), 「한국어 학습용 어휘 선정 결과 보고서」의 1
       단계(초급) 어휘 982개

    b. 한국어세계화추진위원회(2000), 「한국어 교육 기초 어휘 의미 빈도

....

    의미하므로, 소리 이음이 된소리되기나 콧소리되기 등의 다른 음운 규칙에 앞서 학습되는 것이 효과적이라는 것이다.

 7) 학습자가 느끼는 심리학적 난이도가 언어가 가지고 있는 일반적인 난이도와는 다르다는 연구 결과가 나오면서 학습자의 요구와 사용 빈도가 교육 내용과 순서를 결정하는 데 중요한 변수가 되었다(김정숙, 2003:39, 김유정, 1998, 재인용)

　사전의 개발 사업 보고서」의 기초 어휘 1,087개
　c 조현용(2000), 「한국어 어휘 교육 연구」의 한국어 교육용 기본 어휘
　　725개

　김형복(2004)는 a~c를 대상으로 각 초급 단계 어휘 내에 나타나는 음운 변동 규칙의 빈도를 조사하였다. 빈도 분석 시 동음이의어의 경우, 중복하여 처리하지 않았으며, 한 어휘에 여러 개의 음운 변동이 일어나는 경우에는 그 각각을 음운 변동 규칙으로 처리하였다. 또한 실제 언어 상황에서는 어휘 자체만을 발화하는 것이 아니라 체언과 조사의 결합형, 용언의 활용형의 형태로 발화하게 되므로, 한국어 기초 어휘에 조사나 어미가 붙을 때 일어나는 음운 변동 규칙8)의 빈도도 조사하였다. 이렇게 한국어 기초 어휘에서 음운 변동 규칙이 일어나는 어휘를 조사하고, 그 중에 어떤 음운 변동 규칙이 얼마나 나타나는지를 조사한 결과는 다음과 같다.9)

----

8) 이 외에도 음운 변동은 '밥#먹는다, 옷#한 벌'과 같이 어절과 어절의 경계에서도 일어난다. 한국어 학습자들이 음운 변동 규칙을 어절과 어절의 경계에까지 적용하기는 어려우므로 이것에 대한 교육 방안 연구도 필요하다.
9) <표 3>의 자료 '가'는 총 어휘 982개 중 280개 어휘에, 자료 '나'는 총 어휘 1,087개 중 246개 어휘에, 자료 '다'는 총 어휘 725개 중 247개 어휘에 음운 변동이 나타났다.(김형복, 2004, 인용)

<표 14> 어휘 내에서의 음운변동 규칙의 빈도

음운 변동 규칙	가. 국립국어연구원 (2003)		나. 한국어세계화추진 위원회(2000)		다. 조현용(2000)	
	빈도	비율(%)	빈도	비율(%)	빈도	비율(%)
1. 된소리 되기	80	28.6	56	22.9	83	33.6
2. 거센소리 되기	23	8.2	28	11.4	30	12.1
3. 콧소리 되기	10	3.6	6	2.5	2	0.8
4. 입천장 소리 되기	1	0.4	1	0.4	1	0.4
5. 흐름소리 되기	0	0	0	0	2	0.8
6. 사잇소리 현상	1	0.4	1	0.4	1	0.4
7. 일곱 끝소리 되기	59	21	43	17.6	45	18.2
8. 겹자음 줄이기	15	5.3	16	6.5	11	4.4
9. 소리 이음	63	22.5	33	13.4	37	15.2
10. ㅎ 줄이기	28	10	61	24.9	35	14.1
계	280	100	246	100	247	100

<표 14>에서 보듯이, 세 자료의 한국어 기초 어휘에서 많이 나타나는 음운 변동은 '된소리되기 → 축약 → 비음화'의 순이다. 한국어 기초 어휘에 된소리되기가 일어나는 어휘가 많다는 것은 한국어 학습자들이 된소리되기의 음운 변동 규칙을 사용할 가능성이 높다는 것을 의미한다. 그리고 세 자료 모두 구개음화, 유음화, 사잇소리 현상은 거의 나타나지 않는다. 이것은 한국어 학습자가 초급 단계의 한국어 발화에서는 그것의 음운 변동 규칙을 사용할 경우가 많지 않다는 것을 의미한다.

따라서 어휘 내에서의 음운 변동 규칙의 빈도는 '된소리되기 → 축

약 → 비음화 → 구개음화 → 유음화 → 사잇소리 현상'의 순이다.

하지만 실제 언어 생활 속에서 어휘의 단독형 보다는 조사나 어미 등과의 결합형을 통해 의사소통이 실현되므로, 김형복(2004)은 2차로 음운과 결합하는 음운 환경을 살펴봄으로써 빈도수를 추정하는 작업을 더했다.

<표 15> 음운변동 현상의 음운 환경

음운 변동 규칙	체언·용언 어간의 끝음절 자음	체언·용언 어간과 결합하는 문법 형태	
1. 연음현상	모든 자음	-에, -에게, -에게서, -에서, -으로, -은, -을, -이, -이다, -이아니다, -이었습니다, -의	-아서, -아요, -았어요, -았으면 하다, -아 드리다, -아 보다, -아 주다, -아 지다, -아야 하다, -으러, -으려고, -으려고 하다, -으면, -으면 좋겠다, -으면서, -으세요, -으셨어요, -으십시오, -은, -은 것, -은데, -은 적이 있다, -을, -을 거예요, -을 것 같다, -을 때, -을게요, -을까요?, -을 수 있다, -을 수 없다, -읍시다
2. 된소리 되기 3. 축약	ㄱ, ㄷ, ㅂ ㅎ	-과, -과 같이	-게, -겠-, -고, -고 나서, -고 싶다, -고 있다, -군요, -기 때문에, -기로 하다, -기 시작하다, -기 전에, -습니다, -지만, -지 말다, -지 않다, -지요, -지 못하다
4. 비음화	ㄱ, ㄷ, ㅂ	-마다	-는, -는 것, -는 것 같다, -는 동안, -는 군요, -는데
5. 축약	ㄱ, ㄷ, ㅂ, ㅈ	-하고, -한테, -한테서	.

위의 <표 15>[10]에서 보듯이, '연음현상'은 다른 음운 변동 규칙들과

....

10) <표 15>는 김형복(2004)에서 인용함.

는 달리, 체언이나 용언 어간의 끝음절 자음이 무엇이든 관계가 없으며 모음으로 시작하는 조사와 어미가 자음으로 시작하는 경우보다 훨씬 많다는 점에서 빈도수가 가장 높다고 할 수 있다. 또한 '된소리되기'와 '비음화'는 체언이나 용언 어간의 끝음절 자음(/ㄱ, ㄷ, ㅂ/)의 조건은 동일하나 '된소리되기'가 일어날 수 있는 문법 형태가 '비음화'의 경우보다 많으므로 실제 언어 상황에서 된소리되기가 빈도수가 높다고 할 수 있다. 마지막으로 '축약'은 체언이나 용언 어간의 끝음절이 'ㅎ'이거나 결합되는 뒤 음절이 'ㅎ'으로 시작하는 문법 형태일 때 나타난다. 그런데 끝음절이 'ㅎ'인 체언은 없으며 기초 어휘 중 'ㅎ'으로 끝나는 용언의 어간과 'ㅎ'으로 시작하는 초급의 문법 형태는 그 수가 적다.11) 따라서 실제 언어 상황에서의 축약 현상의 출현 빈도와 그것의 사용 빈도는 높지 않다고 할 수 있다.

이렇게 음운 결합 환경, 즉 '체언+조사, 용언 어간+어미'의 구성에서의 음운 변동 규칙의 빈도는 '연음현상 → 된소리되기 → 비음화 → 축약현상'이므로, 음운 변동 규칙의 사용 빈도도 이와 비슷할 것이다.

그런데 <표 14>와 <표 15>의 음운 결합 환경에 따른 빈도수을 비교하면, 어휘 내에서는 축약 현상보다 비음화의 빈도가 높으나, 실제 언어 상황에서는 그 반대임을 알 수 있다. 한국어 학습자들의 실제 언어 상황은 어휘의 단독형 보다는 조사나 어미 등과의 결합형에 의해 실현되므로, 이를 우선적으로 고려하면, 음운 변동 교육 내용의 배열 순서는 '(모음동화, 모음축약, 모음탈락) → 음절의 끝소리 → ㅎ 탈락 → 된소리되기 → 비음화 → 축약현상 → 구개음화 → 설측음화 → 사

---

11) 'ㅎ'으로 끝나는 용언의 어간은 '괜찮-, 그렇-, 까맣-, 끊-, 낳-, 넣-, 노랗-, 놓-, 많-, 빨갛-, 싫-, 옳-, 이렇-, 좋-, 파랗-'이, 'ㅎ'으로 시작하는 초급의 문법 형태에는 '-하고, -한테, -한테서'가 있다.(김형복, 2004)

잇소리 현상' 순으로 하는 것이 적절할 것이다. 발음의 기본이 되는 모음과 관련한 음운 현상은 독립적으로든, 아니면 다른 통사적 문법 요소와 함께 배우든 가장 먼저 배우는 것이 적절할 것이며, 사잇소리 현상은 조어법과 관련하여 특수한 단어에서만 나타나고, 본래 없었던 음운들이 발화 과정에서 새로 나타나는 것이기에 학습자의 입장에서는 일반적 발음 규칙에서 유추하기 어려우므로 교수-학습 순서를 가장 뒤에 학습시키는 것이 적절할 것이다.

따라서 3.3의 논의를 종합하여 난이도, 기초성, 빈도성 등을 토대로 음운변동 규칙의 교육 내용 배열 순서를 제시하면 <표 16>과 같다.

<표 16> '음운변동'에서의 교육 내용 항목 배열 및 제시 순서

배열 순서	음운변동	세부 내용 항목 제시 순서 <표13>에서 제시한 항목 번호를 따름	비고
1	2. 모음동화	2) 모음조화 → 1)모음동화 -(2) 'ㅣ'모음 순행동화	1)-(1) 'ㅣ'모음 역행동화의 경우 '사용' 영역에서 다룰 수 있음
2	6. 탈락 - 2) 모음 탈락	모음 탈락	6-1)-(1), 6-1)-(3)은 한국어 초기 학습기에 '어미' 관련 학습과 함께
3	5. 축약 - 2) 모음축약	모음 축약	한국어 초기 학습기에 '어미' 관련 학습과 함께 다루어도 됨
4	1. 음절 끝소리 규칙	1)음절 끝자리 -홑받침 관련 → 2)음절 끝자리 -겹받침, → 3)연음현상 -홑받침 관련, → 4)연음현상-겹받침 관련5)절음현상	

5	6. 탈락 - 1) 자음탈락	·	
6	4. 경음화 (된소리되기)	1) ➜ 2) ➜3)	
7	2. 자음동화 - 1) 비음화	(1) ➜ (2) ➜ (3)	
8	5. 축약	1) 자음축약 (=격음화)	
9	2. 자음동화 - 2) 구개음화	(1) ➜ (2)	
10	2. 자음동화 - 3) 설측음화	·	
11	7. 사잇소리현상	1) ➜ 2) ➜ 3)	

첫째, 전체적인 음운변동 관련 내용 항목 배열은 '(모음동화, 모음축약, 모음탈락) → 음절의 끝소리 → ㅎ 탈락 → 된소리되기 → 비음화 → 축약현상 → 구개음화 → 설측음화 → 사잇소리 현상' 순으로 제시한다.12)

둘째, 각 음운변동의 세부 내용 항목을 제시할 때는, 다음과 같은 원리에 따른다.

- 모음 관련 음운변동을 제시한 후, 자음 관련 음운변동을 제시한다.
- 기초적인 음운 변동 현상을 먼저 제시하고, 복합적이거나 복잡한 음운 변동 현상은 나중에 제시한다.
- 동화 현상의 경우 역행이나 순행 동화를 쌍방향의 상호동화보다 먼저 제시한다.

....

12) 모음 관련 음운변동 현상은 그 자체를 핵심 교육 내용으로 제시할 수도 있지만, 기타 문법적 요소를 가르치는 과정 중에 선행 요소로 부수적으로 가르칠 수도 있다. 따라서 모음 자체가 음절을 이뤄 언어를 구성하는 데 기본적 요소이기에, 다른 음운변동에 비해 기초적인 성격이 강하므로 비교적 이른 시기에 지도해야 할 것이다.

셋째, 이런 음운변동 관련 내용 항목은 세부 내용 항목의 적절한 배열을 통해 초급부터 고급까지 지속적·반복적으로 심화되어 교육이 이뤄지도록 나선형의 내용 체계를 형성해야 할 것이다.

넷째, 규칙적인 음운변동 현상이나 음운변동 자체가 학습목표로 설정될 수 있도록 독립적인 경우에는 '지식' 영역의 학습 요소로 교재의 본문에서 제시하고, 수의적이거나 언어규범에서 어긋나는 경우, 음운변동 자체가 학습 목표로 설정될 수 없는, 부수적인 성격을 지닌 음운변동의 경우는 '사용' 영역이나 '부록'에서 제시한다. 이렇게 내용 항목으로서의 독립성, 제시되는 영역에 따라 선정할 내용을 분류하면 <표 17>과 같다.

<표 17> 한국어 음운 관련 교육 내용 선정 분류

분류		내용 항목 (내용항목의 숫자 -<표13>을 토대로 함.)	제시 파트
독립성	핵심적 내용 항목	1, 2, 4, 5, (6)	교재 본문 제시 내용
	부수적 내용 항목	3, (6), 7	부록, 교재 본문 내용
제시되는 영역	'지식' 측면	1, 2, 3-1)-(2), 3-(2), 4, 5, 6, (7)	부록, 교재 본문 내용
	'사용' 측면	3-1)-(1), 3-(2), (7)	부록, 교재 본문 내용

내용 항목으로서의 독립성은 독립된 음운 교육 내용으로 제시 가능성의 여부를 말하는 것으로, '핵심적 내용 항목'은 독립된 음운 교육 내용 항목으로서 교재 본문에서 제시될 수 있는 내용 항목인 <표 13>의 1, 2, 4, 5, 6 항목이 여기에 속하며, '부수적 내용 항목'은 다른 통사적 문법 교육 내용과 연계하여 보조적으로 제시할 수 있는 음운 교육 내

용 항목으로 <표 13>의 3, 6, 7 항목이 여기에 속한다. 또한 항목 (6)은 교육목표 및 교재 집필 관점 등에 따라 핵심적 내용 항목으로도 부수적 내용 항목으로 제시가 가능하다. 또한 제시되는 영역의 측면에서 '지식' 영역의 내용 항목은 <표 13>의 1, 2, 3-1)-(2), 3-(2), 4, 5, 6, (7) 항목이 속하고, 구체적 발음 상황 및 맥락과 관련하여 제시되는 '사용' 영역의 내용 항목으로는 3-1)-(1), 3-(2), 7 항목을 분류할 수 있을 것이다. 여기서 내용 항목 3-(2)와 7은 지식 영역과 사용 영역에서 모두 사용 가능하므로, 교육목표 및 교육 상황에 따라 적절하게 선정하여 제시할 수 있을 것이다.

 ## 4 '사용'과 '태도' 영역의 내용 항목 선정 및 배열

지금까지 '지식' 영역에서의 음운 관련 문법 지식의 내용 선정 및 배열에 대해서 살펴보았다. 본 절에서는 실제 언어 사용 맥락을 고려한 '사용' 영역에서의 음운 교육내용 항목, 한국어 사용의 가치관 및 문화, 태도 등과 관련된 '태도'의 영역에서의 음운 교육내용 항목의 선정과 제시 순서에 대해서 논의를 전개해 보겠다. 일반적으로 '사용' 및 '태도' 영역에서의 내용항목은 학습의 분량 및 수준을 고려했을 때, 교재의 본문에서 독립적이고 핵심적인 교육내용 요소로 제시하기 보다는, 부수적인 교육내용 요소로 교재의 부록이나 본문의 참고사항으로 제시함으로써, 학습자들의 좀 더 구체적이고 심화된 학습이 가능하도록 제시하는 것이 적절하다.

4.1 '사용' 영역 관련 내용 선정 및 배열

기존의 한국어 교재에서의 '사용' 영역의 내용 제시는 다음과 같다.

<표 18> '사용' 영역 관련 내용 항목

교재		권수	단원	파트	내용 항목
발음	A	-	-	-	해 당 없 음
	B	각권	1-1	문법 '발음'	삼지상관속을 이루는 자음들의 조음법 설명
			매단원	문법 '발음'	각 단원의 '문법'이라고 제시된 부분에서 음운과 관련된 내용을 다루거나 그 과에 꼭 필요한 경우는 '발음'이라는 부분을 만들어 정확한 발음법을 설명하고 있음
	C	-	-	-	해 당 없 음
	D	-	-	-	해 당 없 음
	E	1-1	1과	선생님의 한 마디 'ㅇ'의 발음	초성에 자음이 없을 때, 'ㅇ'자를 채워서 쓰는데 이때엔 자음 소리가 없음을 뜻함. 반면에 음절 종성에 있는 'ㅇ'은 음가가 있는 'ㅇ'으로 []으로 발음
				선생님의 한 마디 'ㄹ'의 발음	위치에 따라 초성에서는 [r], 종성에서는 [l]로 발음
			10과	선생님의 한 마디 'ㅎ'의 발음	'ㅎ'은 모음이나 'ㄴ, ㅁ, ㅇ' 또는 'ㄹ' 뒤에서 소리가 약화되어 발음되거나 또는 거의 발음하지 않을 수 있음.
				'ㅢ' 발음	'ㅢ'가 첫음절에 오는 경우엔 [의]로 발음되지만, 첫음절이 아니거나 자음이 첫소리이면 [이]로 발음
운용	A	-	-	-	해 당 없 음
	B	-	-	-	해 당 없 음

법	C	1	1	한글 1	수직-수평으로 구성하는 방식
	D	-	-	-	해 당 없 음
	E	1-1	2	선생님 의 한마디	수직-수평으로 구성하는 방식

'사용'의 측면에서 정확한 발음이나 표준발음법과 관련된 내용 항목
은 B, E교재에서만 제시되고 있었다. B교재에서는 '문법'에 발음 파트
를 설정해 놓고 필요할 때마다 발음에 대한 설명을 제시했고, E교재는
단원마다 주의해야 할 단어의 발음을 한글로 적어 놓았으나, 구체적인
설명은 제시하지 않았고 주의해야 할 몇 개의 음운의 발음에 대한 설
명만 '선생님의 한 마디'에서 제시하고 있어 한계가 있다. 외국인 학습
자의 경우 모어의 영향에 따라 한국어 발음을 어려워하는 경우가 많으
므로 정확한 발음에 대한 지도가 필요하나 전체적으로 이에 대한 구체
적 설명이 부족하다. 학습자가 어려워하는 특정의 발음과 관련하여 정
확한 발음 및 음운과 관련된 어문 규정 등을 같이 연계하는 것이 실용
적일 것이다. 단 주의할 점은 어문 규정을 연계할 때는, 외국인 학습자
의 요구를 분석하여 어문 규정 중 필요한 요소만 뽑아 실제적인 사례
를 중심으로 교육 내용을 선정해야 한다는 것이다.
　외국인 학습자가 글자를 구성하여 표기하는 방법 즉, 글자 운용법은
C, E 교재에서만 다루고 있는데, 하서법과 병성법, 부서법 등의 용어
대신 '수직으로 구성하는 방식', '수평으로 구성하는 방식' 등으로 표현
했다. 이 두 가지 내용 항목은 실제 글자를 쓰는 것과 관련된 가장 실
용적인 성격의 내용 항목이나, 생략된 교재가 많아 화석화된 지식 영
역의 문법 내용 항목을 실제 삶에서 활용하고 연계할 수 있는 가시적

인 교육적 지표가 교재에서 생략된 것과 마찬가지이기에 한계가 있다 하겠다.

이렇게 기존의 한국어 교재 속에 제시된 '사용' 영역에서의 음운 관련 내용 항목은 주로 특정 음운의 발음, 글자 운용법과 관련된 것으로 나눌 수 있다. 이는 발음교육이 실제 언어 사용 상황과 밀접한 관련을 맺고 있다는 점을 생각할 때 '사용' 영역에서의 음운 관련 교육이 지나치게 약화되어 있는 것이라 볼 수 있다.

따라서 한국어 음운 관련 문법 교육의 '사용' 영역에서는 첫째, '지식' 영역에서 흔히 제외되는 수의적인 성격의 음운변동 현상이나, 음운변동의 일반적 규칙에서는 어긋나나 현실적으로 그 발음이 통용되는 현실 발음과 관련된 내용을 첨가하되, 실제 생활에서 많이 쓰이는 음운 변화 순으로 배열해야 할 것이다. 둘째, '지식' 영역에서 제시했던 음운 변동 현상과 관련하여 외국인 학습자들이 특히 많이 틀리는 발음의 경우 '표준발음법'이나 '맞춤법', '소리'와 관련 있는 항목들과 연계하여 좀 더 실질적인 발음교육이 이뤄질 수 있도록 해야 할 것이다. 셋째, 음운 체계와 관련해서는 자음과 모음을 배울 때는 각 음소를 쓸 때의 획순을, 비분절 음운과 관련해서는 소리의 장단, 억양을 관련된 사례를 중심으로 구체적인 맥락을 통해 학습할 수 있게 하는 것이 좋을 것이다.

이러한 '사용' 영역에서의 내용 항목 배열은 첫째, '지식' 영역의 내용 항목의 배열 및 제시와 비슷한 원리로 제시하고, 둘째, 배열 순서 면에서 '지식' 영역에서와는 달리 비고정적이고 탄력적으로 구성하여, 관련 있는 '지식' 영역에서의 관련 내용 항목과 긴밀한 연계 속에서 제시할 수 있도록 해야 할 것이다. 마지막으로 구체적인 사례 중심으로 실제적 맥락과 연결하여 제시함으로써 실질적인 발음 능력을 신장시킬 수 있도록 유도해야 할 것이다. 이러한 '사용' 영역에서의 내용 항목의 선정과 배열을 시범적으로 제시해 보면 다음과 같다.

<표 19> '사용' 영역에서의 음운 관련 내용 항목 선정 및 배열

배열 순서	내용 항목 선정	내용 항목 제시
1	자음 및 모음의 획순	● '지식' 영역의 '음운 체계' 관련 내용 항목 중 '자음'과 '모음'을 배울 때, 긴밀하게 연계하여 사례 중심 실제 맥락 중심으로 내용 항목을 제시
2	소리의 억양	● 우리 실생활에서 자주 쓰는 어휘 중 '소리의 장단', '억양'에 의해 의미가 변별되는 사례를 중심으로
3	소리의 장단	● '지식' 영역의 '음운 체계' 관련 내용 항목 중 '비분절 음운'을 배울 때, 긴밀하게 연계하여 사례 중심 실제 맥락 중심으로 내용 항목을 제시
4	글자 운용법	● '수직으로 구성하는 방식', '수평으로 구성하는 방식' ● '지식' 영역의 '음절' 관련 내용 항목을 배울 때, 긴밀하게 연계하여 사례 중심 실제 맥락 중심으로 내용 항목을 제시
5	학습자기 어려워하는 음운변동 관련 특정 발음	● 학습자가 어려워하는 음운변동 관련 특정 발음을 이문규정과 연계하여 실제 맥락, 사례 중심으로 제시 ● '지식' 영역의 '음운변동' 관련 내용 항목을 배울 때, 긴밀하게 연계하여 사례 중심 실제 맥락 중심으로 내용 항목을 제시
	특정한 경우에만 일어나거나 수의적인 음운 변동 현상 - 두음법칙, 사잇소리 현상 등	● '지식' 영역의 '음운변동' 부분에서 제시되지 않았을 가능성이 크므로 보다 다양한 사례를 실제 맥락 중심으로 제시 ● 다양한 사례를 중심으로 귀납적으로 관련 지식을 획득할 수 있도록 배려해야 함
	현실 발음	● 일반적 음운 변동 현상의 원리에서 어긋나나, 실제 언어 생활 속에서 많이 사용되거나 허용되는 다양한 사례를 실제 맥락 중심으로 제시 ● '지식' 영역의 '음운변동'의 관련 내용 항목을 지도할 때 연계하여 제시

4.2 '태도' 영역 관련 내용 선정 및 배열

'태도' 영역에서의 내용 선정 및 배열을 위해서 기존의 '태도' 영역 관련 내용의 제시 실태를 제시하면 다음과 같다.

<표 20> '태도' 영역 관련 내용 항목

	세종대왕	자음		모음		설명
		발음기관상형	기타-가획	천(ㆍ)지(ㅡ)인(ㅣ) 상형	합성의 원리	
A	○	×	×	×	×	해당 없음
B	○	○	○	○	○	한글은 세종대왕이 1443년에 만듦. 모음 - 하늘(天, ㆍ), 땅(地, ㅡ), 사람(人, ㅣ)의 모양을 본떠서 만듦 자음 - 발음기관을 본떠서 만듦
C	○	×	×	×	×	해당 없음
D	○	×	×	×	×	해당 없음
E	○	○	○	○	○	한글은 세종대왕이 1443년에 만듦. 처음에는 훈민정음이라 불렸음. 자음과 모음으로 이뤄짐. 모음 - 하늘(天, ㆍ), 땅(地, ㅡ), 사람(人, ㅣ)의 모양을 본떠서 만듦 자음 - 혀, 이, 입술, 목구멍 등 발음기관을 본떠서 만듦

A~E 교재에서는 한글을 세종대왕이 만들었다는 간단한 사실은 전달하고 있으나, 구체적인 창제원리에 대한 설명까지 나와 있는 것은 B와 E 교재 뿐이었다. '태도' 측면의 내용 항목으로 훈민정음 창제와 그

원리에 대한 내용이 없는 점은 한국어와 관련해 가장 기본적인 문화
항목이자 외국인 학습자에게 한국어에 대한 긍정적인 인식과 태도를
형성시킬 수 있는 중요한 내용 항목이 생략된 것이어서 한계가 있다
하겠다.

<표 21> '태도' 영역에서의 음운 관련 내용 항목 선정 및 배열

배열순서	내용 항목 선정	내용 항목 제시
1	세종대왕과 훈민정음 창제	• 세종대왕의 훈민정음 창제, 자음과 모음의 제자 원리, 한글의 독창성과 우수성 • 한국어에 대한 긍정적 인식과 태도 형성 • '지식' 영역의 '음운 체계' 중 '자모' 관련 내용 항목을 배울 때, 긴밀하게 연계하여 제시
2	정확한 발음의 중요성	• 실제 언어 생활 속에서 잘못된 발음으로 인해 겪었던 당황스런 경험이나 실수 등을 제시 • 정확한 발음의 중요성을 인식하고, 초~고급에 걸쳐 지속적으로 정확한 발음 교육을 하겠다는 의식과 태도 형성 • '지식' 영역의 '음운 변동' 관련 내용 항목을 배울 때, 긴밀하게 연계하여 사례 중심 실제 맥락 중심으로 내용 항목을 제시

따라서 한국어 교육에서의 '태도'영역에서는 <표 21>과 같이 세종대
왕의 훈민정음 창제와 관련된 항목과 자음과 모음의 상형 원리를 제시
함으로써 '한글'의 우수성과 독창성을 지도하고, 이를 통해 외국인 학
습자에게 한국어에 대한 긍정적 태도를 형성시킬 수 있도록 해야 할
것이다. 또한 의사소통 상황 및 생활 속 정확한 발음의 중요성을 인식
시킬 수 있는 내용을 함께 제시하여, 학습자로 하여금 초급에서 고급
까지 지속적으로 발음 학습에 관심을 갖도록 유도해야 할 것이다.

5 정리

지금까지 음운체계, 음절, 음운변동 등 음운 관련 문법과 관련하여 '지식', '사용', '태도'의 영역으로 나누어, 음운 교육 내용을 선정하고 일정한 제시 원리에 따라 교육 내용을 시험적으로 배열해 보았다. 따라서 한국어 음운 교육의 내용의 선정 및 배열의 방향은 다음과 같다.

첫째, 외국인 한국어 학습자들에게 일반적으로 나타나는 단계별 발음 오류에 대한 정확한 통계적 분석, 학습자들의 객관적 주관적 요구를 바탕으로 하여, 초-중-고급의 수준별로 필요한 발음 학습 요소를 항목화·배열하여, 초급부터 고급까지 지속적이고 체계적으로 발음 교육이 이뤄질 수 있도록 해야 한다.

둘째, 음운론 관련하여 한국어 교재마다 다르게 나타나는 기초적인 용어 및 개념 정리가 필요하다. 이 때 개념 및 용어의 정리는 외국인 학습자들의 수준에 맞춰, 이해할 수 있게 쉬운 용어와 표현으로 재정리해야 할 것이다.

셋째, 한국어 교육에서 가르쳐야 할 교육 내용을 난이도, 기초성, 사용 빈도 등의 기준을 토대로 교육 내용을 배열하되, 초급에서 고급까지 교육내용이 반복·심화되어 제시되어 한국어 음운 교육의 목표를 효과적으로 달성할 수 있게 한다.

넷째, '지식'의 측면에서 표준화된 음운 체계의 정리 및 음운변동에 대한 기본적 정의 및 범위 설정이 필요하다. 물론 외국인 학습자 대상의 음운 교육에서 자모음 체계나 음운변동 지식 자체가 1차적 목표는 아니지만, 음운 체계 및 음운변동에 대한 지식과 내용을 명확히 표준화 시키고 교육이 이뤄져야, 교육기관, 교사, 학습자적 요건과 상관없이 일정 수준 이상의 교육목표 달성을 얻을 수 있을 것이다.

다섯째, '사용'의 측면에서 정확한 발음이나 표준발음법과 관련된 사항과 표기법 즉, 글자의 운용법은 외국인 학습자적 특징 및 요구를 분석하여 필수 학습 요소를 선별하여 관련 있는 문법 지식과 연결하여 함께 지도한다.

여섯째, '태도' 측면에서 훈민정음 창제 및 창제 원리와 관련한 내용은 '문화' 교육과 연계하여 강화시켜, 한국과 한국어에 대한 긍정적 태도를 형성시킨다.

일곱째, 모음조화나 소리의 장단과 같이 한국어의 특징은 '문화' 영역과 연계해서라도 빼놓지 않고 가르쳐야 한다. 단 이러한 경우에는 교육이 필요한 내용 요소의 범위나 수준 결정의 문제에 대한 고려가 필요하게 된다.

본 연구는 다양한 학습자들의 특성에 따라 학습 내용 요소를 선정하고 고려해야 하는 외국어로서의 한국어 교육의 관점에서 생각해 보면, 외국인 학습자의 특성을 고려하지 않은 한계가 있으나 본 연구의 목적이 교육기관별로 다양한 한국어 음운 교육 내용의 표준화 및 통일을 위한 기본적 틀을 마련하는 것에 있기에, 시험적 시도를 한 것만으로도 충분한 의미가 있다 하겠다. 단, 본고에서의 논의는 일종의 시험적인 시도일 뿐 한국어 문법의 표준화를 위해서는 앞으로도 지속적인 연구가 필요하다.

따라서 본 연구에서 제시한 음운 관련 교육 내용과 배열 순서를 바탕으로 실제 수업에서 그것을 어떻게 효과적으로 전달하고 연습시킬 것인가 하는 문제와 학습 단계에 따라 새로운 내용을 얼마나 새로 학습시키고 이미 학습한 내용을 얼마나 반복 심화시킬 것인가 하는 계열적 조직의 문제에 대한 구체적 연구는 추후의 연구 과제로 남겨 두도록 하겠다.

참고문헌

국립국어연구원(2007), 외국인을 위한 한국어 문법 1 : 체계편, 커뮤니
　　　　　케이션북스.

김미옥(2002), "학습 단계에 따른 한국어 학습자 오류의 통계적 분석", 외
　　　　　국어로서의 한국어교육 27-1, 연세대학교한국어학당.

김유정(1998), "외국어로서의 한국어 문법 교육 : 문법 항목의 선정과
　　　　　단계화를 중심으로", 한국어 교육 9-1, 국제한국어교육
　　　　　학회.

김재욱(2003), "외국어로서의 한국어 문법 교육 ; 한국어 교육 문법의
　　　　　제시 원리와 체계를 중심으로", 이중언어학 제22호, 이중
　　　　　언어학회.

_____(2010), "등급별 한국어 문법교육 : 한국어 문법교육의 위계화를
　　　　　중심으로", 학회 창립 25주년 기념 제20차 국제학술대
　　　　　회 자료집 <한국어 문법 교육의 새로운 방향>, 국제한
　　　　　국어교육학회.

김제열(2001), "한국어 교육에서 기초 문법 항목의 선정과 배열 연구",
　　　　　한국어교육 12-1, 국제한국어교육학회.

김형복(2004), "한국어 음운변동 규칙의 교수-학습 순서 연구", 한국어
　　　　　교육 15-3, 국제한국어교육학회.

민현식(2000), "제2언어로서의 한국어 문법 교육의 현황과 과제", 새국
　　　　　어생활 2000 여름호, 국립국어연구원.

_____(2008), "한구어 교재의 문법 항목 위계화 양상에 대하여", 문법
　　　　　교육 9, 한국문법교육학회.

박덕유(2009), 개정판 학교문법론의 이해, 도서출판 역락.

연재훈(2010), "한국어 교육문법의 체계와 형식 : Korean: A Comprehensive Grammar(Yeon & Brown)", 학회 창립 25주년 기념 제20차 국제학술대회 자료집 <한국어 문법 교육의 새로운 방향>, 국제한국어교육학회.

이관규(2010), 개정판 학교문법론, 도서출판 월인.

정명숙(2002), "한국어 억양의 기본 유형과 교육 방안", 한국어 교육 13-1, 국제한국어교육학회.

한재영 외(2008), 한국어 문법 교육, 태학사.

- 한국어 교재 -

이화여대(1998), <말이 트이는 한국어>.

이화여대(2010), <이화 한국어>.

한양대(2008), <한양 한국어>.

배재대(2009), <배워요, 재밌는 한국어>.

한국어교육개발원(2007), <아름다운 한국어>.

제2장

한국어 학습자를 위한 발음교육 연구

중국인 한국어 학습자를 위한 발음교육의 기초 연구

일본인 한국어 학습자를 위한 발음교육의 기초 연구

태국인 한국어 학습자를 위한 발음교육의 기초 연구

중국인 학습자를 위한 한국어 종성 발음교육 연구

중국인 한국어 학습자를 위한
발음교육의 기초 연구

1 중국인 학습자를 위한 발음교육의 필요성

외국어를 배울 때 잘못된 발음이 고착되면 시간이 지난 후 고치기가 아주 힘들어진다. 따라서 언어 학습 초기에 정확한 발음을 익히는 것이 매우 중요하다. 일반적으로 제2언어 학습자는 이미 익숙해진 모국어의 발음을 통하여 외국어 발음을 인지하려는 경향이 있기 때문에, 외국어 그대로의 음소를 받아들이지 못하고 모국어의 영향을 받아 부정확한 발음을 구사하는 경우가 매우 많다. 따라서 학습 초기부터 제2언어의 음운체계에 대한 전반적인 이해가 수반되어야 제2언어의 발음을 효과적으로 익힐 수 있는 것이다.

또한 제1언어와 제2언어의 음소 체계를 대조·분석하는 것은 정확한 발음을 학습하기 위해 필요한 과정이라고 할 수 있다. 대조 분석을 활용하면 두 언어의 음소 체계에서 존재하는 공통점과 차이점을 찾아내서 학습자가 당면할 어려움을 예측하고 미리 예방할 수 있을 뿐만 아니라, 학습자가 모국어의 영향으로 오류를 범했을 경우 비교 분석한 결과를 활용하여 적절하게 대처할 수 있다.

이에 따라 본 연구는 중국어와 한국어 자음·모음 음운체계를 대조하고, 한국어를 학습하는 중국인 학습자들이 정확한 발음을 기초적인 학습할 수 있는 교수 방안을 모색하고자 한다.

2 한국어와 중국어의 자음 대조

한·중 음운을 통해 발음 교육을 하려면 우선 중국인 학습자는 중국어의 음운체계와 한국어의 음운적 공통점과 차이점을 알아야 한다. 특히 성인 중국인 학습자의 경우는 이미 체계적으로 내재화된 중국어의 체계 때문에 한국어를 학습을 할 때 중국어의 영향을 받을 수밖에 없다.

한국어 자음체계는 19개, 중국어 자음은 21개로 이루어진다. 단순히 그 숫자만으로 볼 때는 중국어는 한국어보다 더 많은 자음을 가지고 있어 중국인 학습자가 한국어 자음을 학습할 때 별다른 어려움을 겪지 않을 것이라고 생각할 수 있으나, 각각의 자음의 음가를 결정하는 조음자리, 기의 유무, 긴장의 유무 등 요인들을 살펴보면 그 자음들이 서로 상이한 음가를 가지고 있음을 알 수 있다. 자음의 경우는 한국어 평음·경음·격음으로 구분되는 반면에 중국어는 송기(送氣)음과 불송기(不送氣)음으로 나누어진다. 본래 자음은 모두 기류가 밖으로 흘러나오면서 만들어지기 때문에 송기음이라 할 수 있다. 따라서 불송기의 자음도 기류가 입 밖으로 전혀 나가지 않는 것이 아니라, 흘러나오는 기류가 송기인 자음의 기류보다 상대적으로 약할 뿐이다. 다시 말하면 송기는 강한 기류이고, 불송기는 약한 기류라 할 수 있다. 중국어권 학습자들은 유기와 무기라는 두 가지 변별자질로 한국어의 평음·경음·격음을 구별해야 하므로 어려움이 있다. 따라서 본 장에서는 한국어와 중국어의 자음 음운 규칙의 특성과 차이를 살펴보도록 한다.

2.1. 한국어 자음 체계

한국어 자음체계는 모음과 달리 공기의 흐름이 방해를 받아 이루어지는 소리이다. 따라서 자음은 그 장애가 이루어지는 조음 위치와 조음 방법에 따라 구분된다. 이에 따라 한국어의 자음 19개는 다음 <표 1>의 체계를 이룬다.[1]

<표 1> 한국어 자음 체계

조음 방법 \ 조음 위치			양순음	치조음	경구개음	연구개음	후음
저지음	파열음	평음	ㅂ[p]	ㄷ[t]		ㄱ[k]	
		격음	ㅍ[pʰ]	ㅌ[tʰ]		ㅋ[kʰ]	
		경음	ㅃ[p']	ㄸ[t']		ㄲ[k']	
	파찰음	평음			ㅈ[ʨ]		
		격음			ㅊ[ʨʰ]		
		경음			ㅉ[ʨ']		
	마찰음	평음		ㅅ[s]			ㅎ[h]
		경음		ㅆ[s']			
공명음	비음		ㅁ[m]	ㄴ[n]		ㅇ[ŋ]	
	유음			ㄹ[l]			

1) 분류 방법은 박덕유(2009) 참고.

2.2 중국어의 자음 체계

중국어 음운학에서는 발음 기관의 저지를 받아 만들어지는 소리를 보음(輔音)이라 한다. 따라서 중국 음운학에서 보음은 한국어의 자음에 따라 해당한다. 중국어에는 22개의 보음(輔音)이 있다. 자음은 조음위치와 조음방법, 성대의 진동을 기준으로 하여 분류된다. 중국어의 자음 음소체계는 다음 <표 2>와 같이 정리할 수 있다.[2]

<표 2> 중국어 자음(보음) 체계

조음방법 \ 조음위치			쌍순음	순치음	설첨전음	설첨중음	설첨후음	설면음	설근음
색음	청음	불송기음	b[p]			d[t]			g[k]
		송기음	p[pʰ]			t[tʰ]			k[kʰ]
색찰음	청음	불송기음			z[ts]		zh[tʂ]	j[tɕ]	
		송기음			c[tsʰ]		ch[tʂʰ]	q[tɕʰ]	
찰음	청음			f[f]	s[s]		sh[ʂ]	x[ɕ]	h[x]
	탁음						r[ʐ]		
비음	탁음		m[m]			n[n]			
변음	탁음					l[l]	r[ɻ]		ng[ŋ]

2.3 한국어와 중국어 자음 체계 대조

한국어와 중국어는 자음 체계에서 큰 차이를 보인다. 조음 방법에서 한국어는 파열음과 파찰음에서 '평음:경음:격음'의 3가지 대립 체계를 갖는데 비해, 중국어는 '송기음:불송기음(유기음: 무기음)'의 2가지 대

---

2) 중국어 자음 체계 분류 방법은 한용수 외(2003), 이재돈(2007)을 참조.

립 체계를 갖는다. 또한 마찰음에서 한국어는 '평음 : 경음'으로 대립하는데, 조음 위치에 따른 자음의 분류에서 중국어는 순치음 [f]와 혀끝을 말소리를 내는 권설음 등이 있으나 한국어에는 없다. 한국어와 중국어의 자음 체계를 대조하여 한국어와 중국어 자음의 특성과 차이를 살펴보면 다음 <표 3>과 같다.[3]

<표 3> 한국어와 중국어 자음 체계 대조

조음위치 \ 조음방법		양순음		순치음		치조음 (설첨전음)		권설음 (설첨후음)		경구개음 (설면음)		연구개음 (설근음)		후음	
		한	중	한	중	한	중	한	중	한	중	한	중	한	중
파열음	평음	ㅂ[p]	b[p]			ㄷ[t]	d[t]					ㄱ[k]	g[k]		
	경음	ㅃ[p']				ㄸ[t']						ㄲ[k']			
	격음	ㅍ[pʰ]	p[pʰ]			ㅌ[tʰ]	t[tʰ]					ㅋ[kʰ]	k[kʰ]		
파찰음	평음						z[tʂ]		zh[tʂ]	ㅈ[ʨ]	j[ʨ]				
	경음									ㅉ[ʨ']					
	격음						c[tʂʰ]		ch[tʂʰ]	ㅊ[ʨʰ]	q[ʨʰ]				
마찰음	평음				f[f]	ㅅ[s]	s[s]		sh[ʂ]		x[ɕ]		h[x]	ㅎ[h]	
	경음					ㅆ[s']									
	유성음								r[ʐ]						
비음		ㅁ[m]	m[m]			ㄴ[n]	n[n]					ㅇ[ŋ]	ng[ŋ]		
유음						ㄹ[l(r)]	l[l]		r[ɾ]						

위의 표를 보면 한국어와 중국어의 자음체계는 모두 조음방법과 조음위치에 따라 분류할 수 있다. 다만, 한국어의 파열음과 파찰음은 세

3) 이향(2002)의 한국어와 중국어의 자음 대조표를 참조.

단계 대립이 존재하는 반면에, 중국어의 파열음과 파찰음은 두 단계 대립만 존재한다. 좀 더 구체적으로 대조하여 분석해보면 다음과 같다.

2.3.1 파열음의 대조

한국어의 파열음은 조음 위치에 따라 양순음 /ㅂ, ㅃ, ㅍ/, 치조음 /ㄷ, ㄸ, ㅌ/, 연구개음 /ㄱ, ㄲ, ㅋ/으로 나누어지고, 조음 방식에 따라 각각 평음 /ㅂ, ㄷ, ㄱ/, 경음 /ㅃ, ㄸ, ㄲ/, 격음/ㅍ, ㅌ, ㅋ/의 삼원적 대립을 이룬다.

중국어의 파열음은 조음 방식에 따라 각각 유기음 /p/[p'], /t/[t'], /k/[k'] 과 무기음 /b/[p], /d/[t], /g/[k]의 이원적 대립을 이룬다.

한국어의 자음은 평음, 경음, 격음으로 분류되는데 중국어의 'p,t,k'는 한국어의 격음과 음성적으로 거의 같다. 그러나 중국어의 자음에는 한국어와 같은 평음 /ㄱ, ㄷ, ㅂ/이 없다.

> 예: 한국어: '아빠'의 빠[p'a]
> 　　중국어: 爸(bà)[pà]
> 　　한국어: '따지다'의 따[t'a]
> 　　중국어: 大(dà)[tà]
> 　　한국어: '꺼지다'의 꺼[k'ʌ]
> 　　중국어: 各(gè)[kè]

2.3.2 파찰음의 대조

위에서 한국어 자음체계와 중국어 자음체계를 대조해 보면 알 수 있듯이 중국어 파찰음의 수는 한국어보다 많지만 한국어의 평음 /ㅈ/ 에 대응되는 음소가 없다. 따라서 한국어 파찰음 /ㅉ/ 앞에서는 중국어 파찰음 /Z[ʦ]/와 매우 유사하고, 반모음 /j/ 앞에서는 중국어 파찰음

/j[tɕ]/ 와 매우 유사하다. 그리고 한국어 /ㅊ/ 은 단모음의 앞에서는 중국어 파찰음 /c[ts']/와 유사하고, 반모음 /j/ 앞에서는 중국어의 /q[tɕ']/ 와 매우 유사하다.[4) 반면에 중국어의 권설음 /zh, ch/ 가 한국어의 발음에는 없다.

> 예: 한국어: '짜다'의 짜[ʧ'a]
> 　　중국어: 杂(zá)[tsá]
> 　　한국어: '찌다'의 찌[ʧ'i]
> 　　중국어: 基(jī)[tɕī]

2.3.3 마찰음의 대조

한국어의 마찰음은 조음 위치에 따라 치조음 /ㅅ, ㅆ/, 후음 /ㅎ/ 으로 나뉘고 조음 방법에 따라 평음 /ㅅ, ㅎ/, 경음 /ㅆ/ 으로 나뉜다. 중국어의 마찰음의 수는 한국어보다 많지만 한국어의 평음 /ㅅ/ 에 대응하는 음소가 없다. 따라서 한국어의 마찰음 /ㅆ/ 은 단모음의 앞에는 중국어 파찰음 /s/ 와 유사하고, 반모음 /j/ 와 /w/ 앞에서는 중국어 파찰음 /x/ 와 아주 유사하다. 그리고 한국어의 성문 마찰음 /ㅎ/ 과 중국어의 연구개 마찰음 /h/ 와 비슷하지만 조음위치가 약간 다르다. 중국어의 /h/ 는 한국어의 /ㅎ/ 보다 조음 위치가 조금 앞에 위치한다.[5)

> 예: 한국어: '싸다'의 싸[s'a]
> 　　중국어: 撒(sǎ)[sǎ]
> 　　한국어: '씨름'의 씨[s'i]
> 　　중국어: 西(xi)[ɕi]

....

4) 한국어와 중국어의 파찰음에 대한 유사성은 곡향봉(2005) 참고.
5) 한국어와 중국어의 마찰음에 대한 유사성은 진월은(2010) 참고.

2.3.4 비음의 대조

중국어의 /m/은 한국어의 /ㅁ/과 비슷한 발음을 지니고 있고, 중국어의 /n/도 한국어의 /ㄴ/과 서로 비슷하지만 실은 발음상에 차이가 있다. 중국어의 /n/는 한국어의 /ㄴ/보다 비음적 색채가 더 짙고 조음위치와 조음방법이 약간의 차이가 나며 혀의 긴장도가 더 높다. 중국어의 /n/는 한국어의 치조음 /ㄴ/을 발음할 때보다 혀의 위치가 조금 더 뒤쪽이며 혀끝을 치조나 윗잇몸에 더 강하게 붙였다가 떼야 한다. 반면에 한국어 /ㄴ/의 긴장도와 구강의 밀착 정도는 중국어의 /n/보다 더 느슨한 편이다. 그리고 최진단(2002)에 따르면 중국어에는 한국어의 연구개 비음 /ㅇ/과 같은 자음은 없지만 모음 /ang[aŋ]/ 등의 [ŋ] 발음과 유사한 것이 있다.

예: 한국어: '마을'의 마[ma]
　　중국어: 妈(mā)[ma]
　　한국어: '나라'의 나[na]
　　중국어: 那(nà)[na]

2.3.5. 유음의 대조

중국어의 설측음에는 l[l]에 대응되는 한국어의 유음은 /ㄹ/이다. 이 /ㄹ/은 환경에 따라 두 개의 변이음, 즉 설측음[l]과 탄설음[ɾ]로 실현된다. 한국어의 /ㄹ/은 설측음 [l]로 발음 할 때는 중국어의 설측음 l[l]과 유사하지만, 탄설음 [ɾ]로 발음할 때는 중국어 발음에 해당되는 유사한 발음이 없다.

예: 한국어: '신라'의 라[la]
　　중국어: 拉(lā)[lā]

한국어: '라면'의 라[ra]
중국어: 유사한 발음 없음

2.4. 한국어와 중국어 자음의 유사점과 차이점

앞에서 조음 위치와 조음 방법에 따라 한·중 자음 분류를 살펴봤는데 조음의 방법에 따라 유사점과 차이점을 정리하면 다음 <표 4>와 같다.

<표 4> 한·중 자음체계 유사점과 차이점

한국어와 중국어의 유사한 자음		한국어에만 있는 자음	중국어에만 있는 자음
한국어	중국어		
ㅃ [p']	b [p]		zh [tʂ]
ㄸ [t']	d [t]		ch [tʂ']
ㄲ [k']	g [k]		sh [ʂ]
ㅍ [pʰ]	p [p']	ㅂ [p]	r [ʐ]
ㅌ [tʰ]	t [t']	ㄷ [t]	f [f]
ㅋ [kʰ]	k [k']	ㄱ [k]	
ㅈ [ʧ']	z [ts], j [tɕ]	ㅈ [ʧ]	
ㅉ [ʧʰ]	c [ts'], q [tɕ']		
ㅆ [s']	s [s], x [ɕ]		
ㅎ [h]	h [x]		
ㅁ [m]	m [m]		
ㄴ [n]	n [n]		
ㄹ [l]	l [l]		

3 한국어와 중국어의 모음 대조

<표준발음법>에 따라 한국어의 모음은 10개의 단모음과 11개의 이중모음으로 나뉜다. 이중모음은 다시 반모음 /j/로 시작하는 j-계 이중모음과 반모음 /w/로 시작하는 w-계 이중모음으로 나누어진다.

중국어의 모음은 39개로 이뤄진다. 단 모음은 10개, 이중모음은 13개, 비음모음은 16개로 나뉜다.

이절에서 단모음과 이중모음으로 나눠 한국어와 중국어 모음 차이와 음가 특성에 대해 살펴보고자 한다.

3.1 한국어의 단모음 체계

한국어의 단모음은 입술의 모양과 혀의 전후, 고저의 위치에 따라 분류된다. 이에 따라 한국어 단모음과 같이 10개 모음으로 설정한다.[6] 한국어 단모음 체계는 다음 <표 5>와 같다.

<표 5> 한국어 단모음 체계 분류

혀의 앞뒤 위치	전설모음		후설모음	
입술 보양 혀의 높이	평순	원순	평순	원순
고모음	ㅣ[i]	ㅟ[y]	ㅡ[ɯ]	ㅜ[u]
중고모음	ㅔ[e]	ㅚ[ø]	ㅓ[ə]	ㅗ[o]
저모음	ㅐ[ɛ]		ㅏ[a]	

6) 한국어 단모음 분류는 박덕유(2009)의 한국어 단모음 체계 참조.

3.2 중국어의 모음 체계

<중국어 표준법>에 따라 중국어 음절은 두 부분으로 나누고 첫 부분의 자음을 '성모(聲母)'라고 하고 성모를 제외한 나머지 부분을 '운모(韻母)'라 한다. 즉, 중국어의 음절은 성모와 운모로 나눈다. 그런데 한국어의 모음이 음절 구성 체계에서 중성을 담당한다면 중국어의 운모는 한국어의 중성과 종성을 모두 포함하는 개념이다. 그러므로 성모와 운모는 음절 구성 요소로서의 개념이 자음과 모음에 대응되는 개념은 아니다. 그러므로 한국어의 단모음에 대응하는 것이 중국어의 원음(元音)으로, 원음 역시 한국의 단모음과 마찬가지로 입술 모양, 혀의 높낮이, 전후 위치에 따라 대립한다. 중국어의 원모(元音) 체계는 다음 <표 6>과 같다.

<표 6> 중국어 단모음 체계 분류

혀의 앞뒤 위치	전설모음		중설모음		후설모음	
입술 모양 / 혀의 높이	평순	원순	평순	원순	평순	원순
고모음	i[i],[ʅ],[ʅ]	Ü[y]				u[u]
중모음	ê[ɛ]		er[ɚ]		e[ɤ]	o[ɔ]
저모음			a[A]			

3.3 한국어와 중국어의 단모음 대조

한국어 단모음과 중국어의 단모음을 구강에서 혀의 높낮이 그리고 전후 위치, 입술 모양에 따라 대조표를 구성해 보면 다음 <표 7>과 같다.

<표 7> 한·중 단모음 대조

혀의 위치 혀의 높이	전설모음				중설모음		후설모음			
	평순		원순		평순		평순		원순	
	韓	中	韓	中	韓	中	韓	中	韓	中
고모음	/ㅣ/[i]	/i/[i], [ɿ], [ʅ]	/ㅟ/[y]	/ü/[y]			/ㅡ/[ɨ]		/ㅜ/[u]	/u/[u]
중모음	/ㅔ/[e]		/ㅚ/[ø]					/e/[ɤ]	/ㅗ/[o]	/o/[o]
중저모음							/ㅓ/ [ʌ], [ə]	/er/[ə]		
저모음4)	/ㅐ/[ɛ]	/ê/[E]			/ㅏ/[a]	/a/[ʌ]				

위에서 혀의 앞뒤 위치, 입술 모양, 혀의 높이에 따라 한·중 모음 분류를 살펴보았는데 아래에서는 혀의 위치에 따라 그 차이를 살펴보고자 한다.

3.3.1 고모음의 대조

(1) 한국어 ㅣ[i] 중국어 i[i]

한국어의 /ㅣ/모음과 중국어의 /i/모음은 같은 평순고모음으로 한국어와 중국어의 모음 중에서 가장 비슷한 음가를 가지고 있으며 조음 시 혀의 앞뒤 위치와 높이 및 입술 모양면에서 아주 비슷하다. 다만 한국어의 /ㅣ/는 중국어의 /i/보다 입술을 옆으로 더 평평하게 한다.

예: 한국어 : '이기다'의 '이[i]
　　중국어 : 一(yī)[í]

(2) 한국어 ㅟ[y] 중국어 Ü[y]

한국어의 /ㅟ/를 단모음 [y]로 발음할 때 중국어의 /Ü/의 음가와 비슷하다. 다만 /ㅟ/를 이중모음으로 발음할 때 이에 대응하는 중국어 모음이 없다. 이 발음을 가르칠 때에는 '우' 입 모양을 하여 가볍게 '우'를 발음한 후 바로 '이'를 발음하도록 가르치면 된다.

> 예: 한국어: '쉽다'의 쉽[syp´]
> 중국어: 玉(yù)[y]
> 한국어: '위대의' 위[ɰi]
> 중국어: 유사한 발음이 없음

그러나 한국어의 /ㅡ/에 대응되는 중국어의 유사한 발음이 없다.

3.3.2 중모음의 대조

한국어의 중모음은 전설모음 /ㅔ, ㅚ/, 후설모음 /ㅗ/ 등 세 개가 있고, 중국어의 중모음은 후설모음 /e/[ɣ], /o/[o]의 두 개가 있다. 한국어와 중국어의 중모음 대조는 다음과 같다.

한국어의 /ㅗ/는 중국어의 /o/[o]와 유사하지만 중국어의 /o/[o]보다 원순성이 더 강하다. 또한 혀의 위치가 약간 높은 편이다.

한국어의 /ㅚ/는 어두에 자음과 양순음 받침 사이에 오거나, 혹은 다음절어에서 어두 자음 뒤에 나올 때에는 원순 단순모음 [ɸ]로 발음되기로 하고, 어두나 어말에서 이중모음 [we]로 발음되기도 한다. /ㅚ/는 [ɸ]로 발음할 때 중국어 발음에 유사한 발음이 없고, [we]로 발음할 때는 중국어의 Üe[yE]와 유사하다.

예: 한국어: '대뇌'의 뇌[nφ]
　　중국어: 유사한 발음이 없음.
　　한국어: '외우다'의 외[we]
　　중국어: 虐(nùe)[nyE]

그러나 한국어의 /ㅔ/는 중국어 발음에 유사한 발음이 없다.

3.3.3 중저모음의 대조

한국어의 중저모음은 후설모음 /ㅓ/ 하나가 있고, 중국어의 중저모음은 중설모음 /er/[ə] 하나가 있다. 한국어와 중국어의 중저모음 대조해보면 중국어에는 한국어의 /ㅓ/([ʌ] 혹은 [ə])와 같은 모음은 없는 것을 알 수 있다.

3.3.4 저모음의 대조

한국어의 서보음은 선실노음 /ㅐ/와 중실노음 /ㅏ/의 두 개가 있고, 중국어의 저모음은 전설모음 /ê/[E]과 중설모음 /a/[A]의 두 개가 있다.
한국어의 /ㅏ/는 중국어의 /a/[A]와, 한국어의 /ㅐ/는 중국어의 /ê/[E]와 유사하다.

예: 한국어: '아리랑'의 아[a]
　　중국어: 啊(a)[A]
　　한국어: '애기'의 애[ɛ]
　　중국어: 爱(ài)[êi]

3.4 한·중 이중모음의 체계 및 대조

한국어의 w-계 이중모음은 /ᅪ, ᅯ, ᅫ, ᅰ/와 같이 4개 있는 반면, 중국어 w-계 이중모음은 /ua, uo, üe/의 세 개 밖에 없다. 또한 한국어의 이중모음은 반모음 /j/로 시작하는 j-계 이중모음과 반모음 /w/로 시작하는 w-계 이중모음으로 나눠지는데, 중국어에도 한국어와 유사한 이중모음이 있다. 한국어와 중국어 이중모음 대조표를 보이면 아래와 같다[7].

<표 8> 한·중 이중모음 대조

		i	ə	ɛ	a	ʌ,ə	u	o	ɨ
w-계	한	—	we	wɛ	wa	wə	–	–	–
	중	—	—	wɛ	wa	wə	–	–	–
j-계	한	—	je	jɛ	ja	jʌ	ju	jo	ɨj
	중	—	—	jɛ	ja	–	–	jo	

한국어의 이중모음은 중국어와는 달리 규칙적인 반모음과 단모음의 결합(w, y-계 이중모음) 혹은 단모음과 단모음의 결합(이중모음 'ㅢ')이기 때문에 각각의 단모음 발음을 정확히 익히면 되겠다.

3.5 한국어와 중국어 모음의 유사점과 차이점

위에서 한국어와 중국어의 모음 체계 대조를 살펴 보았다. 양국의

---

7) 한국어의 이중모음은 허웅(1983)의 한국어 이중모음 체계 참조.

모음의 유사점과 차이점을 다시 정리하면 <표 9>와 같다.

<표 9> 한·중 모음의 유사점과 차이점

중국어와 한국어의 유사한 모음		한국어에만 있는 모음	중국어에만 있는 모음
한국어	중국어	ㅔ[e]	e[ɤ]
ㅣ[i] :	i[i]	ㅐ[ɛ]	ê[ɛ]
ㅟ[y] :	ü[y]	ㅡ[ɯ]	ï[ɿ], ï[ʅ]
ㅏ[a] :	a[A]	ㅓ[ə]	er[ər]
ㅜ[u] :	u[u]	ㅕ[jə]	ai[aɪ] ei[ei]
ㅗ[o] :	o[ɔ]	ㅛ[jo]	ao[aʊ] ou[oʊ]
ㅑ[ja] :	ia[ia]	ㅠ[ju]	ia[iA] ie[iE]
ㅖ[je] :	ie[ie]	ㅒ[jɛ]	iao[iaʊ] iou[ioʊ] uai[uae]
ㅘ[wa] :	ua[ua]	ㅙ[wɛ]	uei[ueɪ] an[an] ian[iɛn]
ㅝ[wə] :	uo[uo]	ㅢ[ɯj]	uan[yɛn] en[ən] in[in]
ㅞ[we],ㅚ[we] :	üe[yE]		uen[uən] ün[yn] ang[aŋ]
			iang[iaŋ] uang[uaŋ] eng[əŋ]
			ing[iəŋ] ueng[uəŋ] ong[ʊŋ]
			iong[yʊŋ]

4 정리

본 연구는 중국인 한국어 학습자를 위하여 한국어의 대조 분석을 통해 한국어 발음 교육에 대한 기초적인 연구를 고찰하였다. 먼저 한국어와 중국어의 음운 체계를 대조 비교하여 그 특성과 차이를 찾아내고 중국어와 유사한 한국어 발음과 중국어에 없는 한국어 발음으로 나눠 한국어 발음을 교육할 때 기초적인 도움이 될 수 있을 것이라고 생각한다.

　한편 중국인 학습자들은 주로 모국어인 중국어의 음운 중에 한국어의 음운과 같거나 유사한 음이 있으면 쉽게 발음할 수 있지만 그렇지 못한 경우에는 오히려 장애가 될 수 있다. 따라서 한·중 양국의 기본 음운 체계의 유사점과 차이점에 대해 정확히 알아야 정확한 한국어 발음을 할 수 있다. 따라서 양국의 음운대조를 자세하게 제시하였고, 한국어 발음 교육에 초점을 두어야 할 부분이 무엇이며, 강조해야 할 내용이 무엇인지를 제시하였다.

　이상으로 본 논문에서는 한국어와 중국어의 음운 체계를 비교 대조하여 이를 기초로 한 발음 교육 방안에 대해서 살펴보았다. 한 가지 아쉬운 점은 한국어 음소체계 안에서 서로 혼돈이 발생하는 음들을 찾아내서 그들의 차이점을 분석하지 못했는데, 앞으로 한국어의 발음 교육에 관한 연구에서 좀 더 구체적이고 지속적인 관심을 가질 것이다.

참고문헌 ─────────────────────────

고미숙(2000), "한국어 분절음소와 초분절음소와의 관계 연구", 한국중
　　　　국 언어 학회
곡향봉(2005), "중국인을 위한 한국어 발음 교육 방안" 신라대 석사학
　　　　위 논문
김무림(2003), 국어음운론, 한신문화사.
김슬심(1997), 표준말발음학습, 중문출판사.
김재곤(1994), 중국음운학, 살림.
노금송(2000), "중국인을 대상으로 한 한국어 발음 교육", 동아대학교
　　　　석사 학위논문.
문연희(2001), "중국 대학생들을 위한 한국어 발음 교육", 경기대학교
　　　　석사학위논문.
박덕유(2009), 학교 문법론의 이해, 도서출판 역락.
박미경(1996), "외국어로서의 한국어 교육에 관한 연구", 숙명여자대학
　　　　교 석사학위논문.
배주채(2003), 한국어의 발음, 삼경문화사.
오정희(1998), "외국인을 위한 한국어 교육: 발음과 표기법을 중심으로",
　　　　부산대학교 석사학위논문.
이　향(2002), "중국어권 학습자를 위한 발음교재 개발 방안", 이화여대
　　　　석사학위논문.
이익섭(2002), 국어학개설, 학연사.
이철수(1997), 韓國語音韻學, 인하대출판부.
진월은(2010), "중국어권 학습자를 위한 한국어 발음 지도", 건국대 석
　　　　사학위논문.

최금단(2003), "중국어와 한국어의 자음 대조연구", 성균관대학교 대학
　　　원 박사학위논문.
학　미(2005), "한국어와 중국어의 단모음 비교연구: 실험음성학적으로",
　　　이화여대 대학원 석사학위논문.
허　웅(1983), 국어학-우리말의 오늘·어제-, 샘문화사.

일본인 한국어 학습자를 위한
발음교육의 기초 연구

 **1 일본인 학습자를 위한 발음교육의 필요성**

외국인 학습자들의 정확한 발음은 한국인과의 의사소통의 가능성을 높여주므로 학습 초기부터 올바르고 체계적인 발음교육은 의사소통을 위해서 강화되어야 할 부분이다. 그러나 실제 한국어 수업은 다양한 언어권의 학습자들이 섞여 있는 상태에서 이루어지는 경우가 많아서 효과적인 발음교육을 하기가 힘든 실정이다. 따라서 한국·대조할 수 있는 교사에게 발음교육을 하게 할 필요성이 요구된다.

본 연구의 범위는 일본인 학습자만을 대상으로 삼았다. 발음교육은 의사소통적 교수법을 중시하는 요즈음의 언어 교육에서 하위 영역으로 분리되어 소홀히 다루어지는 경향이 있다. 그러나 외국어 학습의 이상적인 방향은 듣기, 말하기, 읽기, 쓰기의 4가지 언어기능을 균등하게 숙달시키는 것이다. 4가지 기능 중에서 어느 한 가지만의 기능을 수행할 경우에는 언어능력을 가졌다고 보기 어렵다. 발음교육에 있어서도 어느 하나만의 기능을 수행하거나 그렇지 못하다면 발음교육에 있어서 불균형을 초래하게 될 것이다. 들은 후 그것을 따라 반복 연습하고 듣고 써서 그 뜻을 구별할 수 있다면 의사소통을 목표로 하는 학습자는 수준 높고 세련된 언어를 구사하게 될 것이다.

이에 본 연구는 설문조사를 통해 일본인 학습자들이 갖고 있는 발음교육에 대한 요구를 살펴봄으로써 일본인 학습자들을 위한 효과적인 발음교육 방법을 제시하고, 나아가 외국인 학습자들에게 동기와 흥미를 줄 수 있는 다양한 수업 자료 및 교수 방법을 고안하여 한국어 교육 현장에서의 일선 교사에게 조금이나마 도움이 되고자 한다.

2 발음교육에 대한 학습자 요구 조사

외국어 학습자에게 있어 발음 학습의 이상적인 목표는 모국어 화자와 구분되지 않을 정도로의 자연스러운 발화 형태를 갖추는 것이다. 초급 단계에서의 발음교육은 자·모음의 음가를 익히는 것에서 시작한다. 그러나 연음현상을 비롯한 한국어의 복잡한 음운 규칙으로 인해, 처음과는 다르게 의욕을 상실하거나 부정확한 자신의 발음으로 의사소통의 어려움을 겪게 되어 결국에는 그만 포기하는 경향이 많다. 한국어 교사들은 이를 알면서도 아직 발음교육에 대한 구체적인 연구나 교수법이 개발되어 있지 않은 관계로 많은 어려움을 겪는 것 또한 사실이다.

본고에서는 정규수업 시간 이외의 별도의 발음 수업 시간을 개설하여 발음 수업을 원하는 학습자들을 모집하였다. 이에 유창성을 목표로 하는 첫 단계로, 발음교육을 희망하는 일본인 초급 학습자들을 대상으로 그들이 원하는 바를 가르치고자 다음과 같은 요구 조사를 실시하였다.

1) 요구 조사 내용

오후특별반을 통해 발음을 배우고자 하는 일본인 학습자들에게 무엇을 배우고 싶은지에 대한 요구 조사를 실시하였다. 대상은 모대학교 한국어 교육원의 일본인 초급 학습자로 4학기(2년)에 걸쳐 실시되었으며, 전체 인원은 50명이고 설문지 내용과 그에 따른 답변은 일어로 작성하였다.

<표 1> 성별

구분	인원(명)	점유율(%)
남	19	38
여	31	62
계	50	100

<표 2> 연령

구분	인원(명)	점유율(%)
20대	31	62
30대	12	24
40대	7	14
계	50	100

<표 3> 요구 사항

* 발음교육을 희망한 학습자들에게 "이 시간을 통해 특별히 배우고
싶은 발음이 무엇입니까?"라는 질문에 아래와 같은 답변이 나왔다.

요구사항	인원(명)	점유율(%)
① 평음, 격음, 경음	20	40
② 겹받침	10	20
③ 개별모음, 자음	7	14
④ 음운변동	5	10
⑤ 연음	3	6
⑥ ㄴ, ㅁ, ㅇ발음	3	6
⑦ 기타	2	4
계	50	100

 발음교육의 지도 방법

본 3장에서는 모대학교의 초급 교재에 수록된 발음 규칙 순서와 일
본인 초급 학습자의 요구 조사 결과에 따라 일본인 학습자들을 위한
지도 계획안 <표 4>를 토대로 음운과 음운변동으로 나누어 그 지도
방법에 대해 살펴보고자 한다.

3.1. 음운 지도 방법

일본어는 漢字와 'かな'가 있고 'かな'에는 'ひらがな'와 'カタカ
ナ'가 있지만, 한국어에는 '한글'이 있다. 한글의 기본 모음은 天(・),
地(一), 人(|)을 본떠서 만들었고, 자음은 발음 기관의 형상을 본떠 세

종대왕이 만들었음을 설명한다. 일본인 학습자가 어려워하는 '어', '으'
의 발음지도는 혀의 높이와 입이 벌어지는 정도를 나타내는 모음 삼각
도를 이용하고 손바닥을 턱의 아래에 두고 턱의 높낮이를 느끼게 하거
나 교사의 입모양을 참고로 하여 연습하도록 지도한다. 'ㅐ'와 'ㅔ'의 발
음 지도에 있어서 실제로 이 2가지를 똑같이 일본어 'ㅗ'처럼 발음해도
문제가 없다는 것을 설명한다.

자음 지도에 있어서 한국어는 자음+모음+자음의 구조로 일본어의
(C+V) 음절 체계와는 다르며, 첫 자음은 초성이며 뒤 자음은 받침임을
설명한다. 일본인 학습자가 어려워하는 '평음, 격음, 경음'에 있어서 일
본어의 탁음(濁音)이 한국어의 평음(平音)에 대응되고 청음(淸音)이 한
국어 발음의 격음(激音)에 대응됨을 설명하면 좋을 것이다. 또한 최소
대립어의 카드를 제시하여 따라 읽히거나 게임을 병행하여 지도한다.

3.2. 음운 변동 지도 방법

음운 변동은 표기와 발음이 달라 외국인 학습자들에게 큰 어려움을
주는 경우이다. 예를 들어 '편리'는 그 표기와 발음이 다르다. 그런데 /
ㄴ/이 /ㄹ/로 바뀌는 음운 변동 규칙을 모르는 외국인 학습자는 이것을
[편리], 즉 철자대로 발음하려는 경향이 강하다. 이것은 한국어로서의
정확한 발음이 아니며, 따라서 의사소통에 장애를 가져올 수도 있다.
그러므로 이 학습자에게는 /ㄴ/과 /ㄹ/의 연쇄에서 /ㄴ/이 /ㄹ/로 바뀌
는 음운 변동 규칙을 이해시켜서 발음을 바르게 할 수 있도록 해야 한
다. 따라서 표기와 발음이 달라지는 현상에 관한 음운 변동 규칙은 반
드시 가르쳐야 한다.

<표 4>[1])에 제시한 연음화, 자음동화, 경음화, 격음화, 구개음화에 해당되는 각각의 음운 변동 현상을 한국어 교육의 일반적 수업 절차에 따른 도입 → 제시(원리 설명) → 연습 → 활용(사용) → 마무리 단계에 따라 설명하기로 한다.

먼저, 도입 단계에서는 학습할 내용과 관련된 질문이나 시각적 자료를 통해 흥미와 학습 동기를 유발함으로써 학습 목표에 노출시킨다. 그리고 제시 단계에서는 각각의 음운 변동 규칙에 해당되는 원리에 대한 내용을 제시하고 이해시키는 단계이다. 다음은 연습단계로 학습자가 이해한 학습 내용을 내재화할 수 있도록 단계적인 연습 활동을 하는 단계이다. 즉, 기계적인 반복 연습에서 유의미한 연습까지 다양한 연습이 행해진다. 이러한 연습을 바탕으로 활동 단계에서는 노래나 게임, 시 낭송, 발음 훈련 연습표 등 다양한 자료를 제시하여 실제적인 의사소통 상황에서 사용하도록 한다. 그리고 마무리 단계에서는 최종적인 교사의 피드백을 통해 학습 내용을 정리하고 과제물을 부과한다.

4 발음교육 수업 자료의 개발

초급 단계에서는 설명의 도구로 학습자의 모국어 사용이 허용될 수 있다고 본다. 학습자들이 듣고 이해하기 어려운 부분이나 초급 단계의 학습자인 관계로 학습자의 모국어로 설명을 해 주면 보다 더 잘 이해할 수 있기 때문이다. 그러나 설명의 시간이 너무 길어서는 안 되고 설

---

1) <표 4>에 제시된 순서는 모 기관의 초급1에 수록된 발음 규칙 순서를 기준으로 하였다.

명은 될 수 있는 대로 간결하고 명확하게 하는 것이 바람직하며, 활용 방안으로써 여러 가지 보조적 도구를 사용할 수 있다.

(1) 한글의 제자 원리

대부분의 한국어 교재에서 한글 설명에 세종대왕, 훈민정음의 제자 원리를 설명하고 있다. 모음은 천(하늘), 지(땅), 인(사람)의 세 요소로 만들어졌음을, 자음은 혀, 이, 입술, 목구멍 등 발음기관을 본떠서 만들어졌음을 CD나 인쇄 자료를 통해 학습자들에게 자연스럽게 인식시킨다.

(2) 거울

초급 단계에서 모음의 음가를 가르칠 때 필수적인 도구이다. 음가를 발음할 때 학습자가 교사의 입 모양이나 제시된 입모양 사진과 자신의 입모양을 번갈아 가며 거울을 보고 연습하면 보다 정확한 발음을 할 수 있다.

(3) 개구도

개구도의 모형을 제시하여 전설, 중설, 후설의 색을 다르게 하고 경구개, 연구개, 잇몸의 색을 구분하여 제시하면 학습자들이 쉽게 이해할 수 있다.

(4) 구강모형

구강 내부를 실물처럼 보여줄 수 있기 때문에 학습자들의 이해를 도울 수 있다.

(5) 녹음기

정확한 발음과 억양을 구사하는 교사의 목소리를 녹음하여 여러 번

반복하여 들려주고 문장에서의 억양, 연접(휴지, 끊어 읽기) 등에 익숙해
지도록 한다. 청각 자료로 발음 테이프, 발음 CD 등을 이용할 수 있다.
초기, 중기, 말기의 단계로 학습자의 발화를 녹음하여 이것을 같이 들으
면서 잘못 발음한 것을 교사가 교정해 주면 나아지는 자신의 발음으로
성취감과 함께 동기 부여까지 가능하게 된다.

(6) 비디오

시청각 자료로 표준 발음을 낼 때의 입모양과 소리가 담긴 동영상이
있다. 매스미디어의 세대인 학습자들의 관심과 흥미를 끌고 발음을 정확
하게 하는 모습을 보여주기에는 가장 효과적인 자료로 여겨진다. 단, 비
디오를 사용하여 수업할 경우 자료의 선정에 신중을 기해야 할 것이다.

(7) 컴퓨터

교사와 학습자들이 음성 파형을 찍어 비교할 수 있다. 최소대립어의
연습, 연음, 문장의 강세나 억양 등을 진단할 수 있다는 점에서 학습자
들의 만족도가 높은 편이다.

5 발음교육을 위한 실제 교수 모형

한국어를 학습하는 속도에 있어서는 일본인 학습자들이 가장 빠르
다고 할 수 있다. 그 주요한 원인으로는 어순이나 어미 활용, 조사 사
용, 높임법의 발달 그리고 한자어 사용 등에 있다. 그런데 이러한 한국
어 학습에 좋은 여건을 가진 일본인 학습자가 다른 언어권보다 학습에

어려움을 겪는 것이 '발음'이다. 일본어는 자음과 모음의 체계가 한국어와 상당 부분 다를 뿐 아니라 전체 음소의 수 역시 적어서 한국어 발음을 학습하는 데 어려움이 있다. 또한 자음, 모음 이외에 억양이나 악센트, 장·단 등의 초분절음소의 차이도 커서 한국어가 상당히 능숙한 학습자의 경우에도 어려움을 호소한다.

이에 본 연구자가 다년간 가르친 경험을 토대로 교수-학습 모형을 고안해 내었다. 이는 일본인 학습자, 나아가 외국인 학습자의 학습과 한국어 교사의 교수에 도움이 되고자 함이다. 무엇보다 실제 한국어 교육 현장에서 외국인 학습자를 가르치는 일선 교사들에게 유용한 지침서가 되었으면 하는 바람이다.

이어서 본 연구자가 모 대학교에서 초급 일본인 학습자를 대상으로 다년간 교육한 자료를 바탕으로 고안한 지도 계획안2)과 교수 방법 그리고 지도시의 유의점에 대해 살펴보도록 하겠다.

본 교육은 매 학기당 15명 내외의 일본인 학습자(성별, 연령 무관)가 1회, 60분, 수업(주 2회)으로 10회의 수업 시간에 걸쳐 발음과 문자를 공부하였다. 여기에 참가한 학습자는 정규과정에서 자모의 음가를 익혔고, 5주(100시간) 정도의 정규수업 과정을 끝낸 학습자들이다. 발음 교육의 시간에는 일본어로 설명을 하였다.

5.1. 모음(母音)

(1) 한·일 두 언어의 차이점

자·모 학습에 들어가기 전에 한국과 일본은 지리적으로 가까운 나라이고 문법구조 및 어휘적인 유사점, 언어 구조의 특징을 설명하며

---

2) 지도 계획안: <표 4>의 순서는 모 기관의 초급1에 수록된 발음 규칙 순서이다.

학습 동기를 부여한다. 일본어는 漢字와 'かな'가 있고 'かな'에는 'ひらがな'와 'カタカナ'가 있지만, 한국어에는 '한글'이 있다. 또한 한국어의 모음은 天(・), 地(一), 人(ㅣ)을 본떠 만들었고, 자음은 발음기관의 모양을 본떠 세종대왕이 만들었음을 설명한다.

(2) 한국어 구조

일본어는 받침이 없기에 한국어의 받침 발음을 학습자들은 어려워한다. 이는 한국어 음절 체계는 C-V-C 체계를 이루는 데 반해서 일본어 음절 체계가 받침이 없는 C-V 구성을 이루기 때문이다. 따라서 "김치"를 발음할 때 "기무치"로 발음하는 경향이 짙다. 이 때 음절수를 손가락으로 세면서 "기무치(손가락 3개를 펴며)가 아니에요! 김치(손가락 2개를 펴며)예요!" 하는 방식으로 지적해 주거나 조음 위치를 제시해 주면 쉽게 깨닫고 얼른 "김치!"라고 정정한다.

(3) 모음의 교육

일본인 학습자의 경우 모음이 매우 한정되어 있기 때문에 한국어의 다양한 모음을 발음하기가 매우 어렵다. 일본어의 단모음은 'あ, い, う, え, お'의 다섯 개로 한국어의 'ㅐ, ㅓ, ㅡ'등이 나타나지 않는다. 음소의 수가 부족한 경우 이를 발음으로 구별하는 일은 어려운 일이다. 특히 청취에 해당하는 부분은 더 큰 어려움을 겪게 된다. 이에 모음의 주요 교육방법을 소개하면 다음과 같다.

① 모음의 소리를 들려준다. (교사의 실제 육성 혹은 테이프 이용)
② 혀의 높낮이보다는 턱의 높낮이를 느낄 수 있도록 한다. 손을 턱의 아래에 두고 'ㅏ, ㅓ, ㅗ, ㅜ, ㅡ, ㅣ'를 차례로 발음하게 하면, 턱의

미세한 움직임을 느끼면서 오음을 발음한다.

한국어와 일본어는 모음의 차이가 아주 미세하므로 턱의 위치를 기억하게 하는 것이 교육에 도움이 될 수 있다.

③ 혀의 앞뒤 위치 변화도 턱의 높이를 일정하게 둔 상태에서 움직이 게 하면 혀의 움직임만을 감지하는 데 도움이 된다.

<표 4> 일본인 초급 학습자를 위한 발음 지도 계획안

차시	내　　　　　용	준 비 물	평 가
1	● 모음 일본인 학습자가 틀리기 쉬운 'ㅓ/ㅗ, ㅡ/ㅜ'를 중심으로	한글 창제의 원리, 거울, 단어카드, 녹음기, 입모양	듣고 받아쓰기
2	● 이중 모음	거울, 단어카드, 녹음기	단모음 발음, 듣고 받아쓰기
3	● 자음 　명칭을 알고 음가를 익힌다.	구강 모형 자모 결합표, 거울, 단어카드, 녹음기	듣고 받아쓰기
4	● 최소대립어(평/경/격) 달/탈/딸, 자다/차다/짜다 등을 익힌다.	단어카드 녹음기, 종이나 휴지	듣고 받아쓰기
5	● 단받침/겹받침 　대표음 7종성을 익힌다.	단어카드	듣고 받아쓰기
6	● 연음화 　원리를 이해한다. 예)닭이[달기]/꽃이[꼬치] 등	단어카드, 녹음기	듣고 고르기
7	● 자음동화 　원리를 이해한다.	단어카드	큰소리로 따라 읽고 받아쓰기
8	● 경음화 　원리를 이해한다.	문장 읽기 자료	읽기 받아쓰기
9	● 격음화/'ㅎ' 발음 　원리를 이해한다.	문장 읽기 자료	읽기 받아쓰기
10	● 구개음화 원리를 이해한다. 예)굳이[구지]/같이[가치] 등	문장 읽기 자료	따라 읽기 소리 나는 대로 써보기

1) 단모음

먼저 한국어와 일본어의 모음 체계의 큰 차이는 단모음 음소수가 일본어는 5개, 한국어는 8개(또는 10개)로, 한국어가 더 많다는 점이다. 김형복(2006)에서는 /ㅟ/와 /ㅚ/는 음운 체계에서는 단모음으로 분류하나 실제에서는 이중모음으로 발음하고 있어[3] /ㅟ/와 /ㅚ/를 이중모음으로 발음하는 것도 표준 발음으로 인정해 놓았다. 그러므로 한국어 발음교육에서도 현실성을 고려하여 /ㅟ/와 /ㅚ/를 이중모음으로 보는 것이 바람직할 것이다. 또한 단모음으로서의 "ㅚ, ㅟ"와 같은 원순 모음은 일본어에 없으나 "ㅚ, ㅟ"를 이중모음으로 발음할 경우 "ウェ, ウィ"와 가깝다고 할 수 있다는 점에서 기본적으로 이중모음으로 다루기로 한다. 따라서 본고에서는 일본인 학습자가 변별하기 어려워하는 모음 8개를 단모음으로 제시하고자 한다.

● 단모음 발음

한국어 모음 : ㅏ[a] ㅣ[i] ㅡ[ɨ] ㅜ[u] ㅔ[e] ㅐ[ɛ] ㅗ[o] ㅓ[ə]
일본어 모음 : ア   イ   (×)   ウ   エ   エ   オ   (×)

위의 내용을 보면 한국어의 모음에 해당되지 않는 일본어 모음이 있다는 것을 알 수 있다. 먼저 한국어와 소리가 같은 'ㅏ, ㅣ, ㅜ, ㅔ[ㅐ], ㅗ'를 제시하고 따라 읽게 한다. 그 다음으로는 일본어로는 같은 소리로 여겨지지만 한국어에는 다른 소리가 있음을 설명한다. 먼저 일본어 모어화자가 들으면 일본어의 'う[u]'로 여겨지는 '으[ɨ]'와 '우[u]'의 소

....

3) '쉽다, 뵙다'와 같이 두음에 자음이 있으면, /ㅚ/는 [∅], /ㅟ/는 [y]로 발음되나, '가위, 과외'와 같이 두음에 자음이 없으면 /ㅚ/는 [we], /ㅟ/는 [wi]로 이중모음으로 발음된다.

리가 있음을 글자와 같이 보여 주고, 일본어의 'お[o]'로 들릴 수 있는 '오[o]'와 '어[ə]'가 있음을 글자와 소리로 제시한다. 실제로 한국어에는 음성적으로 두 개의 '어'[ə], [ʌ]가 있기 때문에 학습자에게 듣고 따라 하기를 시킨다면 혼란스러워한다. 교사의 발음 습관과도 관련이 있다. 한국어의 '어'의 두 발음을 할 수 있는 교사라면 이 두 변이음이 한국어 화자에게는 한 소리로 수용되므로 학습자에게 혼란을 주지 않도록 더욱 주의해서 발음하여 가르쳐야 한다. 긴 '어'를 듣는 일본어 모어 학습자는 긴 '어'는 [a]로 인식하는 경향이 있는 것 같다. 본 수업에서는 일단 소위 긴 '어'라고 하는 [ʌ]발음은 제외하고 [ə]발음을 위주로 연습시킨다.4) 이 때 거울을 보고 따라 읽게 한다.

<표 5> 단모음 제시

1. ハングルの構造

　これらそれぞれが1字音 = 1音　　これが1文字 = 1音節

　　　　　　 ㄱ ＋ ㅏ ＋ ㅁ 　⇨ 　　감
　　　　　(字音) 　(母音) (자음=받침)　　(單語)

2. 단모음 (8개)

① ㅏ[a] → 口を大きく開いて「あ」　　　　　　　　　　　　「ア」
② ㅣ[i] → 口を横に引いて「い」　　　　　　　　　　　　　「イ」
③ ㅡ[ɨ] → ②のㅣと同じ口の形のまま「う」　　　平脣の「ウ」
④ ㅜ[u] → 脣を円く出して「う」　　　　　　　円脣の「ウ」

---

4) 허웅(1985:157)에는 /ㅓ/는 길게 소리 날 때에는 [ə:]가 되고, 짧게 소리 날 때는 [ʌ]가 된다고 한다. 짧게 날 때의 소리가 으뜸변이음이라고 한다면, /ㅓ/의 음소 기호는 /ʌ/가 되어야 하겠지만, 음소 기호는 체계 안의 다른 음소와의 균형을 고려해야 할 것이므로 /ə/를 택하는 것도 바람직하다. 여기에서는 허웅(1985)에서 택한 음소기호 /ə/를 그대로 따른다.

⑤ ㅔ[e] → 「え」よりもやや口を狭めて「え」	狭い「エ」
⑥ ㅐ[ɛ] → 「え」より口を開いて「え」	ひろい「エ」
⑦ ㅗ[o] → 唇を円くつき出して「お」	狭い「オ」
⑧ ㅓ[ə] → 口を大きく開いて「お」	ひろい「オ」

/ㅐ/와 /ㅔ/ 는 둘 다 모두 일본어에서는 [エ]로 들린다. 그러나 한국어에서 /ㅐ/는 /ㅔ/보다 입을 크게 열고 혀를 조금 내려 발음한다. 하지만 이 두 발음은 최근 한국어에서 특히 젊은 층에서 거의 변별되지 않으므로 원리만 알고 실제 발음할 때는 크게 걱정하지 않도록 지도할 필요가 있다. 단지 맞춤법상 구별하는데 그것은 마치 일본어 "オ"와 "を"와 같은 것이라고 설명한다.

① 모음 /ㅓ/와 /ㅗ/, /ㅜ/와 /ㅡ/의 구별5)

일본어권 한국어 학습자가 한국어의 [어머니]를 흔히 [오모니]와 같이 발음하는 것을 곧잘 듣게 되는데, 이것은 일본어의 모음 체계에 한국어 /ㅓ/에 해당하는 중설모음이 결여되어 있어 같은 중모음인 /ㅗ/로 /ㅓ/를 대신하는 것으로 해석할 수 있을 것이다. 그리고 [그]:[구], [르]:[루]와 같이 모음 /ㅜ/와 /ㅡ/에 관련된 발음을 혼동하는 경우를 종종 보게 되는데, 이것은 한국어의 /ㅜ/나 /ㅡ/를 대체할 수 있는 모음이 일본어에는 「う[ɯ]」밖에 존재하지 않기 때문이다. 일본어의 「う[ɯ]」는 평순고모음이란 점에서는 한국어의 /ㅡ/에 가까우나 후설모음에 속한다는 점에 있어서는 한국어의 /ㅜ/와 공통점을 보이는 이중적인 성격을 가지고 있다. 다음의 <표 6>와 같다.6)

....

5) 한재영외7인.「한국어 발음 교육」. 문화 관광부. 한국어 세계화재단.
6) 한국어와 일본어의 모음 체계를 비교해 놓은 것이 없어서 한국어 모음 체계는 강미옥(2005)「한국어 음운론」에서 '8모음 체계'와 일본어 모음 체계는 한재영

<표 6> 한·일 단모음 체계도

혀의 앞뒤 위치	전설모음		중설모음		후설모음	
혀의 높이 \ 입술모양	평순	원순	평순	원순	평순	원순
고모음	ㅣ[i], い[i]		ㅡ[ɨ]		う[ɯ]	ㅜ[u]
중모음	ㅔ[e],え[e]		ㅓ[ə]			ㅗ[o], お[o]
저모음	ㅐ[ɛ]		ㅏ[a], あ[a]			

- /ㅓ/와 /ㅗ/의 발음 차이를 구별하는 방법
  · /ㅓ/와 /ㅗ/가 들어간 최소대립어의 예를 가능한 많이 제시한다.
  · /ㅗ/의 턱 높이가 /ㅓ/에 비하여 조금 높다는 것을 연습을 통해 인식시킨다.
  · 교사의 발음을 따라하면서 턱 높이의 변화를 인식하게 한다.
  · 입 모양이 둥그렇게 변화하는 /ㅗ/와 그렇지 않은 /ㅓ/의 모습을 구별하도록 입모양을 관찰하게 한다.
- /ㅜ/와 /ㅡ/의 발음 차이를 구별하는 방법
  · /ㅜ/와 /ㅡ/가 들어간 최소 대립어의 쌍을 반복하여 읽게 한다.
  · /ㅡ/와 /ㅜ/의 발음을 입 모양을 보지 않고 구별하도록 연습시킨다.
  · 교사의 입 모양을 잘 관찰하도록 한다. 이 때 교사는 의도적으로 /ㅡ/보다 /ㅜ/를 발음할 때 입을 동그랗게 할 필요가 있다.
  · /ㅡ/에서 시작하여 /ㅜ/로 연속적으로 음을 발음해 보도록 시킨다. [으으우]와 같이 고모음은 고모음끼리 중모음은 중모음끼리

외7인. 「한국어 발음 교육」을 토대로 <표 6>을 기재하는 방식으로 하였다.
- 중설모음과 후설모음이 혀의 앞뒤 위에서 별 차이가 없다고 보고 이들을 모두 후설모음으로 묶는 견해도 있다.

묶어서 그 차이점을 알 수 있도록 하는 방법에 따라 <표 7>에 제
시된 ①~⑦번까지 연습을 하고 ⑧~⑩번까지 종합적인 연습을
시킨다. 단모음 발음을 교사가 읽고 학습자가 따라 읽게 한다.

· <표 7>에 제시된 단어를 따라 읽는다. 교사의 발음을 듣고 받
아쓰기를 하거나 학습자가 발음하고 교사가 알아맞히거나 학습
자끼리 알아맞히게 하는 등의 다양한 활동을 시킨다.

<표 7> 단모음 발음

1. 단모음(單母音)을 발음해 봅시다.
① 이이이   우우우   으으으   이이으   으으우   이이으   이으우   이으우
② 에에에   어어어   오오오   에어오   에어오   에어오
③ 애애애   애애애   애야   애아   애아   애아
④ 이이이   우우우   으으으   이으우   이으우   우으이으으으이이이
⑤ 에어오   오어에   에어오어에이
⑥ 아애   애아아애   애아애   애아애   애아아애아아애
⑦ 이이이   에에이   에에에   이에에   에에이   이에에에이
⑧ 이이이   으으으   어어어   아아아   이으어아   이으어아어으이
⑨ 이이이   으으으   우우우   오오오   이으우오,
⑩ 오우으이   이으우오우으이   우오우   우오우

2. 다음 단어를 읽어봅시다.
① 이   (は)   ② 이   (二)   ③ 아이 (子供)
④ 아우   (弟)   ⑤ 이 : 유 (理由)   ⑥ 오이 (きゅうり)
⑦ 에이   (A)   ⑧ 여우   (きつね)   ⑨ 우유 (牛乳)
⑩ 애   (子供)   ⑪ 아이   (子供)   ⑫ 나무 (木)
⑬ 어머니 (母)   ⑭ 머리   (あたま)   ⑮ 이마 (ひたい)

2) 이중모음(二重母音)

단모음과 이중모음의 차이점을 살펴보면 단모음은 발음할 때 처음과 끝의 입모양이 변하지 않지만, 이중모음은 처음과 끝의 입모양이 달라진다는 것이다. 단모음과 이중모음 발음의 차이점을 이해시키기 위한 예를 제시할 때는 상황이 설정된 대화를 통하거나 뜻을 전달하기 위한 최소 단위인 문장으로 제시하여 이해를 높인다.

이중모음은 단모음(주모음)의 앞이나 뒤에 반모음 [y]나 [w]가 같이 발음되는 모음으로 'ㅑ, ㅒ, ㅕ, ㅖ, ㅘ, ㅙ, ㅛ, ㅝ, ㅞ, ㅠ, ㅢ'로 규정하고 있다. 단모음이지만 'ㅚ, ㅟ'는 이중모음으로 발음함을 허용한다. 따라서 총 13개의 이중모음이 있다.

(1) 이중모음(二重母音) 발음

한국어 : ㅑ, ㅕ, ㅛ, ㅠ, ㅖ, ㅒ, ㅘ, ㅝ, ㅙ, ㅞ, ㅚ, ㅟ, ㅢ
일본어 : ヤ, ヨ, ユ, (イェ), ワ, (ウォ, ウェ, ウェ) ウィ

① 'ㅑ, ㅕ, ㅛ, ㅠ, ㅒ, ㅖ'와 그 발음

이를 한글의 'ヤ行'이라고 불러 학습자의 이해를 돕는다. 기본 모음 "ㅏ, ㅓ, ㅗ, ㅜ, ㅐ, ㅔ"에 짧은 선을 두 개로 늘리면 일본어 'ア行'이 'ヤ行'으로 된다고 설명하면 대부분 바로 이해한다. 여기에서 'ㅖ'와 'ㅒ'의 발음은 한국어 모어 화자 사이에서도 정확한 발음을 듣기가 어렵기 때문에 '입의 벌림'을 주의해서 하도록 하면 어느 정도는 발음할 수 있게 된다.

② 'ㅘ, ㅝ, ㅙ, ㅞ, ㅚ, ㅟ, ㅢ'의 발음

이를 한글의 'ワ行'이라고 불러 학습자의 이해를 일차적으로 돕는다.

그러나 학습자들은 이 항목을 매우 어려워한다. 그것은 일본어 'ワ行'은 사실상 /ワ/하나밖에 없다. 일본어 발음 "ワォ, ワェ, ワィ" 중에서 "ワォ"는 한국어 /ㅝ/와 비슷한 발음이고 "ㅙ, ㅞ, ㅚ"는 대체로 /ワェ/와 같고 /ㅟ/는 /ワィ/와 같다고 설명한다.

/ㅢ/는 'ワ행'이라 하기 어려우나 편의상 여기서 함께 다루도록 한다. /ㅡ/와 /ㅣ/를 동시에 빨리 발음하면서 /ㅢ/를 발음하도록 한다. <표 8>에 제시한 것을 교사가 발음하면 학생들이 거울을 이용하여 따라 읽는다. 이 때 교사는 학생 개개인의 발음을 들어 보고 교정할 사항을 지적한다.

③ 이중모음 발음: 교사의 정확한 발음을 듣거나 발음 관련 CD를 듣고 따라 한다. 이 때 교사는 학생 개개인의 발음을 들어 보고 교정할 사항을 지적한다. 들은 후 받아쓰기를 통해 정확한 발음을 익힌다. 다음의 <표 8>과 같다.

(2) 이중모음 지도 방안

발음과 듣기는 동전의 안팎과 같다. 그런데 사람의 귀는 자기가 발음할 수 있는 소리로 듣기 때문에 표준 발음을 제대로 할 수 있어야 한다. 학습자들은 교사의 발음 시범이나 녹음 자료 듣기, 들은 발음 받아쓰기 활동을 통해 표준 발음을 하기 위해 정확한 표준 발음을 듣고 판별할 수 있는 청취 능력을 가져야 한다.

① 녹음 자료 듣기

교사의 발음이 표준 발음과 거리가 멀거나 기타 여러 가지 이유로 인하여 청취가 불가능할 때 대신 들려줄 수 있는 녹음 자료가 있어야 한다 현 교육과정에는 말하기·듣기 테이프가 제공되어 이용할 수 있게 되어 있지만, 찾고자 하는 발음을 빨리 찾는데 어려움이 있고 반복해서 듣는데도 시간적인 소모가 많다는 문제점이 있다. 그러므로 발음 테이프뿐만이 아니라 인터넷에서 제공되는 발음 사이트를 찾아서 이용하거나 표준 발음 CD를 이용하는 것도 교사 발음 시범을 대체할 수 있는 좋은 자료가 된다.

② 들은 발음 받아쓰기

교사의 모범이 되는 이중모음 발음을 들으면서 소리 나는 대로 받아쓰기를 한다. 이때 받아쓰기 내용은 문장 단위부터 시작하는 것이 아니라 이중모음의 음소, 낱말, 문장 순으로 써 보도록 하여 청취와 표기하는 맞춤법 지도까지 연계가 될 수 있도록 한다.

<표 8> 이중모음 발음

1. 이중모음(二重母音)을 발음해 봅시다.
① 야 : 이아, 이아, 이아, 이아, 이아　～ 야, 야, 야, 야, 야
② 여 : 이어, 이어, 이어, 이어, 이어　～ 여, 여, 여, 여, 여
③ 요 : 이오, 이오, 이오, 이오, 이오　～ 요, 요, 요, 요, 요
④ 유 : 이우, 이우, 이우, 이우, 이우　～ 유, 유, 유, 유, 유
⑤ 예 : 이에, 이에, 이에, 이에, 이에　～ 예, 예, 예, 예, 예
⑥ 얘 : 이애, 이애, 이애, 이애, 이애　～ 얘, 얘, 얘, 얘, 얘,
⑦ 와 : 오아, 오아, 오아, 오아, 오아　～ 와, 와, 와, 와, 와
⑧ 워 : 우어, 우어, 우어, 우어, 우어　～ 워, 워, 워, 워, 워
⑨ 왜 : 오애, 오애, 오애, 오애, 오애　～ 왜, 왜, 왜, 왜, 왜
⑩ 웨 : 우에, 우에, 우에, 우에, 우에　～ 웨, 웨, 웨, 웨, 웨
⑪ 외 : 오이, 오이, 오이, 오이, 오이　～ 외, 외, 외, 외, 외
⑫ 위 : 우이, 우이, 우이, 우이, 우이　～ 위, 위, 위, 위, 위
⑬ 의 : 으이, 으이, 으이, 으이, 으이　～ 의, 의, 의, 의, 의

---

2. 단어를 읽어봅시다.7)

① ㅒ- 얘기(話し)

② ㅖ- 시계(とけい), 지폐(しへい), 차례(じゅんばん)

③ ㅘ- 사과(りんご), 과자(お菓子), 화가(がか)

④ ㅙ- 왜(なぜ), 돼지(ぶた)

⑤ ㅚ- 시외(しがい), 의외(あんがい),소고기(牛肉), 뇌(のう)

⑥ ㅝ- 뭐(なに)

⑦ ㅞ- 스웨터(セータ)

⑧ ㅟ- 위(胃), 귀(みみ), 쥐(ねずみ), 쉬다(休む), 가위(はさみ)

⑨ ㅢ- 의사(いしゃ), 의자(いす), 의미(いみ), 의지(いし)

---

③ 낱말, 문장 순으로 소리 내어 읽기

이중모음이 들어있는 낱말을 찾아보고 정확하게 발음하게 해 본다. 그리고 그림을 곁들인 낱말 카드를 큰 소리로 읽게 하고 최소대립어가 되는 낱말 쌍을 제시하여 정확하게 발음하는 기회를 갖게 한다. 그 후에는 문장으로 발음을 하는 과정이 제시되어야 한다. 왜냐하면 의사소통을 하기 위해서는 최소 단위로 발화가 되어야 하는 단위가 문장이기 때문이다.

5.2. 자음

5.2.1. 일본어의 오십음도 제시

자음자가 일본어의 글자와 형태적으로 유사한 데서 발생되는 오류가 많다. 예로 한글의 'ㅈ'를 일본어 가타가나의 'ス'[su]로 오인하고 'ㅁ'을 일본어의 가타가나 'ㅁ[ro]'로 읽거나 '수'를 '주'로, '로'를 '모'로

....
7) 변별하기 어려운 이중모음만을 어휘로 제시하였다.

쓰는 학습자도 있다.

이에 일본어의 오십음도를 한글로 써 보게 함으로써 한국어와 일본어의 음운체계의 차이를 인식시키고 발음과 글 모양을 정착시키는데 매우 효과적이다. 그리고 아직 정확하게 다 쓸 수는 없지만 자기 이름과 주변 지명 등 일본 단어를 한글로 쓰게 한다. 향후, 글자와 소리의 연결을 더욱 쉽게 인식할 수 있도록 하는 연습 방법의 개발이 절실히 요구된다.

<표 9> 일본어 오십음도

1. 50音度をよんでハングルで書いて下さい.				
あ( )	い( )	う( )	え( )	お( )
か(/)	き(/)	く(/)	け(/)	こ(/)
が( )	ぎ( )	ぐ( )	げ( )	ご( )
さ( )	し( )	す( )	せ( )	そ( )
ざ( )	じ( )	ず( )	ぜ( )	ぞ( )
た(/)	ち(/)	つ(/)	て(/)	と(/)
だ( )	ぢ( )	づ( )	で( )	ど( )
な( )	に( )	ぬ( )	ね( )	の( )
は( )	ひ( )	ふ( )	へ( )	ほ( )
ば( )	び( )	ぶ( )	べ( )	ぼ( )
ぱ( )	ぴ( )	ぷ( )	ぺ( )	ぽ( )
ま( )	み( )	む( )	め( )	も( )
や( )		ゆ( )		よ( )
ら( )	り( )	る( )	れ( )	ろ( )
わ( )		を( )		ん( )

5.2.2. 일본 자음에 대응되는 한국어의 자음

기본 자음을 제시하며 한국어의 구조적 특징을 설명한다. 한국어는 자음+모음+자음+자음의 구조인데 여기서 첫 자음은 '초성'이며 뒤 자음은 '종성'이며 '받침'이다. 초성의 ① 비음 ② 평음 ③ 격음 ④ 경음을 설명한다.

(1) 비음

폐로부터 공기가 코로 나오는 음으로 한국어에서 비음에 해당하는 음소는 /ㄴ, ㅁ, ㅇ/이며, /ㅇ/음은 초성에서는 나타나지 않는 제약이 있다. 일본어의 비음도 'ナ 행, マ 행, 그리고 'ん' 으로 한국어의 발음과 유사하다. 따라서 초성에서 발음하는 데는 큰 문제가 없다. 예) 漫畵(まんが), 新聞(しんぶん)

(2) 평음

공기를 동반하지 않고 발음하는 음이며 음높이가 낮다.
ㄱ(カ/ガ), ㄷ(タ/ダ), ㅂ(バ/パ), ㅈ(ジャ), ㅅ(サ/シャ)

(3) 격음

강한 공기를 동반하는 음이다. (ㅋ, ㅌ, ㅍ, ㅊ)

(4) 경음

공기를 전혀 동반하지 않는 음이다. (ㄲ, ㄸ, ㅃ, ㅉ, ㅆ)
(すっかり), (やった), (やっぱり), (うっちゃり), (あっさり)

(5) '평음'과 '격음'의 구별

평음과 격음은 특히 초성에서 구별하기가 매우 어렵다. 그 이유는 한국어 초성의 평음이 약간 유기성(有氣性)을 포함한다는 사실에 기인하기 때문이다. 평음과 격음이 비록 정도의 차이는 있지만 모두 유기성을 가지고 있기 때문에 그 유기성의 조절이 자유롭지 못한 일본어 사용 학습자는 평음을 격음으로 발음하는 오류가 나타나게 되는 것이다. 일본인 학습자에게 평음과 격음의 차이를 구별시키기 위한 교수 학습 방법을 몇 가지 정리하여 소개하고자 한다.

① 초성에서 평음을 발음할 때는 일본어의 'が, だ, ば'를 의도적으로 '가하, 다하, 바하'와 같이 발음하게 하면 격음에 가깝게 발음된다. 일본어의 평음에는 유성음이 존재하기 때문에 유기의 발음을 하도록 유도하는 것이다. 그리고 손바닥을 입 가까이에 대게하고 발음을 하도록 하면 스스로가 유기(有氣)를 느낄 수 있다.

② 유성음 사이에서 평음을 발음하는 것은 일본인 화자에게 큰 어려움이 없다. 그것은 한국어의 평음이 유성음 사이에서 유성음화 되기 때문이다.

③ 격음의 경우 일본인 화자의 발음을 들어 보면 기성이 매우 약한 편이다. 따라서 의식적으로 강하게 발음하도록 할 필요가 있다. 종이를 한 장 좌우로 팽팽하게 당겨, 입 앞에 닿지 않을 정도로 입에 가깝게 들고 있도록 하면서 '가, 다, 바, 자'를 발음해 보도록 한다. 그 다음에 교사가 직접 '카, 타, 파, 차'를 발음해 보인다. 이때 학생들에게 종이가 흔들리는지를 확인하도록 한다. 여기에서 '바/파, 자/차'의 구별 방법에 있어서는 좀 더 연구가 필요한 문제이다.

④ 경음의 발음은 먼저 일본어에서 촉음 'っ' 뒤에서 변이음으로 경음이 나올 수 있는 환경의 단어를 보여주고 그때 그 환경에서 나오는 소리와 같음을 인식시킨다.

(すっかり), (やった), (やっぱり), (うっちゃり), (あっさり)

5.2.3. 최소대립어(평/경/격)의 발음

(1) '평음/격음/경음' 의 발음

'평/격/경'에 해당되는 단어 카드(가다/카다/까다, 다리/타리/따리, 바다/파다/빠다, 자다/차다/짜다) 등을 제시하여 반복적으로 연습시킨다.[8) 그러나 교사의 발음을 듣고 따라 해도 제대로 발음할 수 있는 사람은 많지 않다. 격음의 경우 연습만 잘 하면 80% 이상은 대개 제대로 발음하게 되는데 경음은 끝까지 잘 안 되는 사람이 절반 정도 된다.

<표 10> '평음/경음/격음' 의 발음

---

1. 다음을 발음해 봅시다.

   ① 비뻬피, 비뻬피, 뻬피비, 뻬피비, 피비뻬, 피비뻬

   ② 브뻬프, 브뻬프, 뻬프브, 뻬프브, 프뻬뻬, 프브뻬

   ③ 바빠파, 바빠파, 빠파바, 빠파바, 파바빠, 파바빠

   ④ 디띠티, 디띠티, 띠티디, 띠티디, 티디띠, 티디띠

....

8) '평, 격, 경'을 교수시 최소대립어를 제시할 때 유의미한 단어만을 가르쳐야 한다와 연습으로만 사용하기 때문에 유의미하지 않아도 된다는 것으로 학자간의 의견이 다르다. 본고에서는 최소 대립어에 해당되는 유의미한 단어가 극히 적기에 후자를 선택하여 발음 교수만을 위해 사용하였다. 변별력이 떨어지는 사람은 너무 무리하게 강요하지 말고 나중에 문장을 발음할 때 해당 발음이 그럴듯하게 들리도록 지도하는 것이 좋다.

 ① 평음의 경우에 소리를 적게 내도록 하는 것도 도움이 된다.
 ② 격음의 경우 'h'음을 길게 낼 수 있도록 유도한다.
 ③ 경음의 경우 성대를 긴장시켜서 격음과는 달리 숨이 세게 터져 나오지 않음을 볼 수 있도록 종이를 입 앞에 들고 연습시킨다.

즉 '평/경/격'의 연습은 손의 모양을 통해 혀와 입술 등 발성기관의 모습을 동시에 연습하도록 한다. 그 다음에는 '평/경/격'의 쌍을 묶어서 소리의 다름을 보이고, 이 소리들을 각각 하나씩 발음해 보도록 한다. 다음의 <표 10>과 같다.

⑤ 드뜨트, 드뜨트, 뜨드트, 뜨트드, 트드뜨, 트드뜨

⑥ 다따타, 다따타, 따타다, 따타다, 타다따, 타다따

⑦ 지찌치, 지찌치, 찌치지, 찌치지, 치지찌, 치지찌

⑧ 즈쯔츠, 즈쯔츠, 쯔츠즈, 쯔츠즈, 츠즈쯔, 츠즈쯔

⑨ 자짜차, 자짜차, 짜차자, 짜차자, 차자짜, 차자짜

⑩ 시씨, 시씨, 시씨, 씨시, 씨시, 씨시

⑪ 사싸, 사싸, 사싸, 싸사, 싸사, 싸사

⑫ 기끼키, 기끼키, 끼키기, 끼키기, 키기끼, 키기끼

5.2.4. 받침 발음

(1) 단받침 발음

받침 발음은 말 그대로 7개의 소리가 있음을 설명하고, 이것을 다시 2가지로 나눈다. 즉 "ㄴ, ㅁ, ㅇ, ㄹ"의 "울림이 있는 받침"과 /k/,/t/,/p/의 "울림이 없는 받침"으로 분류한다. 그리고 다시 울림이 있는 받침 중 "ㄹ"을 제외한 나머지 3가지 소리는 일본어 "ン"에 해당되고 "울림이 없는 받침"은 "っ"에 해당된다고 설명한다. 먼저 "ニホンニ(日本に), ニホンモ(日本も), ニホンガ(日本が)"등 "ン"가 "ㄴ, ㅁ, ㅇ"으로 발음되는 일본어를 제시하여 일본어에서 같은 소리로 인식되고 있는 이들 "ン"이 사실은 미묘하게 서로 다르다는 것을 인식시킨 다음 그것들을 한국어에서는 서로 다른 소리로 인식한다는 것을 알린다. 이들 3가지 받침소리를 개별적으로 발음하는 연습을 시킨다. 교사가 'ㄴ'을 발음할 때는 혀를 이 사이로 무는 흉내를 내고, 'ㅁ'받침을 발음할 때는 두 입술을 닫는 흉내를, 'ㅇ'받침을 발음할 때는 입술을 조금 벌리는 흉내를 과장되게 내면서 이들 음의 차이를 구분시켜 보여주는 것이 중요하다. "ㄹ"발음은 모음 앞에서 '라디오, 노래, 서로, 겨레' 음절 끝

에서는 '겨울, 서울, 오늘, 거울'과 같이 울림소리이다.

① /ㅂ, ㅍ/

받침의 발음은 「らっぱ」의 「っ」와 유사하다. 따라서 이 촉음을 기억하게 하여 유사하게 발음하도록 유도하는 것이 좋다. 예) 연습, 간섭, 예습, 법, 직업 등

② /ㄷ, ㅌ, ㅅ, ㅈ, ㅊ/

받침에서 모두 /ㄷ/으로 중화된다. 일본어의 「ばった」의 촉음 「っ」과 유사한 발음이다. 따라서 이 촉음 「っ」의 발음을 기억하게 하여 비슷하게 발음하도록 유도하는 것이 좋다. 발음의 방법으로는 혀끝이 치아의 사이에 보일 정도로 세게 혀를 치아에 밀어내게 유도하는 것이 좋다. 혀가 발음 후에도 잠시 동안 떨어뜨리지 않도록 지도하여야 한다. 예) 옷, 꽃, 걷다, 그릇, 숟가락

③ /ㄱ, ㅋ, ㄲ/

받침에서의 발음은 「まっか」의 「っ」와 발음이 유사하다. 따라서 그 발음을 기억하여 유사하게 발음하도록 유도하면 된다. 입술을 닫지 않고, 혀끝을 앞으로 당긴 모양이다. 혀가 입천장에 닿아 있는 상태를 잠시 유지하도록 교육하여야 한다. 이를 위해 양손을 이용하여 입모양을 묘사할 필요도 있다. 예) 가격, 중국, 방학, 우체국 등

④ /ㄴ, ㅁ/

받침 /ㄴ/은 「はんだ」의 「ん」에 해당하는 음으로 혀끝이 치아의 사이에 보일 정도로 혀를 치아에 세게 밀어내듯 하고 내는 음이다. 예) 전화, 전국, 건물, 손님, 일본 등

받침 /ㅁ/은 「とんび」의 「ん」에 해당하는 음으로 マ행의 「m」과 같다. 받침으로 올 때에는 특히 양 입술을 확실히 닫고 비음을 낸다. 예) 감기, 점심, 남자, 인삼 등

받침 /ㅇ/은 「りんご」의 「ん」에 해당하는 음으로 입술을 닫지 않고 혀끝을 앞으로 당기듯 혓줄기를 입천장에 대고 내는 음이다. 예) 농담, 장난, 공항, 동생 등

(2) 겹받침 발음

겹받침 'ㄳ', 'ㄵ', 'ㄼ, ㄽ, ㄾ', 'ㅄ'은 어말 또는 자음 앞에서 각각 [ㄱ, ㄴ, ㄹ, ㅂ]으로 발음하며 'ㄺ, ㄻ, ㄿ'은 어말 또는 자음 앞에서 각각 [ㄱ, ㅁ, ㅂ]으로 발음한다. 다만, 용언의 어간 말음 'ㄺ'은 'ㄱ'앞에서 [ㄹ]로 발음한다. '밟-'은 자음 앞에서 [밥]으로 발음하고, '넓-'도 '넙둥글다'에서 처럼 [넙]으로 발음되는 경우가 있다. 다음의 <표 11>과 같다.

<표 11> 겹받침 발음

1) 앞 자음으로 발음된다.
① ㄳ[k] - 몫 [목]　　　　　　　몫으로 [목(스/쓰)로]
② ㄵ[n] - 앉다 [안]　　　　　　앉아서 [안자서]
③ ㄽ[l] - 외곬 [외골]　　　　　외곬으로 [외골(스/쓰)로]
④ ㄾ[l] - 핥다 [할]　　　　　　핥아 [할타]
⑤ ㅄ[p] - 값 [갑]　　　　　　　값이 [갑(시/씨)]
⑥ ㄶ[n] - 많다 [만]　　　　　　많으면 [만으면 → 마느면]
⑦ ㅀ[l] - 싫다 [실]　　　　　　싫으니까 [시르니까]
2) 뒤 자음으로 발음된다.
① ㄻ[n] - 삶다 [삼]　　　　　　삶아 [살마]
② ㄿ[p] - 읊다 [읍]　　　　　　읊어 [을퍼]
3) 앞 또는 뒤 자음으로 다 발음할 수 있다.
① ㄺ[l] → 'ㄱ과 모음'을 만나면 앞 자음으로 발음
ㄱ) 맑고 [말꼬]　　　맑 + 으면　[말그면]
ㄴ) 읽고 [일꼬]　　　읽 + 으니까 [일그니까]

①-1 ㄹㄱ[k] → 'ㄷ,ㅈ'을 만나면 뒤 자음으로 발음

ㄱ) 맑다 [막따]   맑지 [막찌]

ㄴ) 읽다 [익따]   읽지 [익찌]

ㄷ) 늙다 [늑따]   늙지 [늑찌]

② ㄹㅂ[l] → 앞 자음으로 발음

ㄱ) 여덟 [여덜]   여덟 + 이 [여덜비]

ㄴ) 넓고 [널꼬]   넓지 [널찌]   넓 + 으면 [널브면]

②-1 ㄹㅂ[p] → 例外的으로 뒤 자음으로만 발음

ㄱ) 밟고 [밥꼬]   밟다 [밥따]   밟지 [밥찌]

5.2.5. 연음 발음

앞서 설명하였듯이 음운변동 교육부터는 한국어 교육의 일반적 수업 절차 순서에 따른 도입→제시(원리 설명)→ 연습→ 활동(사용)→ 마무리 단계에 따라 수업을 진행하였다.

① 도입: '책을 읽어요.', '꽃이 있어요.' 등의 문장을 칠판에 판서한 후 학생들에게 읽어 보도록 한다.

② 제시: 받침이 있는 말 뒤에 모음이 올 때 그 받침이 모음에 영향을 주어, 연음현상이 생긴다는 것을 설명한다. <표 12>

　　　책 + 을 읽어요,　꽃 + 이 있어요.

　　　[채글] [일거요]　　[꼬치] [이써요]

③ 단어와 문장을 제시하여 읽기 연습을 시킨다.

　　　예) 잎이 떨어져요.

④ 활동: 귓속말 게임으로 연음 규칙에 의해 바르게 말할 수 있다.

먼저, 학생들을 세 모둠으로 나눈다. → 각 모둠의 맨 앞 사람에게 한 문장씩을 보여준다. → 맨 앞 사람은 문장을 외워 뒷사람에게 귓속말로 문장을 전달한다. → 이렇게 해서 맨 뒷사람까지 전달한

다. → 맨 뒷사람은 칠판에 나와 들은 문장을 쓴다. → 가장 **빨리**
정확하게 쓴 팀이 이긴다.
⑤ 마무리: ㄱ. 문장 10번씩 써 오기
　　　　　ㄴ. 다음의 발음을 연습해 오도록 한다.
(간장 공장 공장장은 강 공장장이고 된장 공장 공장장은 공 공장장이다.)

<표 12> 연음 발음

┌───┐
1. 모음과 만나면 발음이 달라집니다. 발음해 봅시다.
　(母音とあったら發音が違ってくります發音して見ましょう)
　1) ㄱ, ㅋ → ㄱ[k]
　　① 책 （ほん）　　　　책을 [채글],　　책이 [채기]
　　② 가족 （かぞく）　　가족이 [가조기]
　2) ㄴ → ㄴ[n]
　　① 산 （やま）　산에 [사네]　　　　② 돈 （おかね）　돈을 [도늘]
　3) ㄷ,ㅅ,ㅆ,ㅈ,ㅊ,ㅌ,ㅎ → ㄷ[t]
　　① 옷 （ふく） [옫]　옷이 [오시]　　② 낮[낟]　낮에 [나제]
　　③ 꽃 （はな） [꼳]　꽃으로 [꼬츠로]　④ 끝[끝]　끝에서 [끄테서]
　4) ㄹ → ㄹ[l]　① 달 （つき）　　　　달을 [다를]
　5) ㅁ → ㅁ[m]　① 봄 （はる）　　　봄에 [보메]
　6) ㅂ, ㅍ → ㅂ[p]
　　① 집 （いえ）　집에 [지베]　② 앞 （まえ）[압]　앞에 [아페]
　7) ㅇ → ㅇ[ ]
　　① 강 （がわ）　강에 [강에]　② 공 （ボール）　공으로 [공으로]

※ 큰 소리로 읽어 봅시다. （おおきいこえでよんでみましょう）
　1) 친구의 집에서 저녁을 먹었어요.
　　（ともだちの宇でゆうごはんを食べました。）
　2) 잎이 떨어져요. （葉が落ちます。）
└───┘

> 3) 강에 공을 던져요. (川にボールを投げます。)
>
> 4) 문 좀 닫아 주세요. (ドアをしめてください。)
>
> 5) 서울에는 사람이 많습니다. (ソウルには人がおおいです。)

5.3. 음운 변동

5.3.1. 자음동화 (子音同化)

① 도입 : '먹는다', '꽃냄새', '집는다', '난로' 등의 단어를 칠판에 판서한 후 학생들에게 읽어 보도록 한다.

② 제시 : 받침 'ㄱ(ㄲ, ㅋ, ㄺ, ㄳ), ㄷ(ㅅ, ㅆ, ㅈ, ㅊ, ㅌ, ㅎ), ㅂ(ㅍ, ㄼ, ㄿ, ㅄ)'은 'ㄴ, ㅁ' 앞에서 'ㅇ, ㄴ, ㅁ'으로 발음한다. 받침 'ㅁ, ㅇ' 뒤에 연결되는 'ㄹ'은 /ㄴ/으로 발음한다. 또한 'ㄱ, ㅂ' 뒤에 연결되는 'ㄹ'도 /ㄴ/으로 발음한다. 'ㄴ'은 'ㄹ'의 앞이나 뒤에서 /ㄹ/로 발음한다는 것을 설명한다. <표 13 참조>

③ 연습 : 단어와 문장을 제시하여 읽기 연습을 시킨다.

　　예) 저는 대학교 1학년이에요. 경주의 수도는 신라예요.

④ 활동 : 자음동화 단어를 정확히 빨리 읽기 게임을 통해 발음을 익히도록 한다.

　　세 모둠으로 나눈다. → 여러 장의 단어를 준비하여 팀별로 빨리 발음하기를 한다. → 이 때 틀린 발음을 하면 처음 사람부터 다시 시작한다. → 초를 재어 가장 빨리 읽은 팀이 우승한다.

⑤ 마무리 : ㄱ. 문장 받아쓰기 연습　ㄴ. 문장 읽기 연습

<표 13> 자음동화(子音同化) 발음

1. 받침소리 /ㄱ,ㄷ,ㅂ/ 이 /ㄴ,ㅁ/을 만나면 각각 /ㅇ,ㄴ,ㅁ/으로 변한다.
 1) /ㄱ, ㄲ, ㅋ, ㄺ, ㄳ/ + /ㄴ, ㅁ/ ⇒ /ㅇ/
  먹는다 (たべる) [멍는다], 닦는다 (みがく) [닥는다 → 당는다]
  읽는다 (よむ) [익는다 → 잉는다]
 2) /ㄷ, ㅅ, ㅆ, ㅈ, ㅊ, ㅌ, ㅎ/ + /ㄴ, ㅁ/ ⇒ /ㄴ/
  듣는다(きく) [든는다], 재미있는(おもしろい) [재미읻는 → 재미인는]
 3) /ㅂ, ㅍ, ㄿ, ㅄ/ + /ㄴ, ㅁ/ ⇒ /ㅁ/
  집는다(とる) [짐는다], 재미없는(つまらない) [재미업는 → 재미엄는]
2. /ㅁ, ㅇ/ + ㄹ ⇒ /ㄴ/
 : 받침소리 /ㅁ, ㅇ/이 /ㄹ/을 만나면 /ㄹ/이 /ㄴ/으로 변한다.
  심리학 (しんりがく) [심니학] 종로 (ゾンロ) [종노]
  정류장 (ていりゅうじょう) [정뉴장]
3. /ㄱ, ㄷ, ㅂ/ + /ㄹ/ ⇒ /ㅇ, ㄴ, ㅁ/ + /ㄴ/
  받침 /ㄱ/ + /ㄹ/ → /ㅇ/ + /ㄴ/
  받침 /ㄷ/ + /ㄹ/ → /ㄴ/ + /ㄴ/
  받침 /ㅂ/ + /ㄹ/ → /ㅁ/ + /ㄴ/
  백로 (シラサギ) [뱅노], 대학로 (だいがくろ) [대항노] ,
  십리 (いちり) [심니]
4. /ㄴ/ + /ㄹ/ ⇒ /ㄹ/
  난로 (ストーブ) [날로], 천리 (せんり) [철리],
  난리 (おおさわぎ) [날리]

※ 큰 소리로 읽어 봅시다. (おおきいこえでよんでみましょう)
 1) 십만원만 주십시오. (じゅうまんウォンだけください。)
 2) 4월 5일은 식목일이에요. (しがついつかはしょくじゅのひです。)
 3) 심리학과에 다녀요. (心理学科にかよっています。)
 4) 지금 시간이 없는데요. (今じかんがないですよ。)
 5) 버스 정류장이 멀어요? (バス停が遠いですか？)

5.3.2. 경음화와 격음화

(1) 경음화

    ① 도입 : '축구, 식당, 학비, 박자, 학생 등의 단어를 칠판에 판서한 후 학생들에게 읽어 보도록 한다.

    ② 제시 : 받침 'ㄱ(ㄲ, ㅋ, ㄹㄱ, ㄱㅅ), ㄷ(ㅅ, ㅆ, ㅈ, ㅊ, ㅌ, ㅎ), ㅂ(ㅍ, ㄹㅂ, ㄹㅍ, ㅄ)'뒤에 연결되는 'ㄱ, ㄷ, ㅂ, ㅅ, ㅈ'은 된소리로 발음한다. 한자어에서 'ㄹ' 받침 뒤에 연결되는 'ㄷ, ㅅ, ㅈ'은 된소리로 발음한다는 것을 설명한다. <표 14 참조>

    ③ 연습 : 단어와 문장을 제시하여 읽기 연습을 시킨다.

        예) 설날에 떡국을 먹습니다. 한국 노래를 듣습니다.

    ④ 활동 : 노래를 통해 학습자의 흥미를 이끌고 발음을 익히도록 한다. 노래를 듣는다. → 빈칸 채우기를 통해 단어와 발음을 익힌다. → 따라 읽는다. → 노래를 듣고 불러본다. → 모둠으로 나누어 노래를 불러본다. → 가사에 익숙해지면 거꾸로 해서 불러 보도록 한다 예) 산토끼 - 끼토산

    ⑤ 마무리 :   ㄱ. 문장 받아쓰기 연습

                ㄴ. 문장 읽기 연습

<표 14> 경음화 발음

1. 다음을 발음해 봅시다.
1) /ㄱ, ㄷ, ㅂ/ + /ㄱ/ ⇒ /ㄲ/ :
듣고 (きいて) [듣꼬]   축구 (サッカ) [축꾸]
2) /ㄱ, ㄷ, ㅂ/ + /ㄷ/ ⇒ /ㄸ/ :
법대 (ほうだい) [법때]   식당 (しょくどう) [식땅]
3) /ㄱ, ㄷ, ㅂ/ + /ㅂ/ ⇒ /ㅃ/ :
돋보기 (むしめがね) [돋뽀기]   학비 (がくひ) [학삐]
4) /ㄷ, ㅂ/ + /ㅈ/ ⇒ /ㅉ/ :

　답장 (へんじ) [답짱]　　　　　박자 (ひょうし) [박짜]

5) /ㄱ, ㄷ, ㅂ/ + /ㅅ/ ⇒ /ㅆ/ :

　입상 (にゅうしょう) [입쌍]　　학생 (がくせい) [학쌩]

6) /ㄹ/ + /ㄷ, ㅅ, ㅈ/ ⇒ /ㄸ, ㅆ, ㅉ/ :

　갈등 (かっとう) [갈뚱]　　　　물질 (ぶっしつ) [물찔]

※ 큰 소리로 읽어봅시다. (おおきいこえでよんでみましょう)

1) 우리 집이 학교 근처에 있습니다.

　(我が家は学校の近くにあります。)

2) 학생 식당에 사람이 많습니다.

　(がくせいのしょくどうに人が多いです。)

3) 꽃밭에 꽃이 많습니다. (はなばたけに花がたくさんあります。)

4) 도서관에서 잡지를 읽었습니다. (図書館でざっしをよみました。)

5) 한국 노래를 듣습니다. (韓国の歌を聞きます。)

---

(2) 격음화(激音化)

'ㅎ(ㄶ, ㅀ)' 뒤에 'ㄱ, ㄷ, ㅈ'이 결합되는 경우에는 /ㅋ, ㅌ, ㅊ/으로 발음한다. 또 'ㅎ(ㄶ, ㅀ)' 뒤에 'ㅅ'이 결합되는 경우에는 'ㅅ'을 /ㅆ/으로 발음한다. 'ㅎ' 뒤에 'ㄴ'이 결합되는 경우에는 /ㄴ/으로 발음한다. 'ㅎ(ㄶ, ㅀ)' 뒤에 모음으로 시작된 어미나 접미사가 결합되는 경우에는 'ㅎ'을 발음하지 않는다. 여기에서 'ㅎ'을 먼저 제시한 이유는 'ㅋ, ㅌ, ㅍ, ㅊ'와 같은 거센소리를 연습시키기 전에 유기음의 대표적이라 할 수 있는 소리를 연습시키기 위한 것이다. 'ㅎ' 소리를 연습한 후에 'ㅋ, ㅌ, ㅍ, ㅊ'를 연습시킨다면 거센소리를 내는 방법을 익히는 데 도움이 될 것이다.

<표 15> 받침 /ㅎ/의 발음

---

1. 다음을 발음해 봅시다.

   1) 'ㅎ(ㄶ,ㅀ)' 뒤에 'ㄱ, ㄷ, ㅈ'이 오면 [ㅋ, ㅌ, ㅊ]으로 발음된다.

      ① 놓고 [노코],   ② 좋던 [조 : 턴],   ③ 쌓지 [싸치]

      ④ 많고 [만 : 코]   ⑤ 않던 [안턴]   ⑥ 닳지 [달치]

   2) 'ㅎ(ㄶ,ㅀ)' 뒤에 'ㅅ'이 오면 'ㅅ'을 [ㅆ]으로 발음한다.

      ① 닿소 [다쏘]   ② 많소[만 : 쏘]   ③ 싫소 [실쏘]

   3) 'ㅎ' 뒤에 'ㄴ'이 오면 [ㄴ]으로 발음한다.

      ① 놓는 [논는]   ② 쌓네 [싼네]

   4) 'ㅎ(ㄶ,ㅀ)' 뒤에 모음이 오면 'ㅎ'을 발음하지 않는다.

      ① 낳은 [나은]   ② 놓아 [노아]   ③ 쌓이다 [싸이다]

      ④ 많아 [마 : 나]   ⑤ 싫어[실어]

---

① 도입 : '축구, 역할, 입학, 좋다 등의 단어를 칠판에 판서한 후 학생들에게 읽어 보도록 한다.

② 제시 : 받침 'ㄱ, ㄷ, ㅂ, ㅈ'이 뒤 음절 첫소리 'ㅎ'과 결합되는 경우에 'ㅋ, ㅌ, ㅍ, ㅊ'로 발음한다는 것을 설명한다. <표 16 참조>

③ 연습 : 단어와 문장을 제시하여 읽기 연습을 시킨다.

   예) 생일을 진심으로 축하해요.

④ 활동 : '국화 옆에서' 시를 통해 격음화 현상을 배우고 읽을 수 있다. 교사가 낭독하면 따라 읽는다. → '국화 옆에서' 시를 각자 3번씩 읽게 한다. → 모둠 별로 한 단락씩 읽게 한다. → 속도를 빠르게 하여 한 사람이 한 줄씩 읽게 한다. → 다 같이 읽는다.

⑤ 마무리 : ㄱ. '국화 옆에서' 시 낭송 연습하기

   ㄴ. 문장 읽기 연습

<표 16> 격음화 발음

---

1. 다음을 발음해 봅시다.

 1) ㄱ+ㅎ, ㅎ+ㄱ → ㅋ

   축하하다(いわう) [추카하다], 똑똑하다(かしこい) [똑또카다], 역할[여칼]

 2) ㄷ+ㅎ, ㅎ+ㄷ → ㅌ

   옷 한 벌(ふくいっちゃく) [오탄벌], 꽃 한 송이(はないちりん) [꼬탄송이],

   맏형(ちょうけい) [마텽], 좋다(よい) [조타]

 3) ㅂ+ㅎ → ㅍ

   입학(にゅうがく) [이팍], 급행(きゅうこう) [그팽], 급히(きゅうに) [그피]

 4) ㅈ+ㅎ, ㅎ+ㅈ → ㅊ

   그렇지요(そうですね) [그러치요], 좋지요(よいですね) [조치요],

   싫지요(きらいですね) [실치요]

※ 큰 소리로 읽어봅시다. (おおきいこえでよんでみましょう)

 1) 생일을 진심으로 축하해요.

   (おたんじょうび、ほんとうにおめでとう。)

 2) 그 생각이 좋다고 생각해요. (その考えが良いと思います。)

 3) 한국의 국화는 무엇입니까? (韓国のこっかは何ですか？)

 4) 9월에 인하대학교에 입학했어요.

   (9月に仁荷大学校に入学したのです。)

 5) 제 친구는 정말 착해요.

   (私の友達はほんとうにぜんりょうです。)

5.3.3. 구개음화(口蓋音化)

 ① 도입 : '굳이, 해돋이, 같이' 등의 단어를 칠판에 판서한 후 학생들에
   게 읽어 보도록 한다.

 ② 제시 : 받침 'ㄷ, ㅌ'이 모음 'ㅣ[i]'와 결합하면 [ㅈ, ㅊ]으로 발음한다
   는 것을 설명한다. <표 17 참조>

③ 연습: 단어와 문장을 제시하여 읽기 연습을 시킨다.

　　예) 형제 중에 맏이의 키가 제일 작다.

④ 활동: 교사의 발음 듣고 바른 단어 빨리 찾기의 게임으로 학습자의
　　　　흥미를 유발시킨다.

　　ㄱ. 구개음화 단어를 칠판에 붙인다. → 두 모둠으로 나눈다. → 각
　　　　모둠에서 한 명의 학생이 나오도록 한다. → 두 명의 학생을 칠
　　　　판과 멀리 서게 한다. → 교사가 예로 '해돋이'를 발음한다. →
　　　　학생들은 잘 듣고 맞춤법에 맞는 '해돋이'를 빨리 찾으면 이긴다.

　　ㄴ. 교사가 '맏이'를 발음하면 두 명의 학생이 각자 들은 단어를 맞
　　　　춤법에 맞게 '맏이'를 칠판에 먼저 쓰면 이긴다.

⑤ 마무리: ㄱ. 문장 받아쓰기 연습

　　　　　 ㄴ. 문장 읽기 연습

<표 17> 구개음화 발음

```
1. 다음을 발음해 봅시다.
 1) ㄷ+이→[지]
     ① 맏 + 이 → 맏이 (ちょうし)　= [마지]
     ② 굳 + 이 → 굳이 (あえて)　= [구지]
     ③ 해돋 + 이 → 해돋이 (ひので) = [해도지]
 2) ㅌ+이→[치]
     ① 같 + 이 → 같이 (いっしょに) [가치]
     ② 밭 + 이 → 밭이 (はたけが)　[바치]
 3) ㄷ+ㅎ+이→[치]
     ① 묻 + 히다　→　묻히다 (うまる) [무치다]
     ② 닫 + 히다　→　닫히다 (しまる) [다치다]

※ 큰 소리로 읽어봅시다. (おおきいこえでよんでみましょう)
 1) 이 이야기는 끝이 없다. (この話は 終りがない。)
 2) 안개가 걷히기 시작했다. (きりがはれ 始めた。)
```

3) 동해의 해돋이를 보러 갑시다.

(とうかい日の出のを見に行きましょう。)

4) 그는 나의 도움을 굳이 사양한다.

(彼は私の助けをあえて遠慮する。)

5) 형제 중에 맏이의 키가 제일 작다.

(きょうだいの中に上の子の背が一番小さい。)

6 실제 발음 수업 자료

현재 한국어 발음교육은 개별 음운의 정확한 발음과 수용, 음운규칙의 이해 중심으로 이루어지고 있다. 본 장에서는 발음교육을 위해 실제 교육 현장에서 실시해 보았던 여러 가지 방법들을 소개하고자 한다. 다만, 그 효과와 분석은 후고로 남기기로 한다.

(1) 첫 인사

정확한 발음으로 자기소개를 할 수 있도록 한다. 여러 번 되풀이하여 연습시킨다.

(2) /ㄴ, ㅁ, ㅇ/ 발음

일본인 학습자들은 /ㄴ, ㅁ, ㅇ/의 받침 발음이 없기 때문에 발음할 때 오류를 자주 범한다. '곤부/공부/곰부' 등과 같은 비슷한 형태의 단어를 제시하여 교사의 발음을 듣고 고르도록 한다. 이 때 일본어 발음 'ん(응)'과 함께 그 차이점을 인식시키고 빈번히 일으키는 오류의 원인

에 대해 설명하며 이해시키도록 한다.

(3) 노래로 발음 익히기

발음 연습을 위한 노래를 찾아 노래 전체 또는 교수에 필요한 구절을 부분적으로 녹음하거나, 이를 CD로 만들어 수업에 활용할 수 있으면 좋겠다.

'산토끼' 노래 외에도 '평/격/경'을 발음교육에 활용될 수 있는 노래는 '햇볕은 쨍쨍, 뽀뽀뽀, 코끼리 아저씨, 퐁당퐁당, 올챙이 노래, 고향의 봄, 반달' 등의 다수가 있다. 이 외에도 더 다양하고 많은 자료가 개발되고 구축되기를 바란다.

<표 18> 노래

제목: 산토끼
※ 노래를 불러 봅시다. ① 신도끼 도끼아 이디를 가느냐. 　　野うさぎよ　野うさぎよ　どこへ　行くの？ ② 깡충깡충 뛰면서 어디를 가느냐. 　　ぴょんぴょん　はねて　　どこへ　　いくの？ ③ 산고개 고개를 나 혼자 넘어서 　　やまのとうげ　とうげを　私　ひとりで　こえて ④ 토실토실 알밤을 주워서 올 테야. 　　まるまる　どんぐりを　ひろって　くるだろう

<표 19> '평/격/경' 발음 연습

문1] 다음을 잘 듣고 쓰십시오. 　　보기> 고기, 캐다, 바쁘다, 자다, 따리, 바다, 탈, 가다, 싸다, 크다 문2] 다음을 잘 듣고 '평/격/경'을 고르십시오.

보기> 코기, 고기, 따리, 다리, 개다, 캐다, 타리, 깨다, 바다, 파다
① 다음 중 평음은 몇 개입니까? 4개
② 다음 중 격음은 몇 개입니까? 4개
③ 다음 중 경음은 몇 개입니까? 2개

(4) 빙고 게임9)

빙고 판에 아래의 단어를 쓰게 한 후 교사가 발음하면 지워 나가는 식
으로 먼저 빙고를 외친 학생에게 승리감을 안겨주고 자신감을 심어준다.

<표 20> 빙고 게임

1. 다음의 단어를 빙고 판에 쓰십시오.
자다, 타다, 비자, 개다, 싸다, 깨다, 차다, 바르다, 피자, 틀리다, 사다,
따다, 짜다, 빠르다, 들리다, 캐다

(5) '시' 읽기를 통한 발음 교육

초급 학습자들에게 어려울 수도 있겠지만 시를 읽고 느낀 점을 토론
하기 보다는 단어를 익히고 발음할 수 있을 정도로만 교육한다. 서정
주 시인의 '국화 옆에서', 김소월 시인의 '진달래 꽃', 정지용 시인의 '향
수' 등 다수가 있으며 이외에도 다양한 '시'를 활용하여 외국인 학습자
를 위한 효과적인 교수-학습 방법이 모색되었으면 한다.

(6) 발음이 어려운 말 연습

학생들의 발음을 교육하면서 학습자들이 어려워하는 발음을 위주로
'간장 공장 공장장은 강 공장장이고 된장 공장 공장장은 공 공장장이
다.' 와 같은 발음 연습을 위한 문장을 제시한다. 이 때 평소에 날마다

9) 빙고게임 : 허용(2005)의 즐거운 한국어 수업을 위한 교실 활동 100의 게임 자료

연습하는 것이 중요함을 강조한다.

 7 정리

본 연구에서 중요한 것은 무조건 따라 하기의 반복 학습이 아니라 교사는 먼저 표준 발음을 익히고 음성학적 지식과 한국어 음운에 대한 기본지식을 갖춰 언제 어디서든 학습자가 오류를 범했을 때 그것은 왜, 어째서 발생되는지를 알고 적절한 방법을 제시해 주어야 한다. 앞에서 말했듯이 두 언어의 비교 대조분석은 교육현장에서 무엇보다 중요하다는 것을 알 수 있다. 이에 수업의 보조 도구의 하나로써 일본어를 사용하여 설명하였다.

먼저, 모음 교육에 있어서 한일 두 언어의 차이점과 한국어 구조 등을 설명하고 한국어에 대응되는 모음이 없는 일본어 모음을 모음 삼각도나 턱의 높낮이를 이용해 느낄 수 있도록 하였다.

자음교육에 있어서 특히, 일본인 학습자가 어려워하는 '평음/격음/경음' 교육에 있어서는 '불/풀/뿔'이나 '달/탈/딸' 외에 '자다/차다/짜다' '고리/꼬리' 등의 최소대립어를 제시하여 교사를 따라 하게 하거나 입모양을 가리고 교사가 부르는 단어를 듣고 받아쓰게 하는 등 발음의 중요성을 강조하면서 교수하였다.

또한 일본인 학습자라면 거의 모두가 곤란을 겪는 받침, 'ㄴ, ㅁ, ㅇ'을 중점적으로 연습시키고 받침에 따라 뜻이 아주 달라진다는 것도 산(山), 상(床), 삼(三)등을 그림으로 제시하거나 "ニホンニ(日本に), ニホンモ(日本も), ニホンガ(日本が)" 등 "ン(응)"가 'ㄴ, ㅁ, ㅇ'으로 발음되는 일본어를 제시하여 일본어에서 같은 소리로 인식되고 있는 이 'ン (응)'이 사실은 미묘하게 서로 다르다는 것을 알게 하였다. 자모를 익힌 후에는 자기 이름과 주변 지명, 일본어 오십음도를 한국어로 써 보게 함으로써 한국어와 유사한 일본 단어를 한글로 쓰게 하는 것도 좋은 발음교육 방법임을 알 수 있었다.

발음교육에 있어서 무엇보다 중요한 것은 교사의 역할이다. 교사가 학습자의 실태를 모르고 획일적으로 지도하거나 양국어의 음운체계와 공통점, 사회와 문화의 차이점과 공통점을 모르고 지도한다면 교육성과를 효과적으로 거두기 어려울 것이다. 따라서 교사는 지속적인 설문 조사를 통해 학습자의 어려움과 요구사항을 파악하고 꾸준히 자료를 개발, 실제 수업 모형을 제시하는 등 발음 수업 자료를 체계적으로 준비하는 자세를 지녀야 한다. 아울러 교사는 학습자들이 심리적 부담을 갖지 않도록 그리고 흥미와 의욕을 잃지 않도록 하여야 하며, 학습자들이 자신의 발음을 고치기 위해 꾸준히 노력하도록 격려하는 일도 자료의 준비만큼이나 교사의 중요한 역할이라는 것을 교사 모두가 인식해야 할 것이다.

본 연구는 모음과 자음, 받침 발음에 이어 음운 변동이라는 순서를 통해 발음교육 연구를 제 10회에 걸쳐 끝낼 수 있도록 하였다. 일본인 학습자들에게 발음교육이라는 이름으로 제공된 1회 60분 수업에 10회라는 시간과 자세한 설명이 학습자들의 언어 습득 전반에 얼마나 영향을 주었는지는 측정해 보지 않아 후속 연구로 남기지만 수업에 참가한 학습자들의 주관적 만족도가 높아가는 걸 봤을 때 도움이 되었다고 생각한다.

참고문헌────────────────────────────

간　노(1991), "일본인을 위한 한국어 교재 개발과 교수 방법", 교육 한
　　　　　글 4.한글학회.
김은애(2002), "발음 교육 자료 개발 연구", 국제한국어교육학회 제12
　　　　　차 국제학술대회 발표 논문집. 국제한국어교육학회.
김정숙(1992), "외국어로서의 한국어 발음 교육 방법", 국제한국어교육
　　　　　학회.
김형복(2006), "한국어 발음 교육 연구", 부산대학교 박사학위논문.
박덕유(2006), 학교문법론의 이해, 탑출판사.
배주채(2007), 한국어의 발음, 삼경문화사.
신경철(1990), "한국어 교육과 덧음소 문제", 이중언어학회지 6. 이중언
　　　　　어학회.
오대환(1999), "한국어 발음교수를 위한 개괄", 연세대학교 한국어학당
　　　　　제 24집.
우인혜(1998), "일본인 한국어 학습자의 오류 분석", 새국어교육 56,
　　　　　한국국어교육학회.
우인혜(1998), "한일 언어 비교를 통한 발음 교수법", 이중언어학 제 15호.
이경희·정명숙(1999). "일본인의 한국어 파열음에 대한 지각 단서",
　　　　　　　　　　제19차 한국어학회 전국학술대회 발표논문집.
이종은(1996), "한국어 발음 교수 방법과 모형", 교육 한글 제10호. 한
　　　　　글학회.
이현복(1998), 한국어의 표준 발음, 교육과학사.
이호영(1996), 국어음성학, 태학사.
하세가와 유키코(1997), "일본학습자에 대한 한국어 발음 지도법", 한
　　　　　국어교육 8호.
허　웅(1982), 국어음운론, 정음사.

태국인 한국어 학습자를 위한
발음교육의 기초 연구

 1 태국인 학습자를 위한 발음교육의 필요성

태국과의 급속한 관계 발전과 한국의 발전으로 한국어를 배우고자 하는 태국인의 수는 날로 늘어나고 있다. 중국·일본·미국 등 인접국가나 상호협력에 의해 오래도록 수교를 맺어온 나라에서는 한국어를 학습하려는 학습자 요구분석에 대한 역사가 길고 그 긴 역사만큼 다양한 교재와 교수학습방법이 연구되어 왔다. 하지만 태국과 1959년 정식 외교관계 수립 이후에 협력관계를 유지해온 것에 비해 태국어를 모어로 하는 한국어 학습자 요구분석이 미비할 뿐만 아니라 교재와 교수학습방법에 있어서도 질적으로 양적으로 많은 연구가 되지 못해 왔다. 한국어의 보급과 맞물려 사회·경제·문화 전반에 걸쳐 태국과의 관계를 고려할 때 태국어 모어 학습자들을 위한 한국어 교육 전반적인 연구가 활발히 이뤄져야 할 것이다. 따라서 본고에서 태국어 모어 학습자를 염두 해 두고, 제2언어로서의 언어를 배울 때 가장 기본이 되는 언어의 발음 교육에 관심을 갖는다.

발음교육에 관심을 갖는 이유는 언어 교육에서 "음성은 언어로 통하는 관문"이고 모국어 교육이든 아니면 제2언어로서의 한국어 교육이든 발음과 문자를 해득하는 작업은 언어 교육의 출발점[1]이 되며, 화자가 아무리 문법적으로 정확하고 유창하게 말을 하더라도, 그의 발음이 부자연스러우면 청자는 그의 말을 명확하게 듣고 이해하기가 어렵다. 또한 화자가 아무리 유창하게 글을 읽을지라도 발음이 나쁘면 청자는 역시 그를 정확히 듣고 이해하기가 곤란한 것이다.[2] 독해 중심이었던 한국어교육이 의사소통을 중요시하는 현대 사회에 진입하면서 효율적인 의사소통 전달을 위해 발음 교육의 중요성이 부각되는 이유도 여기에 있다고 볼 수 있다. 나아가 한국어 발음교육을 통하여 제2언어로서의 언어를 배우는 과정에서 겪게 되는 자신들의 모국어 발음 규칙을 따르고자 하는 경향을 극복하게 될 것이다.

발음교육은 한국어의 음운체계와 발음상의 특징을 이해하고 이를 실제적으로 연습할 수 있어야 한다. 이 과정에서 학습자 언어와 한국어의 차이를 이해하는 것이 필요하다.[3] 해당언어에 있는 소리로 대체할 수 있는 것은 대체하고, 해당 언어에 없는 것은 변별 특성에 중점을 두고 지도하는 것이 효율적이기[4] 때문이다. 따라서 본고는 태국어와 한국어의 음운을 비교 대조 분석하여 태국인 학습자의 발음 미리 예측하고 발음상의 오류를 방지하거나 수정할 수 있는 방법을 찾아보자 한다.

----

1) 허재영(2007:171) 참조.
2) 노대규(2007:99-100) 참조.
3) 허재영(2007:171) 참조.
4) 한재영·박지영·현윤호·권순희·박기영·이선웅(2005:270) 참조.

2 태국어와 한국어의 음운 대조

2.1. 태국어의 음운 특징5)

태국어는 쑤코타이왕조(Sukhothai) 람캄행대왕(Ramkhamhaeng : 1279년-1300년)이 남인도계 문자에서 유래된 몬(Mon)과 크메르(Khmer) 문자를 기본으로 하여 1283년에 창제했다. 이후, 태국어는 여러 차례 개정이 되었다. 현재 사용되고 있는 태국어는 라마1세(Rama I : 1782년-1809)때 개정된 것이다.

태국어 모음은 32자, 자음은 44자로 이뤄져 있다. 운소적 성질이 강해 소리의 길이에 따라, 성조에 따라 그 의미를 달리한다. 소리길이는 단음과 장음의 짝을 이루는 경향이 강하며 성조는 평성부터 4성까지 총 5성이 있다. 소리글자로 자음과 모음이 결합하여 음절을 이룬다. 음절은 「자음+모음」혹은 「자음+모음+자음」으로 이루어진 구조를 지니고 있다. 외래어가 섞이지 않은 성조어인 원래의 태국어는 하나의 음절이 하나의 의미를 갖는 단음절 단어로 이루어져 있다. 여기에다 다음절어 단어인 차용어가 섞이면서 다음절어도 함께 사용하게 되었다.

1) 태국어 모음6)

태국어의 기본모음은 모두 32자로 이루어져 있으며 장모음과 단모음으로 나눈다. 장모음은 발음 할 때 성대가 막히지 않고 계속 울리는

....
5) 김홍구외 공편(2001:27) 참조.
6) ① 김홍구 외 공편(2005:21-22) 참조.
　　② 차상호(1977:1-19) 참조.

음(생음)이며 단모음은 발음을 할 때 성대가 막히는 성문폐쇄음(사음)이다. 모음은 자음의 상하좌우에 위치한다. " - "부호는 자음의 위치를 나타낸다.[7] 한국어에서는 모음의 위치가 오른쪽이나 아래쪽에 오지만 태국어에서는 위와 아래 오른쪽과 왼쪽 모두 올 수 있다.

<표 1> 태국어 모음

순서	모음	소리	순서	모음	소리
1	-ะ	아	17	ใ-	아이
2	ั-	아	18	-ว	우아
3	-า	아	19	ัว	우아
4	-ำ	암	20	-วย	웨이
5	ิ	이	21	เ-ะ	어
6	ี	이	22	-อ	어
7	ึ	으	23	-อย	어이
8	ื	ㅇ	24	้ย	아이
9	ุ	우	25	-าว	아우
10	ู	우	26	-วย	아이
11	เ-ะ	에	27	ัว	이우
12	เ-	에	28	ุย	우이
13	แ-ะ	애	29	เ-ย	으ㅓ 이
14	แ-	애	30	เ-ว	에우
15	โ-ะ	오	31	เ-อ	으ㅓ
16	ไ-	아이	32	เ-า	아우

7) 김흥구·안종량·황규희 공저(2001:23-26) 참조.

태국어는 18개의 단모음과 6개의 이중모음 8개의 잉여모음으로 되어 있으며 단모음·이중모음·잉여모음 모두 소리의 길이의 차이로 나뉘는 단모음과 장모음을 가지고 있다. 각각의 모음에 단모음과 장모음이 쌍을 이루고 있다. 태국어는 자음과 더불어 모음의 길이가 성조의 변화에 민감하게 작용하기 때문이다.[8]

<표 2> 태국어 단모음[9]

순서	단모음(소리길이)	소리		순서	장모음(소리길이)	소리	
1	-ะ	/a/	아	10	-า	/aː/	아-
2	◌ิ	/i/	이	11	◌ี	/iː/	이-
3	◌ึ	/ɯ/	으	12	◌ื	/ɯː/	으-
4	◌ุ	/u/	우	13	◌ู	/uː/	우-
5	เ-ะ	/e/	에	14	เ-	/eː/	에-
6	แ-ะ	/æ/	애	15	แ-	/æː/	애-
7	โ-ะ	/o/	오	16	โ-	/oː/	오-
8	เ-าะ	/ɔ/	어	17	-อ	/ɔː/	어-
9	เ-อะ	/ə/	으어	18	เ-อ	/əː/	으어-

9와 18의 /으어/는 /으/보다는 입을 더 열고 /어/보다는 입을 적게 열어 발음한다. 편의상 /으어/로 표기할 수밖에 없다. 따라서 한국어와 일치하는 자음이 없다. 또한 17번의 'อ'은 자음과 모음으로 다 쓸 수

8) 이철재(2007:17) 참조.
9) ① 김홍구·안종량·황규희 공저(2001:23) 참조.
   ② 차상호(2006:11) 참조.

있는 특징을 가진다.

<표 3> 태국어 이중모음

순서	단모음	소리	순서	장모음	소리
1	‑ั‑	/ua/ 우어	4	‑ว	/uːa/ 우-어
2	เ‑ีย‑	/ia/ 이야	5	เ‑ีย	/iːa/ 이-야
3	เ‑ือ‑	/ɯa/ 으어	6	เ‑ือ	/ɯːa/ 으-어

1, 2, 3의 이중모음 3개 단모음은 잘 사용되지 않는다. 이들은 중국식 이름을 표기할 때 사용되어 진다.

나머지 8개의 잉여모음 중 ฤ(/르/), ‑ำ(/암/), ใ‑(/아이/), ไ‑(/아이/), เ‑า (/아오/), ฤๅ(/르-/)의 6개만을 사용하고 있다. 잉여모음자체 사용빈 도가 그리 높다고 볼 수 없다. 또한 6개의 잉여모음은 ฤๅ(/르-/)를 제 외한 나머지는 소리 길이가 짧은 단모음에 속한다.

2) 태국어의 자음

태국어 자음은 모두 44자로 이루어져 있지만 그 중 2개의 자음은 사 용 되지 않으며, 하나의 자음을 발음 할 때 [어-]를 붙여 발음한다. 현 재 사용되는 42개의 자음은 21개의 음으로 발음되기 때문에 한국어 19 개의 보다는 다양하다.

<표 4> 태국어 자음[10]

순서	자음	소리	순서	자음	소리
1	ก	꺼-	23	ฑ	터-
2	ข	커-	24	ฒ	터-
3	ฃ	커-	25	ณ	너-

4	ค	커-	26	บ	버-
5	ฅ	커-	27	ป	뻐-
6	ฆ	커-	28	ผ	퍼-
7	ง	응어-	29	ฝ	훠-
8	จ	쩌-	30	พ	퍼-
9	ฉ	처-	31	ฟ	훠-
10	ช	처-	32	ภ	퍼-
11	ซ	써-	33	ม	머-
12	ฌ	처-	34	ย	여-
13	ญ	여-	35	ร	러-
14	ฎ	더-	36	ล	러-
15	ฏ	떠-	37	ว	워-
16	ฐ	터-	38	ศ	써-
17	ฑ	터-	39	ษ	써-
18	ฒ	터-	40	ส	써-
19	ณ	너-	41	ห	허-
20	ด	더-	42	ฬ	러-
21	ต	떠-	43	อ	어-
22	ถ	터-	44	ฮ	허-

태국어의 42개의 자음은 21개의 초자음과 8개의 종자음으로 발음이 된다. 동일한 발음과 성조를 갖는 자음들이 있기 때문이다. 태국어의 42개의 자음을 음가별로 정리하면 다음과 같다.

....
10) 김홍구 · 안종량 · 황규희 공저(2001:15-17) 참조.

<표 5> 태국어 자음 음가[11)

순서	자음	소리		음가	
				초자음	종자음
1	ก	/k/	꺼-	ㄱ, ㄲ	ㄱ
2	ค,ฅ	/kh/	커-	ㅋ	ㄱ
	ฆ	/kh/	커-	ㅋ	ㄱ
3	ง	/ŋ/	응어-	ng	ng
4	จ	/c/	쩌-	ㅉ	ㄷ
5	ช,ฌ,	/ch/	처-	ㅊ	ㄷ
	ฉ	/ch/	처-	ㅊ	-
6	ด,ฎ	/d/	더-	ㄷ	ㄷ
7	ต,ฏ	/t/	떠-	ㄸ	ㄷ
8	ท,ธ,ฒ	/th/	터-	ㅌ	ㄷ
	ฑ,ฐ,ถ	/th/	터-	ㅌ	ㄷ
9	น,ณ	/n/	너-	ㄴ	ㄴ
10	บ	/b/	버-	ㅂ	ㅂ
11	ป	/p/	뻐-	ㅃ	ㅂ
12	พ,ภ	/ph/	퍼-	ㅍ	ㅂ
	ผ	/ph/	퍼-	ㅍ	ㅂ
13	ฟ	/f/	훠-	후, f	ㅂ
	ฝ	/f/	훠-	후, f	
14	ม	/m/	머-	ㅁ	ㅁ
15	ร	/r/	러-	ㄹ	ㄴ
16	ล,ฬ	/l/	르러-	ㄹㄹ	ㄴ
17	ย,ญ	/y/ /j/* 여- 반모음으로도 분류		이, y	이, ㄴ
18	ว	/w/* 워- 반모음으로 분류		우	우

19	ษ	/s/	써-	ㅆ	ㄷ
	ศ,ษ,ส	/s/	써-	ㅆ	ㄷ
20	ห	/h/	허-	ㅎ	
	ฮ	/h/	허-	ㅎ	
21	อ	/ʔ/	어-	ㅇ	

2.2. 음운 대조

한국어 음운은 'ㄱ, ㄴ, ㄷ, ㄹ, ㅁ, ㅂ, ㅅ, ㅇ, ㅈ, ㅊ, ㅋ, ㅌ, ㅍ, ㅎ, ㄲ, ㄸ, ㅃ, ㅉ'의 19개 자음, 'ㅏ, ㅓ, ㅗ, ㅜ, ㅡ, ㅣ, ㅐ, ㅔ, ㅚ, ㅟ' 10개의 단모음, 'ㅑ, ㅕ, ㅛ, ㅠ, ㅒ, ㅖ, ㅘ, ㅙ, ㅝ, ㅞ, ㅢ' 11개의 이중모음으로 이루어져 있다.

1) 모음

<표 6> 모음 비교

	단모음										이중모음										
	1	2	3	4	5	6	7	8	9	10	11	12	13	14	15	16	17	18	19	20	21
태 국 어	-ะ	ไ–ะ	โ–ะ	–ุ	เ–ะ	เ–ิ	แ–ะ	ไ–ะ			단음	①เ–ือะ /ua/ /우어/ ②เ–ียะ /ia/ /이야/ ③เ–ือะ /ɯa/ /으어/									
	–า	เ–อ	โ–	–ู	เ–	เ–ิ	แ–	ไ–			장음	①เ–ือ /uːa/ /우-어/ ②เ–ีย /iːa/ /이-야/ ③ เ–ือ/ɯːa/ /으-어/									
한 국 어	ㅏ	ㅓ	ㅗ	ㅜ	ㅡ	ㅣ	ㅐ	ㅔ	ㅚ	ㅟ	ㅑ	ㅕ	ㅛ	ㅠ	ㅒ	ㅖ	ㅘ	ㅙ	ㅝ	ㅞ	ㅢ

---

11) ① 김홍구·안종량·황규희 공저(2001:18-19) 참조.
　　② 차상호(2006:9-10) 참조.

<표 7> 단모음 비교

	전설모음				중설모음				후설모음			
	평순		원순		평순		원순		평순		원순	
	태국	한국	태국	한국	태국	한국	태국	한국	태국	한국	태국	한국
고모음	อิ, อี	ㅣ	—	ㅟ					อึ, อือ	ㅡ	อุ, อู	ㅜ
중모음	เอะ, เอ	ㅔ	—	ㅚ	เออะ, เออ	ㅓ			เออะ, เออ	ㅓ	โอะ, โอ	ㅗ
저모음	แอะ, แอ	ㅐ			อะ, อา	ㅏ						

태국어의 <표 2>의 '9'와 '18'에 있는 เออะ /으어/와 เออ /으어- /의 단모음은 한국어와 일치하는 소리가 없다. 전설-원순-고모음의 'ㅟ', 전설-원순-중모음의 'ㅚ'에 가까운 발음이 없다. 또한 <표 6>와 같은 태국어 이중모음 ① อัว /우어/와 อัว /우-어/, ② เอียะ/이야/와 เอีย/이-야/, ③ เอือะ/으어/와 เอือ/으-어/의 소리들도 한국어와는 비슷하게 들릴 수 있는 부분은 있으나 정확하게 일치한다고 볼 수 없다. 따라서 이중모음은 비슷한 발음이 없다. <표 7> 단모음 비교에서는 태국어 เออะ, เออ/ㅓ/는 장음일 때 중설모음으로 나타나기도 한다. 태국어에서는 단음과 장음의 길이의 차이가 확실하며 그 의미도 확실히 구분된다는 특징을 생각할 때 중설과 후설을 구분지어 확인할 필요가 있다.

2) 자음

<표 9> 종성 비교

	태국어	한국어
1	ก, ค, ฆ, ฅ	ㄱ
2	น, ณ, ญ, ล, ฬ, ร	ㄴ
3	จ, ช, ซ, ฌ, ฎ, ฏ, ฐ, ฑ, ฒ, ด, ต, ถ, ท, ธ, ศ, ษ, ส	ㄷ
4	–	ㄹ
5	ม	ㅁ
6	ผ, พ, ภ, บ, ป	ㅂ
7	ง	ㅇ
8	ย, ญ(반자음)	/j/ 한국어로는 /이/로 표현 됨
9	ว(반자음)	/w/ 한국어라는 /우/로 표현 됨

위의 표는 시무왕 케와린의 표를[12] 재정리하여 수정 보완한 것이다. 자음의 경우 한국어보다 다양하게 사용 되고 그 표기 방법에 있어서도 다양하게 할 수 있음을 확인 할 수 있다.

한국어를 기준으로 태국어와 비교정리하자면 파열음-연구개 'ㄲ', 'ㅋ'의 발음이 태국어에 있으나 한국어 'ㄱ'에 가까운 발음이 없고, 파찰음-경구개 'ㅉ', 'ㅊ'의 발음이 태국어에 있으나 한국어 'ㅈ'에 가까운 발음 없으며, 마찰음-치조 'ㅆ'의 발음이 태국어에 있으나 한국어 'ㅅ'에 가까운 발음이 없다.

한국어의 종성은 'ㄱ, ㄴ, ㄷ, ㄹ, ㅁ, ㅂ, ㅇ' 7개의 자음으로만 발음한다. 태국어의 종자음의 발음은 'ㄹ'이 없는 대신 한국어 /이/로 표현 되는 'ย, ญ, ว' 반자음과 /우/로 표현되는 반자음을 합쳐 총 8자음이다.

....

12) 시무앙 케와린(2005:22~23) 참조.

3 발음교육13) 방법

발음교육의 첫 단계인 청각적인 구분을 위하여 학습자의 모국어와 목표어의 음운 체계의 대조를 통하여 최소 단위인 음소의 대립 훈련을 하도록 한다. 두 번째로 인지와 이해 단계에서는 음성기관의 그림이나 모형 또는 교사의 발음 동작 등을 이용하여 한국어의 발음 체계가 어떻게 이루어져 있는지 또는 학습자의 모국어와는 어떤 차이가 있는지를 간략하게 설명하고 인시시킨다. 이때 교사는 가장 자연스런 입 모양으로 정확한 발음을 들려 주어야한다. 세 번째 발성 단계에서는 학습자가 실제로 발음하고 연습하는 단계를 거친 후 마지막으로 확인과 교정을 받을 수 있도록 해야 한다.14) 중요한 발음교육은 학습자의 모국어와 대조해서 언어의 보편적인 문제와 한국어 고유의 특징을 구별해서 설명해주고 여러번 반복을 통하여 발음을 습득하도록 지도하는 것도 필요하다.15)

3.1. 모음 발음16)

태국어에서 한국어로 발음되지 않는 모음은 'ㅟ, ㅚ, ㅑ, ㅕ, ㅛ, ㅠ, ㅒ, ㅖ, ㅘ, ㅙ, ㅝ, ㅞ, ㅢ'의 13개의 모음들이다. 이들의 소리는 한국어

....

13) 각 연습으로 제시된 글자는 발음하고자 하는 모음이 자음의 조합으로 인해 변화되는 입모양과 혀의 위치를 고려하여 비교적 발음하고자 하는 모음의 입모양과 혀의 위치를 유지할 수 있는 글자를 선택하였다.
14) 한재영·박지영·현윤호·권순희·박기영·이선웅(2005:271-272) 참조.
15) 박영순(2006:124-125) 참조.
16) 이호영(1996) 제5장 참조.

와 비슷하게 들릴 수 있는 가능성 있는 음가들이 있지만 정확하게 일
치한다고 볼 수는 없다.

① /ㅟ/[17)

전설-원순-고모음인 /ㅟ/는 전설-비원순-고모음인 ⌐·⌐(/ㅣ/)를
조음할 때처럼 혀를 유지하고 입술을 동글게 조음하도록 유도한다.

/ㅟ/ 연습: 귀, 쉬, 쥐, 취, 휘

② /ㅚ/[18)

전설-원순-중모음 /ㅚ/는 전설-비원순-중모음인 ㅏ≍·ㅏ-(/ㅔ/)로 조
음할 때의 혀 위치를 유지한 채 입술을 동글이고 조음하게 유도한다.

/ㅚ/ 연습: 괴, 뇌, 뢰, 외, 쇠

③ /ㅑ/

/ㅑ/를 조음할 때는 전설-평순-고모음 ⌐·⌐(/ㅣ/)와 후설-평순-저
모음 -≍·-ㄱ(/ㅏ/)를 연이어 발음하되 /ㅣ/를 매우 짧게 발음하도록
유도한다.

/ㅑ/ 연습: 갸, 냐, 댜, 샤, 야

....

17) /ㅟ/는 환경에 따라 전설 원순 고모음 [y]로 발음되기도 하고, 이중 모음 [ɥi]
로 발음되기도 한다.
18) /ㅚ/는 환경에 따라 전설 원순 중모음 [ø]로 발음되기도 하고, 이중 모음/we/로
발음되기도 한다.

④ /ㅕ/

/ㅕ/는 전설-평순-고모음 ᆜ · ᆗ(/ㅣ/)와 후설-평순-중모음 ㅏ-ᆢ · -ᆷ(/ㅓ/)를 연이어 발음하되 /ㅣ/는 매우 짧게 발음하도록 유도한다.

/ㅕ/ 연습: 겨, 셔, 여, 켜, 혀

⑤ /ㅛ/

/ㅛ/는 전설-원순-고모음 /ㅟ/와 후설-원순-중모음 /ㅗ/를 연이어 발음하되 모음 /ㅟ/는 매우 짧게 발음한다. 태국어에는 /ㅟ/에 해당하는 발음이 없음으로 두 단계의 과정을 거쳐야 /ㅛ/의 발음을 유도할 수 있는데, 첫 번째 과정은 ㅏ-ᆢ · ㅏ-(/ㅔ/)를 조음할 때의 혀 위치를 유지한 채 입술을 둥글이고 조음하게 유도한 후 ㅏ-ᆢ · ㅏ-(/ㅗ/)를 짧게 발음하게 한다. 둘째로 앞서 발음된 /ㅔ/ - /ㅗ/를 반복하여 연습한 후 그와 같은 혀의 위치와 동근 입모양으로 /ㅛ/를 발음하게 하는 것이다.

/ㅛ/ 연습: 교, 쇼, 요, 쿄, 효

⑥ /ㅠ/

/ㅠ/는 모음 /ㅟ/와 후설-원순-고모음인 /ㅜ/를 연이어 발음하되 모음 /ㅟ/는 매음 짧게 발음한다. 앞서 태국어에는 /ㅟ/에 해당하는 발음이 없음으로 두 단계의 과정을 거쳐야 /ㅠ/의 발음을 유도할 수 있는데, 첫 번째 과정은 ㅏ-ᆢ · ㅏ-(/ㅔ/)를 조음할 때의 혀 위치를 유지한 채 입술을 둥글이고 조음하게 유도한 후 ᆩ · ᆩ(/ㅜ/)를 길게 발음하게 한다. 둘째로 앞서 발음된 /ㅔ/ - /ㅜ/를 반복하여 연습한 후 그와 같은 혀의 위치와 동근 입모양으로 /ㅠ/를 발음하게 하는 것이다.

/ㅠ/ 연습: 규, 뉴, 슈, 쥬, 휴

⑦ /ㅐ/

/ㅐ/는 모음 ᅳ·ᅳ(/ㅣ/)와 전설-평순-저모음 ᅢ-ᵈ·ᅢ-(/ㅐ/)를 연이어 발음하되 /ㅣ/를 매우 짧게 발음하도록 유도한다.

/ㅐ/ 연습: 걔, 섀, 얘, 걔, 해

⑧ /ㅖ/

/ㅖ/는 모음 ᅳ·ᅳ(/ㅣ/)와 ᅦ-ᵈ·ᅦ-(/ㅔ/)를 연이어 발음하되 /ㅣ/는 매우 짧게 발음하도록 유도한다. 다소 /ㅐ/와 /ㅖ/의 차이를 못 느낄 수 있으나, 중모음과 저모음 혀의 위치를 차이점을 제시해주고 /ㅖ/로 발음을 유도한다.

/ㅖ/ 연습: 계, 셰, 예, 톄, 혜

⑨ /ㅘ/

/ㅘ/는 모음 ᅮ·ᅮ(/ㅜ/)와 ᅡ-ᵈ·ᅡ-ᵍ(/ㅏ/)를 연이어 발음하되 /ㅜ/는 매우 짧게 발음하도록 유도한다.

/ㅘ/ 연습: 과, 솨, 와, 좌, 화

⑩ /ㅙ/

/ㅙ/는 모음 ᅮ·ᅮ(/ㅜ/)와 ᅢ-ᵈ·ᅢ-(/ㅐ/)를 연이어 발음하되 /ㅜ/를 매우 짧게 발음하도록 유도한다.

/ㅙ/ 연습: 괘, 돼, 뢔, 쇄, 홰

⑪ /ㅝ/

/ㅝ/는 모음 ㅜ · ㅜ(/ㅜ/)와 ㅓㅡㄴ · ㅡㅓ(/ㅓ/)를 연이어 발음하되 모음 /ㅜ/를 매우 짧게 발음하도록 유도한다.

　　/ㅝ/ 연습: 궈, 숴, 워, 훠

⑫ /ㅞ/

/ㅞ/는 모음 ㅜ · ㅜ(/ㅜ/)와 ㅓㅡ · ㅓㅡ(/ㅔ/)를 연이어 발음하되 /ㅜ/를 짧게 발음하도록 유도한다.

　　/ㅞ/ 연습: 궤, 눼, 뤠, 쉐, 훼

⑬ /ㅢ/

/ㅢ/는 후설-평순-고모음인 ㅡ, ㅡ(/ㅡ/)와 ㅣ, ㅣ(/ㅣ/)를 연이어 발음하되 /ㅡ/는 매우 짧게 발음하도록 유도한다.

　　/ㅢ/ 연습: 긔, 싀, 즤, 킈, 희

3.2. 자음의 발음

자음은 태국어에서 발음되는 자음이 비교적 다양하기 때문에 큰 무리 없어 보이지만 한국어 /ㄱ/, /ㅈ/, /ㅅ/에 가까운 발음이 없음을 알 수 있다. 종자음에서는 한국어 /ㄹ/로 발음될만한 것이 없다.

① /ㄱ/

/ㄱ/은 같은 파열음-연구개에 속하는 ก(/ㄲ/)나 ค·ฅ·ฆ(/ㅋ/)를 사용하여 /ㄱ/의 발음이 다름을 확인 시켜주고 발음을 할 수 있도록 유도

한다. 이때에는 자음 혼자서 발음되지 못함으로 모음과 함께 글자로 제시해 주고, 모음 순서대로 대응하여 제시하는 것보다, /ㄱ/ – /ㄲ/ – /ㅋ/의 차이점을 비교하여 발음할 수 있도록 하는 것이 더 효율적이다.

/ㄱ/ 연습: 가, 까, 카, 거, 꺼, 커

② /ㅈ/

/ㅈ/은 같은 파찰음-경구개에 속하는 ㄱ(/ㅉ/)나 ㅇ·ㅁ·ㅇ(/ㅊ/)를 사용하여 /ㅈ/의 발음이 다름을 확인 시켜주고 발음을 할 수 있도록 유도한다. 위와 마찬가지로 자음 /ㅈ/ 혼자서 발음되지 못함으로 모음과 함께 글자로 제시해 주고, /ㅈ/ – /ㅉ/ – /ㅊ/의 차이점을 비교하여 발음할 수 있도록 하는 것이 더 효율적이다.

/ㅈ/ 연습: 자, 짜, 차, 저, 쩌, 처

③ /ㅅ/

/ㅅ/은 마찰음-치조에 속하는 ㅇ·ㅁ·ㅇ·ㅂ(/ㅆ/)를 사용하여 /ㅅ/ – /ㅆ/의 차이점을 비교하여 발음할 수 있도록 유도한다.

/ㅅ/ 연습: 사, 싸, 서, 써

④ 종자음 /ㄹ/

종자음 /ㄹ/은 초자음 ㅇ,ㅆ(/ㄹ/)처럼 혹은 /l/이나/r/과 같은 발음이라는 것을 인지 시켜주고 실제발음에 있어서는 '-을, -를' 등 받침으로 사용되는 글자를 발음할 수 있도록 유도한다.

4 정리

　태국어와 한국어의 음운을 비교하여 각각 대응되는 발음을 제외하고 태국어에서 한국어로 발음 되지 않는 모음 'ㅟ, ㅚ, ㅑ, ㅕ, ㅛ, ㅠ, ㅒ, ㅖ, ㅘ, ㅙ, ㅝ, ㅞ, ㅢ'의 13개, 자음 'ㄱ, ㅈ, ㅅ'의 3개, 종자음 'ㄹ' 1개를 찾아내어 각각의 음운들이 태국어 음운과 비슷한 발음이 나는 음운을 찾아 발음연습을 할 수 있도록 제시했다.

　태국인 한국어 학습자들은 모국어의 영향을 받아 발음하려는 현상을 생각할 때에 태국어와 한국어 사이 비슷한 발음이 나는 음운을 제시했다고 해서 완벽하게 한국어 모국어 학습자와는 같을 수 없다. 그러나 태국인 한국어 학습자들에게 자신들의 모국어 음운과 비교 대조를 통한 발음 교육을 한다면 한국어 발음에 있어 그 이해정도가 빠를 것이라 확신한다.

　과제로 남는 것은 태국어 성조에 관한 음운론적 실험 연구에 대한 설명이 제시되지 못했고 따라서 태국인 한국어 학습자를 위한 태국어 성조에 관한 연구를 후약으로 남긴다.

참고문헌

김홍구·안종량·황규희(2001), 기초 태국어, 부산외대출판부.

김홍구 외 공편(2005), 종합 태국어, 삼지사.

노대규(2007), 외국어로서의 한국어 교육, 푸른사상.

박영순(2006), 외국어로서 한국어 교육론, 도서출판 월인.

시무앙 케와린(2005), "태국 한국어 학습자를 위한 한국어 말하기 교육
            연구", 경희대대학원 석사논문.

이철재(2007), "한국어와 태국어의 음운 현상 대조 연구", 한국외대대
            학원 석사논문.

이호영(1986), 국어음성학, 태학사.

차상호(1977), 타이어 講讀, 영동문화사.

차상호(2006), 기초 태국어, 삼지사.

한재영·박지영·현윤호·권순희·박기영·이선웅(2005), 한국어 교수
            법, 태학사.

허재영(2007), 한국어교육의 이해와 탐색, 보고사.

중국인 학습자를 위한
한국어 종성 발음교육 연구

 1 한국어 종성 발음교육의 필요성

발음은 언어권마다 그리고 개인마다의 차이가 많이 나타난다. 외국어 발음을 학습할 때 모국어의 영향을 무시할 수 없다. 중국인 학습자들이 한국어 발음을 학습할 때 모국어와 한국어 간의 언어 차이 때문에 큰 장애를 겪게 된다. 특히 한국어와 중국어의 음운 체계와 음절 구조 차이로 인하여 중국인 학습자들이 한국어 종성 발음에 대하여 어려움을 많이 겪게 된다. 실제 의사소통을 저해하는 정도의 발음 오류의 원인 중 중요한 것도 종성이다. 중국인 학습자들이 한국어 종성을 발음할 때 오류를 범하는 가장 큰 원인은 한국어와 중국어 음절 구조의 근본적 차이 때문이라고 할 수 있다. 따라서 본고는 중국인 학습자들에게 한국어 종성 발음을 교육할 때 모국어에 대한 이해를 통해 한국어의 음절 구조와 대조하여 좀 더 효과적인 교수 방법을 모색하는 데 목적을 둔다.

2 한국어와 중국어의 음절 대조 분석

중국어와 한국어의 자음과 모음 체계도 많은 차이가 보이지만 그 보다 음절 구조의 차이가 훨씬 많이 나타난다. 중국어권 학습자들에게 한국어 종성 발음 교육 방안을 모색하기 위해서 우선 음절 구조에 따른 종성 발음의 차이를 알아볼 필요가 있다.

음절이란 명음도가 높은 음절주음이 되는 모음을 중심으로 단락을 이룬 최소의 음성연쇄로서 언어의 심리적 실제인 인식단위이다. 유의미적 발화를 위한 최소한의 요건은 말소리이다. 말소리는 모음, 자음과 같은 분절음의 결합으로 이루어지며 이 결합의 최소 단위를 음절이라 한다. 음절이 구성되기 위해서는 분절음이 일정한 규칙에 의해 배열되어야 하는데, 이를 음절구조 제약이라 한다. 음절구조 제약은 음소 층위에서 보이는 분절음의 소리값이 음절 층위에서 달라지는 중요한 원인이 되며 언어마다 차이가 있다. 따라서 음절의 구조에 대한 이해가 없이는 해당 언어의 정확한 발음을 이해하기 어렵다. 이 장에서는 한국어의 음절 구조와 중국어의 음절 구조를 각각 제시하면서 두 언어의 음절 구조 차이를 분석하고자 한다.

2.1 한국어와 중국어의 음절 구성 성분의 대조

자음과 모음이 결합하여 더 큰 단위를 이루는데, 자음과 모음이 결합하여 한번에 낼 수 있는 소리의 마디를 음절이라고 한다. 음소는 음절 내부의 위치에 따라 초성, 중성, 종성으로 불린다. 초성, 종성은 자음이고, 중성은 모음이다. 중성은 음절핵 또는 성절음이라 하는데, 이는 중성이 음절을 형성하는 데 있어 필수적인 기능을 하기 때문이다. 초성은 음절 두음, 종성은 음절 말음이라고도 한다. 한국어와 중국어의 음절 대조 분석을 하려면 우선 음절을 구성하는 성분을 살펴보아야 한다.

2.1.1 자음 성분의 대조

(1) 한국어의 자음

한국어의 음절두음과 음절말음은 자음에 의해 구성된다. 이러한 한국어의 자음 음소의 수는 19개이다. 한국어의 자음들을 조음방법과 조음위치에 따라 분류하면 다음 <표 1>과 같다

<표 1> 한국어의 자음 체계표

조음방법 \ 조음위치			양순음	치조음	경구개음	연구개음	후음
무성음	파열음	평음	ㅂ [p]	ㄷ[t]		ㄱ[k]	
		경음	ㅃ [p′]	ㄸ[t′]		ㄲ[k′]	
		격음	ㅍ [ph]	ㅌ[th]		ㅋ[kh]	
	파찰음	평음			ㅈ[ʧ]		
		경음			ㅉ[ʧ′]		
		격음			ㅊ[ʧh]		
	마찰음	평음		ㅅ[s]			ㅎ[h]
		경음		ㅆ[s′]			
유성음	비음		ㅁ[m]	ㄴ[n]		ㅇ[ŋ]	
	유음			ㄹ[l]			

(2) 중국어의 자음

중국어의 자음은 보통 21개로 보고 있다. 그 이외는 /y/와 /w/도 있는데 반운모 혹은 반성모로 보고 있다. 이들을 조음위치와 조음방법에 따라 분류하면 다음 <표 2>와 같다.

<표 2> 중국어의 자음표

조음방법 \\ 조음위치			양순음	순치음	설첨전음	설첨중음	설첨후음	설면음	설근음
무성음	파열음	무기음	b[p]			d[t]			g[k]
		유기음	p[ph]			t[th]			k[kh]
	파찰음	무기음			z[ts]		zh[ts]	j[tɕ]	
		유기음			c[tsh]		ch[tʂh]	q[tɕh]	
무성음	마찰음			f[f]	s[s]		sh[ʂ]	x[ɕ]	h[x]
							r[ʐ]		
유성음	비음		m[m]			n[n]			
유성음	유음					l[l]			

위의 표를 보면 'ㅂ, ㄷ, ㄱ, ㅈ, ㅅ'은 한국어에만 있는 자음이다. 이 자음들이 다 평음이다. 이와 대응하는 중국어의 자음이 없기 때문에 중국인 학습자들이 이를 발음할 때 오류를 범할 것이라는 예측이 된다. 본고는 종성 발음 연구를 목적으로 하기 때문에 자음 음소에 관한 구체적인 대조 분석을 더 이상 하지 않겠다.

2.1.2 모음 성분의 대조

1) 한국어의 모음

한국어의 음절핵 구조는 단모음과 이중모음 두 가지가 있다. 이중모음은 반모음과 단순모음의 결합이다. 단모음이 8개 있고 이중 모음은 13개 있다. 한국어의 단모음 음소는 <표 3>, 이중모음은 <표 4>와 같다.

<표 3> 한국어의 단모음

혀의 전후, 위치 입술모양 혀의 높이	전설모음		후설모음	
	평순	원순	평순	원순
고모음	ㅣ [i]		ㅡ[ɯ]	ㅜ[u]
중모음	ㅔ [e]		ㅓ[ʌ]	ㅗ[o]
저모음	ㅐ [ɛ]		ㅏ [a]	

<표 4> 한국어의 이중모음

j -계 이중모음	ㅑ [ja], ㅕ[jə], ㅛ[jo], ㅠ[ju], ㅖ[je], ㅒ[jɛ]
w-계 이중모음	ㅘ[wa], ㅝ[wʌ], ㅞ[we], ㅟ[wi], ㅙ[wɛ], ㅚ[we]
ɯ-계 이중모음	ㅢ[wj]

2) 중국어의 모음 (운모)

중국어 음절의 운모(모음)는 다시 운두, 운복, 운미로 나뉜다. 어두 자음 뒤에 이어지는 부분은 운두이고, 운복은 중심 모음이고, 운미는 중심 모음 뒤에 오는 모음(이중 모음의 뒷부분)이거나 자음 'n', 혹은 'ng'이다. 운모의 분류는 단모음, 복운모, 비운모의 3가지가 있다. 중국어의 단모음 음소표는 아래 <표 5>와 같고, 복운모와 비운모표는 아래 <표 6>과 같다.

<표 5> 중국어의 단모음 음소표

입술 모양 / 혀의 앞뒤 혀의 높이	전설모음		후설모음	
	평순	원순	평순	원순
고모음	i[i]	ü[y]		u[u]
중모음			e[ɣ]	o[o]
저모음			a[a]	

<표 6> 중국어의 복운모와 비운모표

복운모	이중모음	ai[ai], ei[ej], ao[aw], ou[əu], ia[ja], ie[jɛ], ua[wa], uo [wo], üe[ɥɛ]
	삼중모음	iao[jaw], iou[jəu], uai[wai], uei[wei]
비음운모	전설비음운모	an[an], ian[jɛn], uan[wan], üan[yan], en[ən], in[jn], uen[wən], ün[yn]
	후설비음운모	ang[aŋ], iang[jaŋ], uang[waŋ], ong[uŋ], eng[əŋ], ing[iŋ], ueng[wəŋ], iong[juŋ]

위의 한국어와 중국어의 모음표를 대조해 보면 'ㅔ, ㅐ, ㅡ, ㅓ, ㅛ,ㅠ, ㅒ, ㅙ, ㅢ'는 한국어에만 있는 모음이다. 중국어에 대응하는 모음이 없기 때문에 중국인 학습자들이 이 발음을 할 때 오류를 범할 것이라고 예측할 수 있다.

2.2 한국어와 중국어의 음절 구조 유형 대조

2.2.1 한국어의 음절 구조 유형

하나의 음절은 하나 또는 그 이상의 음소로 이루어지며, 성음절을 중심으로 앞이나 뒤에 비성음절음이 배열된다. 특히 한국어에서 성절

음은 모음뿐이고 자음은 성절분절음으로 사용되는 경우가 없다. 자음
과 반모음은 항상 비성음절음이다.

이철수(1994)에 따르면 한국어의 음절은 한 모음으로 이루어진 것
(V), 그 모음 앞에 한 자음을 가진 것(CV), 모음 뒤에 한 자음을 가진
것(VC), 그 앞뒤에 자음을 가진 것(CVC) 등이 있다. 이 기본 형식을
풀어서 전개하여 한국어에서 발음 가능한 모든 음절 구조는 다음과 같
다. 's'는 반모음을 대표한다.

(1) V   아, 어, 오
(2) sV   야, 여, 요
(3) VC   앞, 얼, 웃
(4) sVC   약, 왕, 열
(5) CV   다, 소, 너
(6) CsV   겨, 과, 돼
(7) CVC   집, 감, 돛
(8) CsVC   별, 광, 됐
(9) Vs   의

2.2.2 중국어의 음절 구조 유형

중국어의 음절 구조는 '성모'와 '운모'로 이루어지고, 그 이외에는 초
분절 음소인 '성조'도 있는데 여기서 '성조' 부분을 다루지 않겠다. 성모
가 운모 앞에 오고 운모와 결합한다. 운모의 구조는 단모음, 복운모, 비
음운모의 세 가지가 있다. 복운모는 이중모음과 삼중모음으로 나눌 수
있으며, 비음운모는 운모의 말음 자리에 n/[n]이나 ng[ŋ]이 오는 운모
를 가리킨다. 다시 말하면 중국어 음절 구조의 기본 형식은 (C)(V)V(V/C[1])

---

1) 여기서 'C' 는 자음 'n'와 'ŋ'만을 이룬다.

이다. 이를 풀어서 전개하여 중국어의 모두 가능한 음절 구조를 정리
하면 다음과 같다.

(1) V	[e]	饿	(고프다)
(2) CV	[ma]	妈	(어머니)
(3) sV	[ya]	牙	(이)
(4) CsV	[duo]	夺	(빼앗다)
(5) VC	[an]	安	(편안하다)
(6) CVC	[lang]	狼	(늑대)
(7) sVC	[yan]	烟	(연기)
(8) CsVC	[huan]	换	(바꾸다)
(9) VV	[ai]	爱	(사랑하다)
(10) CVV	[lai]	来	(오다)
(11) sVV	[yao]	要	(원하다)
(12) CsVV	[huai]	怀	(품다)

위의 제시한 내용을 보면 중국어의 음절을 구성하는 음소는 최대 네
가지가 있을 수 있는데, 자음은 꼭 필요한 음소가 아니다. 다시 말해,
음절이란 자음 없이도 모음만 있으면 이루어질 수 있다. 자음은 단독
으로 음절을 구성할 수 없고 반드시 모음과 결합해야만 음절을 이룰
수 있다. 또한 중국어에서 소위 '말음'은 운미 자리에 오는 비음 [n]와
[ng] 2가지 밖에 없다.

2.2.3 한국어와 중국어의 음절 구조의 차이

한국어와 중국어의 음절 유형을 대조하면 다음 <표 7>과 같다.

<표 7> 한·중 음절 유형의 대조표

음절 구조 유형	한국어 음절 유형	중국어 음절 유형
V	예)아: ㅏ	예)鵝: e
CV	무: ㅁ+ㅜ	媽: m+a
sV	야: ㅣ+ㅏ	牙: y+a
Csv	규: ㄱ+ㅣ+ㅜ	奪: d+u+o
VC	앞: ㅏ+ㅍ	按: a+n
CVC	집: ㅈ+ㅣ+ㅂ	狼: l+a+ng
sVC	약: ㅣ+ㅏ+ㄱ	烟: y+a+n
CsVC	별: ㅂ+ㅣ+ㅓ+ㄹ	还: h+u+a+n
Vs	의: ㅡ+ㅣ	
VV		矮: a+i
CVV		来: l+a+i
sVV		要: y+a+o
CsVV		怀: h+u+a+i

위의 대조 표를 보면 중국어의 음절에만 있는 유형은 VV형, CVV
형, sVV형, CsVV형이다. 한국어의 음절에만 있는 유형은 Vs형이다.
중국어의 음절 유형의 종류만 보면 한국어보다 훨씬 많고 다양하지만
여기서 두드러진 차이는 음절말의 구조에서 나타난다. 음절말을 구성
하고 있는 자음의 차이 때문이다. 중국어에서 음절의 말음에 올 수 있
는 자음은 오직 n/[n]과 ng/[ŋ]뿐이라는 것이다. 그리고 n/[n]과 ng/[ŋ]
는 이 때 자음으로 인정하지 않고 앞에 모음과 같이 비음운모로 본다.
한국어의 음절 구조는 최대로 초성, 중성, 종성으로 3분되는데 그 중에
종성은 초성이 다시 사용된 것이다. 중국어의 음절 구조는 보통 성모
와 운모로 2분되고 운모는 단모음, 복합운모, 비음운모로 나눌 수 있
다. 비음운모의 말음 자리에 n/[n]과 ng/[ŋ]이라는 자음이 온다.

2.3. 한국어와 중국어 음절 구조 제약의 대조

개별 언어들은, 그들이 가지고 있는 음절의 유형에 있어서 많은 차이가 있다. 그 차이 가운데 어떤 것은 음절두음과 음절말음에 주어지는 그 언어 특유의 제약을 가지고 있다.

2.3.1 한중 음절 두음의 제약 대조

언어들은 또한 그들이 허용하는 음절두음의 유형에 있어서도 역시 차이가 있다. 한국어에서 허용되는 음절두음의 제약은, 우선 음절두음이 없이 모음으로 시작되는 음절이 있다(예: 입, 옷, 앞). 그리고 음절두음이 있을 경우에는 반드시 한 자음으로 시작된다(예: 강, 손,초). 이런 면에서 보면 중국어와 똑같다. 한국어의 음절두음을 이루는 자음은 18자음이다(예: ㄱ, ㄷ, ㅂ, ㅅ, ㅊ, ㅁ, ㄴ, ㄹ, ㅎ, ㅋ, ㅌ, ㅍ, ㅈ, ㅆ, ㅉ, ㄲ, ㄸ, ㅃ, 등). 한국어에서는 어두 음절 두음으로 /ㄹ/ 제약이 있다. 한국어 음절의 초성 경우 일부 외래어 어휘들만 /ㄹ/을 첫소리로 사용한다. 또한 현대 국어에서 어두 음절두음으로 [ㅇ]이 올 수 없다. 중국어에서 음절 두음을 이루는 자음은 21자음이다. /r/, /l/은 제약이 없다.

2.3.2 한중 음절 말음의 제약 대조

하와이어와 같은 언어는 오직 개음절로만 이루어진다고 한다.그러므로, 하와이말에서 각 음절은 모두 모음으로 끝난다. 중국어의 음절도 거의 모음으로 끝나는 개음절이다. 그러나 한국어를 비롯한 많은 언어들이 개음절과 폐음절을 겸하여 가지고 있다. 음절말음을 가지고 있는 경우도 1개의 자음으로 된 음절말음이 있고, 2-3개, 심지어는 영어 단어 sixths와 같이 4개의 자음군으로 이루어진 음절말음도 있다.*

한국어에서 허용되는 음절말음의 유형은, 모음으로 끝나는 개음절과 자음으로 끝나는 폐음절을 겸해 가지고 있고, 현대 한국어에서 음절말음에 올 수 있는 자음은 /ㄱ, ㄴ, ㄷ, ㄹ, ㅁ, ㅂ, ㅇ/ 등 7자음뿐이다.

종성에서 7개의 자음만 허용된다는 것은 종성 위치에 있는 파열음, 마찰음, 파찰음 등의 모든 장애음이 미파음(未破音)으로 발음된다는 것을 의미한다. 파열음의 경우 초성에서는 '폐쇄-지속-개방'의 3단계로 발음되지만, 종성에서는 마지막 단계인 '개방'이 생략된다. 따라서 '밥'은 [pap]가 아닌 [pap^]으로 발음되고 '닫'은 [tat^]으로 발음되며, '각'은 [kak^]으로 발음된다.

중국어의 음절말음의 제약은 비교적 많다. 즉 중국어의 음절말에는 모음이나 자음 n/[n]과 ng/[ŋ]만 허용된다는 것이다. 중국어는 음절 구조에 있어서 종성이 매우 제한적일 뿐만 아니라 종성에서 폐쇄음이 허용되지 않기 때문에 한국어 종성의 미파음화를 습득하기는 중국인 학습자에게는 당연히 난관을 형성하게 된다.

2.4. 음절 구조 차이에 따른 종성 발음 오류 현상

한국어의 음절 구조는 초성, 중성, 종성의 세 부분으로 나누어져 있는 반면 중국어는 성모와 운모 두 부분으로 나누어져 하나의 음절로 구성되어 있기 때문에 음절을 인식하는 방법이 다르다. 한국어의 받침으로 오는 자음들은 뒤에 모음이 없으면 내파가 된다. 또한 중국어의 경우는 자음으로 끝나는 음절이 거의 없기 때문에 특히 폐쇄 자음인 /

* 이철수(1994 : 70) 참조.

ㄱ, ㄷ, ㅂ/의 발음에 어려움이 따른다.

한국어에서는 종성에 음성적으로 무성폐쇄음과 비음, 그리고 설측음이 허용되고, 그 중에서 무성폐쇄음은 항상 미방출로 소리된다. 그러나 중국어에서는 운미에 비음 [n]과 [ŋ]만 허용된다. 따라서 중국인 학습자들은 한국어 종성을 발음하는 데 있어 첫째는 폐쇄음 종성을 탈락시켜서 발음하는 오류를 범하고, 또한 겹받침은 그 중의 하나를 임의로 선택하여 발음하려는 경향이 있다. 둘째는 유음인 경우에 중국어의 특정한 음운 변동인 얼(儿)화음의 영향을 받아서 /ㄹ/받침을 어색하게 발음한다. 중국어의 음절 구조를 보면 종성의 자리에 비음이 오는 발음이 있기 때문에 상대적으로 비음으로 끝나는 한국어 음절을 발음할 때 문제는 거의 없다. 반면에 비음으로 끝나는 음절을 제외하고는 모두 모음으로 끝나기에 이에 영향을 받는 중국인 학습자들은 종성 발음을 많이 어려워하는 경향이 있다.

3 중국인 학습자를 위한 한국어 종성 발음교육 방안

3.1. 교육 내용과 순서

중국인 한국어 학습자들에게 종성을 가르칠 때 아래와 같은 방법으로 하면 효과적일 것이다.

첫째, 우선 중국인 학습자들에게 한국어에서 종성(받침)이 존재한다는 사실을 소개해 주어야 한다. 우선 쉬운 음절을 제시하여 설명하는 것이 바람직하다. 예를 들어, '밥', '학'과 같은 '받침'이 있는 음절을 보여 주고 발음 연습도 같이 시킨다. 중국어 음절구조상 운미 위치에서 자음이 [n, ng]만 따라올 수 있기 때문에 중국인 학습자들이 '받침'이라는 개념과 발음 방식에 대해서 생소할 것이다. 그리하여 '받침'을 읽는 법을 미리 설명해 주어야 한다. 한국어의 음절초 나타나는 자음의 발음 위치와 받침으로 나타나는 발음 위치가 같지만, 후자는 발음기관을 닫음으로써 이루어지는 소리임을 잘 알고 있어야 한다. 음절말 위치에서 장애음의 발음에 대해 가장 중요한 것은 불파에 관한 것이고 구체적 방법을 가르칠 필요가 있다. 한국어의 폐쇄음은 초성에서 '폐쇄(입술 닫기)-지속(닫음의 유지)-개방(입술 열기)'의 3단계로 발음되지만, 종성에는 '개방'의 단계가 생략된다. 예를 들면 '입'을 발음할 때 초성에 나타나는 'ㅂ'과 달리 받침에 오는 'ㅂ'은 입 안의 공기를 터뜨리지 않고 양 입술을 다문 상태를 유지하도록 가르쳐야 한다. 'ㄱ'과 'ㄷ' 받침도 '익', '읻'과 같은 단어를 사용하여 올바른 받침 발음을 익히게 해야 한다.

둘째, 중화 규칙에 대한 교육이 필요하다.

한국어의 음절말음 제약, 즉 7종성이라는 기본 원칙을 중국인학습자들에게 가르쳐야 한다. 현대 한국어에서 음절말음에 올 수 있는 자음은 [k, n, t, l, m, p, ŋ] 만이다. 즉 한국어에서는 연음되지 않는 음절 발음에서 /ㅋ, ㄲ/는 [ㄱ]로, /ㅍ, ㅃ/는 [ㅂ]로, /ㅌ, ㄸ, ㅅ, ㅆ, ㅈ, ㅊ, ㅉ, ㅎ/는 [ㄷ]로 발음되는 것이다. 이것을 미리 체계적으로 분명하게 알려 주면 중국인 학습자들이 쉽게 이해할 수 있을 것이다.

셋째, 겹받침 단순화 교육이 필요하다.

'겹받침'의 형식과 발음 규칙을 설명해 주어야 한다. 겹받침 발음을 교육에서 가장 중요한 것은 음절말이나 자음 앞에서는 두 자음 중 하나만 발음한다는 사실을 인식시키는 것이다. 겹받침의 단순화 현상을 이해하지 못하는 중국인 학습자들은 두 자음 모두를 발음하려 하거나 둘 중에 하나를 임의로 택해서 읽으려는 경향도 있다. 그래서 겹받침 경우에 두 자음중에 어떤 것을 읽어야 하는 일반적인 원칙을 미리 가르쳐 주고 예를 제시하면서 보여 주어야 한다.

넷째, 음운변동 규칙 교육이 필요하다.

받침과 겹받침을 읽는 방법을 교육시킨 다음에 받침에 관한 동화 현상, 자음축약, 자음첨가, 탈락 등 현상들을 차례로 제시해 주고 설명해 준다.

1) 자음 동화

받침과 관련 되어 있는 동화유형을 요약하면 다음과 같다.(이철수 1994)

분류기준	동화의 종류	예
(1)동화	자음간의 동화(자음동화): 비음동화 설측음화	먹는>멍는 천리>철리
	자음.모음간의 동화: 구개음화	굳이>구지 붙이다>부치다
	모음간 자음의 동화: 間隙동화	덥(다)+어>더워 걷(다)+어>걸어
(2)동화의 정도에 따라	완전동화	칼날>칼랄 잡말>잠말
	부분동화	국민>궁민 잡놈>잠놈
(3)동화의 방향에 따라	진행(순행)동화	종로>종노 칼날>칼랄
	후행(역행)동화	닫는>다는 먹물>멍물
	상호동화	백리>뱅니 각론>강논
(4)동화의 위치에 따라	인접동화	먹는>멍는 감리>감니

2) 유기음화(자음축약에 관한 구체적인 내용.)

선행 형태소의 끝소리가 /ㄱ, ㄷ, ㅂ/이고 연접하는 후행형태소의 첫소리가 /ㅎ/일 때와, 선행형태소의 끝소리가 /ㅎ/이고 연접하는 뒤 형태소의 첫소리가 /ㄱ, ㄷ, ㅂ, ㅈ/일 때, 두 소리가 하나로 축약되는 예들이다.

예 : 막히다 - 마키다
　　좋고　 - 조코
　　닫히다 - 다티다(다치다)
　　놓다　 - 노타
　　좁히다 - 조피다
　　넣지　 - 너치

3) 격음화

(1) 선행형태소의 음절말음이 /ㄱ, ㄷ, ㅂ/이고 후행형태소의 음절두음이 무성저지음 /ㄱ, ㄷ, ㅂ, ㅅ, ㅈ/이면 강화소 /q/가 첨가되어 음절두음이 된소리로 변이된다.

예 : /ㄱ/-/ㄲ/　먹고 - 먹꼬　　　/ㅅ/-/ㅆ/　밥술 - 밥쑬
　　　　　　　옷감 - 옫깜　　　　　　　속셈 - 속쎔
　　/ㄷ/-/ㄸ/　막다 - 막따　　　/ㅈ/-/ㅉ/　밑줄 - 믿쭐
　　　　　　　집들 - 집뜰　　　　　　　옷장 - 옫짱
　　/ㅂ/-/ㅃ/　책보 - 책뽀

(2) 선행형태소의 말음이 공명자음 /ㄴ, ㄹ, ㅁ, ㅇ/이고 후행형태소의 음절두음이 무성저지음 /ㄱ, ㄷ, ㅂ, ㅅ, ㅈ/일 때, /q/가 첨가되어 후행 음절두음이 /ㄲ, ㄸ, ㅃ, ㅆ, ㅉ/과 같이 된소리로 강화된다.

예: /ㄱ/-/ㄲ/ 남고 – 남꼬   /ㅂ/-/ㅃ/ 산불 – 산뿔
              산길 – 산낄   산보 – 산뽀
              공것 – 공껃   /ㅅ/-/ㅆ/ 물속 – 물쏙
/ㄷ/-/ㄸ/ 신다 – 신따   /ㅈ/-/ㅉ/ 들쥐 – 들쮜
              남다 – 남따

4) 탈락

(1) 'ㄹ' 변칙용언의 어기말음 /ㄹ/은 /ㄴ, ㅂ, 오, 시/ 위에서 생략된다.

/ㄹ/--ø 살(다)+는   → 사는
          놀(다)+ㅂ니다 → 놉니다
          갈(다)+오   → 가오
          알(다)+시다   → 아시다

(2) 'ㅅ' 변칙 용언의 어기 음절말음 /ㅅ/는 모음으로 시작되는 후행 형태소 사이에서 생략된다.

/ㅅ/--ø 잇어 → 이어
          붓어 → 부어
          긋으니 → 그으니

(3) 'ㅎ' 변칙 용언의 어기 음절말음 [h]는 대체로 유성음 사이에서 생략된다. 또한 'ㅎ'변칙 용언이 아니어도 어기 음절말음 [h]는 일반적으로 유성음 사이에서 생략된다.

/ㅎ/-ø 하얗다   → 하애, 하얀   많은 → 만은
          노랗다   → 노래, 노랍니다   좋으니 → 조으니
          커다랗다 → 커다라며   넣어 → 너어

3.2. 종성 발음이 교재에 배치된 순서

한국의 각 대학기관에서 출판된 한국어 교재를 보면 발음에 관한 내용들이 대부분 초급에서만 나오고 종성에 관한 내용들도 초급에서 거의 다 끝내는 현황이다. 종성은 한국어의 음절이 구성된 중요한 요소이기 때문에 한국어 발음을 배우는 초급 단계에서 교육시켜야 한다는 것은 당연하다. 하지만 종성은 위에서 제시한 내용의 순서대로 가르쳐야 하며 교재에서 배치된 순서도 체계적으로 정해서 각 부분으로 나누어 분포시켜야 한다. 한거번에 음운변동까지 다 가르치면 학생들이 부담이 커서 습득하기가 어려울 것이라고 본다. 즉 아래와 같은 순서로 종성을 교육시키는 것이 바람직하다고 생각한다.

첫째, 우선 중국인 학습자들에게 한국어에서 종성(받침)이 존재한다는 사실을 소개해 주어야 한다. 그리고 받침을 읽는 방법을 가르친다.
둘째, 중화 규칙을 가르친다.
셋째, 겹받침 단순화 내용을 가르친다.
넷째, 음운변동의 구체적인 내용을 차례로 가르친다.

그리고 위와 같은 내용들을 1권의 맨 앞 부분에서 한번만 제시하고 끝내지 말고 초급부터 중급까지 교재에서 발음 코너를 만들어 수시로 제시하는 것이 훨씬 효과적이라고 본다. 학생들이 수시로 궁금하거나 헷갈린 발음 규칙을 찾아서 확인할 수 있게 해야 하고 중복해서 나온 내용들은 다시 한번 복습하도록 해야 한다.

3.3 한국어 종성 발음 교육 전략

(1) 청취와 인식

중국인 학습자에게 한국어의 종성, 특히 미파음화된 장애음 종성의 발음은 매우 어려운 것이어서, 한국어를 처음 접하는 초급 학습자들은 이 때문에 큰 어려움을 겪는다. 그래서 한국어 수업 현장에서 종성 발음을 교육할 때 무엇보다도 먼저 초성의 소리값과 종성의 소리값을 변별할 수 있도록 청취 능력을 키우는 것이 우선되어야 한다. 또한 중국어에서 사용하는 발음이라도 한국어의 음과 완전히 같지 않기 때문에 그 차이점을 우선 청각적으로 변별하고 인식시켜야 한다.

① 비음 'ㄴ, ㅇ' 과 'ㅁ'

7종성 중에 'ㄴ, ㅇ'는 중국어에서도 비슷한 발음이 존재하기 때문에 중국인 학습자들이 쉽게 습득할 수 있다. 이때 학생들에게 'ㄴ, ㅇ'이 종성인 음절을 제시하여 중국어에서 'n, ng'로 끝내는 음절과 대조하면서 'ㄴ' 과 'ㅇ' 받침 소리를 가르친다.

예: 한국어	중국어	한국어	중국어
앙	ang (肮)	잉	ing (英)
안	an (安)	인	in (音)

이 때 교사가 한국어 발음 '앙'을 계속 읽어주고 학생들을 따라 읽게 한다. 중국어 발음 'ang'을 제시만 하고 따라 읽을 필요가 없다. 학생들을 하여금 'ㄴ, ㅇ' 받침 소리에 익숙해지도록 한 다음에 교사의 발음을 듣고 학습자가 해당 음절을 찾아 보게 한다. 이 것을 통해 청각적 변별

여부를 확인할 수 있다.

'ㅁ'은 중국어에서 끝소리로 나타나지 않다. 하지만 중국어에서도 'ㅁ'소리가 있고 초성에서만 나타난다. 'ㅁ' 교육시킬 때 'ㅁ'으로 끝나는 한국어 음절을 제시하고 따라 읽도록 해야 한다.

예 : 몸, 맘, 맴, 멈...
     감, 임, 옴, 곰...

학생들이 칠판을 보고 따라하게 하며 발음의 차이를 조금씩 이해시킨다. 이때 이해하지 못한 학습자들에게는 계속 반복시키도록 한다. 설명할 때 학습자들의 발음을 확인하면서 두 입술을 다물고 있는 상태를 유지하여야 한다는 점을 직접 입모양으로 보여 주고 따라서 하게 해야 한다.

② 유음 'ㄹ'

'ㄹ' 받침음은 중국어에서도 비슷한 음이 있다. 북방 방언에서 'er'화음(兒化音)이라는 현상이 있다. 즉 중국어에서 음절의 말음 뒤에 'r'를 붙어서 발화하는 현상이다. 이로 인해 중국인 학습자들은 종성 'ㄹ'을 중국어의 얼화음(兒化音)처럼 강하게 발음하게 된다. 얼화음의 영향을 받아 'ㄹ' 받침을 권설음처럼 강하게 발음하는 경우가 많다.

이 때 한국어의 'ㄹ' 받침으로 된 음절과 중국어의 얼화음(兒化音)을 같이 제시하고서 차이점을 알려 주면서 오류를 범하지 않도록 인식 시켜야 한다.

예 : 한국어   중국어
     알   ar (二儿)

일   yir (玩意儿)
말   mar (马儿)

한국어 '알, 일..' 등 발음을 계속 들려 주고 유음 'ㄹ'의 발음 위치도 같이 알려 주면서 중국어 얼화음(兒化音)과 구별시킨다.

③ 폐쇄음 'ㄱ, ㄷ, ㅂ'

폐쇄음인 'ㄱ, ㄷ, ㅂ'는 종성으로 나타날 때 중국인 학습자들에게 제일 어려워 한다. 중국인 학습자들에게 우선 파열음 /ㄱ/, /ㄷ/, /ㅂ/가 초성에서 [k], [t], [p]의 소리값을 갖는다는 것을 인지한 후에 종성의 위치에서 [kˆ], [tˆ], [pˆ]의 소리값을 갖는다는 것을 학습하게 한다. 이 때는 두 소리의 소리값을 청각적으로 변별할 수 있도록 하는 것이 필요하다. 미파음은 중국인 학습자의 모국어에 없는 소리이기 때문에 교사는 반드시 여러 차례 반복적으로 강조해야 한다.

이 때 교사가 칠판에 예를 다양하게 제시해 주고 직접 발화하여 들려 주는 것이 좋다. 초성의 파열음이 종성에서 미파된 것을 정확하게 인지해야 한다. /ㄱ/, /ㄷ/, /ㅂ/을 한꺼번에 제시하지 않는 것이 좋다. 초급의 학습자들은 초성의 /ㄱ/, /ㄷ/, /ㅂ/에 대한 정확한 조음 위치 및 조음 방법에 대한 인지도가 미숙한 단계이기 때문에 이들을 한꺼번에 제시할 경우 3개의 소리값에 혼동을 초래할 수 있다.

예: 가 - 각, 고 - 곡, 개 - 객, 구 - 국...
    바 - 밥, 보 - 봅, 배 - 백, 부 - 북...
    다 - 닫, 도 - 돈, 대 - 댇, 두 - 둗...

차례로 위의 제시한 발음을 반복해서 들려 주고 따라 하게 한다. 발음 위치를 설명해 주면서 들려 주어야 한다. 교사의 발음을 듣고 학습자가 해당 음절을 찾아보게 하고 이를 통해 청각적 변별 여부를 확인할 수 있다.

(2) 연습

청취와 인식 단계가 끝나면 바로 연습 단계로 넘어가야 한다. 연습할 때 학생들이 이미 알고 있는 단어를 제시하여 연습시키는 것이 좋다. 학습자의 입장에서 무의미한 글자 조합하는 것보다는 유의미한 단어들을 제시할 때 학습자들이 훨씬 관심을 가져 집중할 수 있다.

예: 미국, 한국, 중국

(3) 유형에 따라 '예'를 하나씩 지정해서 외우도록 한다.

이 방법은 주로 겹받침과 음운변동 규칙을 가르칠 때 적용하는 방법이다. 연음이 아닌 경우에 겹받침의 두 받침 중에 어느 것을 읽어야 하는 지를 기억하기 쉽지 않기 때문에 한 유형에 한 예를 외우는 것이 좋다. 예를 들어,

구개음화: 같+이 → [가치], 굳+이 → [구지]
겹받침 : 겹받침 'ㄳ', 'ㄵ', 'ㄼ, ㄽ, ㄾ', 'ㅄ'은 어말 또는 자음 앞에서 각
         각 [ㄱ, ㄴ, ㄹ, ㅂ]으로 발음한다. 겹받침 'ㄺ, ㄻ, ㄿ'은 어말
         또는 자음 앞에서 각각 [ㄱ, ㅁ, ㅂ]으로 발음한다. 이 때 자주
         사용하는 대표적인 예를 하나씩 외워두는 것이 좋다.

예: 여덟 → [여덜]
    값   → [갑]

다만, '밟-'은 자음 앞에서 [밥]으로 발음한다.

닭 → [닥]
삶 → [삼]
읊다 → [읍따]

음운변동 규칙과 겹받침 유형은 복잡해서 이해하기가 어렵기 때문에 학생들은 한국어를 발화할 때 가장 많이 오류를 범한다. 따라서 한 유형에 자주 사용하는 예를 하나씩 정해서 외우도록 시키면 같은 유형의 다른 단어를 발음할 때 대체하는 식으로 할 수 있어서 중국인 학습자들이 한국어 겹받침을 배우는 데 효과적일 수 있다.

4 정리

중국인 한국어 학습자로서 한국어 발음을 배우는 과정에서 많이 겪은 어려움이 무엇인지 잘 알고 있다. 물론 발음하는 데 있어 어려운 점이 많았지만 그 중에 종성 발음 교육에 관심을 가지게 되어 그와 관련된 문제점들을 살펴보았다. 중국인 학습자들이 종성 발음을 어려워 하는 이유는 한·중 음절 구조 차이가 매우 크기 때문이다. 따라서 한국어와 중국어의 음절 구조를 대조시켜 구체적인 차이점과 원인을 찾아내도록 하였다. 그 결과에 근거하여 해결하는 교육 방안도 모색하였다.
2장에서 한국어와 중국어의 음절 구성 성분, 음절 구조 유형, 음절 구조 제약에 대해서 살펴보고 대조하였다. 한국어와 중국어는 음절 구성 성분부터 많은 차이점이 보였지만 그 중에 종성 부분에 있어 제일 큰 차이점이 보였다. 한국어에서는 종성이 뚜렷한 발음 특징으로 존재한다는 반면에 중국어에서는 종성이 존재하는지부터 쟁의가 있다. 존재한다 하더라도 결국 종성 발음으로 나타나는 자음이 두 개 밖에 없다는 사실이다.

3장에서는 한국어와 중국어 음절 대조 결과를 근거하여 종성 발음 교육 방안을 모색하였다. 교육 내용의 순서, 교재에 배치된 순서, 구체적인 교육 방법을 간략하게 제시하였다. 아직까지 미흡한 점도 많고 보완할 것이 많다. 중국인 학습자들에게 한국어 종성 발음을 교육 시킬 때 더 효과적이고 바람직한 방안을 모색하려면 더 많은 연구가 필요하다고 생각한다.

참고문헌

김길동(2008), "중국어권 학습자를 위한 한국어 발음 교육 연구", 단국
　　　　　대학교 대학원 박사학위논문.

김지혜(2005), "중국어권 학습자를 위한 한국어 종성 발음 교육 방안",
　　　　　고려대학교 교육대학원 석사학위 논문.

노대규(2007), 외국어로서의 한국어 교육, 푸른사상사.

박해연(2004), "중국어권 학습자를 위한 한국어 발음 교육 연구: 초분별
　　　　　음소 발음을 중심으로", 서울대학교 대학원 석사학위논문.

박덕유(2009), 학교문법론의 이해(개정판), 역락출판사.

北京大学中国语言文学系(2002), "现代汉语", 商务印刷馆.

여학봉(2009) "한중 자음 대조를 통한 중국인 한국어 자음 발음 연구",
　　　　　경희대학교 석사학위논문.

이철수(1994), 한국어음운학, 인하대학교출판부.

張雨君(2009), "중국인 초급 학습자를 위한 한국어 종성 발음 교육 방
　　　　　안 연구", 한국 외국어대학 대학원 석사 학위논문.

허　용(2001), 국어 음운학-우리말의 소리의 오늘·어제, 샘문화사.

허　용 외(2005), 외국어로서의 한국어 교육학 개론, 도서출판 박이정.

제 3 장
한국어 억양교육 연구

제 3 장 한국어 억양교육 연구

한국어 억양교육 방안 연구
　　중국 조선족 한국어 학습자를 대상으로

중국인 한국어 학습자들의 억양 실현 양상 연구
　　문장 억양을 중심으로

한국어 억양교육 방안 연구
– 중국 조선족 한국어 학습자를 대상으로 –

 1 한국어 학습자를 위한 억양교육의 필요성

　한국의 위상이 높아지고 한국어에 대한 관심이 고조되면서 지금까지 외국인을 위한 다양한 발음 교육 방안이 연구되어 왔다. 그러나 발음 교육만 강조되었을 뿐 억양 교육에 대한 연구는 부족한 실정이다.
　어휘를 많이 알고 문법 지식이 뛰어나며 음운변동 규칙을 잘 이해하는 고급 한국어 학습자라 하더라도 완벽한 한국어를 구사할 수 없는 것은 바로 억양에서 비롯된다고 볼 수 있다. 따라서 자연스러운 한국어 발화를 위해서는 억양 교육이 필요하다. 그러나 그동안 한국어 교육에서 억양 교육은 실제적인 교육 내용이나 방법이 제시되지 못하였고 교육 현장에서는 체계적인 억양 교육이 이루어지지 않고 있다. 한국어 교재 또한 한국어의 자음과 모음 그리고 음운변동에 대해서 내용을 다루고 있지만 억양에 대한 내용을 다루고 있는 교재는 거의 없는 실정이다. 즉 의사소통 능력을 중시한다고 하면서도 실제성을 고려한 억양 교육은 간과해 온 셈이다. 이러한 상황에서 학습자들이 자연스러운 억양을 익히기는 매우 어려우며 한국어 학습자들의 오류 중에서 가장 고쳐지기 힘든 것도 억양일 수밖에 없다.

이에 본 연구는 중국 조선족 한국어 학습자를 대상으로 설문조사와 실험을 통하여 억양 교육의 중요성을 더욱 공고히 하고 실제 교육 현장에서 사용할 수 있는 억양 교육 방안을 제시하고자 한다.

2 이론적 배경

2.1. 억양의 정의

억양을 연구하고 교육 방안을 마련하기 위해서는 우선 억양의 정의를 알아볼 필요가 있다. 한국어 음성학 분야에서 억양은 여러 학자들에 의해 정의되었다. 이현복(1976), 이영근(1989), 이호영(1991)은 억양을 '말의 가락'이라 정의하였다. 허웅(1995)은 소리의 높이가 통어적 표현에 이용되는 것을 '월(문장)가락'이라 하였고, 곽동기(1998)는 문장에서의 높낮이 양식을 억양이라고 하였다. 또한 구희산(1998)은 음의 높낮이를 사용하는 방식을 억양이라고 하였으며, 정명숙(1998)은 음높이가 일정한 유형을 나타내면서 만들어 내는 말의 가락이 억양이라고 하였다. 민광준(2004)은 억양은 문장을 단위로 하여 나타나는 음높이의 변화로 정의하였다.

이러한 정의들을 종합해 보면 억양은 말의 가락으로서 공통적으로 소리의 높이와 관련이 있다. 그리고 이 소리의 높이가 문장에서 억양으로 실현되어 발화시 화자의 의도를 표현하는 역할을 하게 되는 것이다.

2.2. 억양의 기능

억양은 단어의 의미를 변화시키지는 않지만 담화 내에서 의미를 변별시키는 기능을 한다. 동일한 형태의 표현이라도 발화시의 억양에 따라 다양하게 화자의 의도를 나타낼 수 있고 그에 따라 그 문장의 표현은 각각 나름의 의미 차이를 갖게 된다. 만일 화자가 억양 오류를 교정하지 못하거나 방치할 경우 억양 오류는 고착화되어 교정이 더욱 어렵게 된다.

언어에서 억양이 수행하고 있는 기능에 대해 구분하는 것은 학자에 따라 차이가 있다. 이현복(1987)과 이영근(1989)은 억양의 기능을 문법적인 기능과 태도의 기능이라고 보았다. 이호영(1996)은 한국어의 억양은 문법적 기능, 화용적인 기능, 감정 및 태도의 전달 기능 등을 수행한다고 하였다. 김선철(1997)은 문법적 기능, 태도적 기능, 화용론적 기능 또는 언표내적[1] 기능을 가지고 있다고 보았다.

본 연구에서는 억양의 기능을 문법적 기능, 화용적 기능으로 구분하여 살펴보겠다.

1) 문법적 기능

억양의 문법적인 기능은 문장 유형[2]에 따른 억양의 차이를 의미한

---

1) Levinson(1983)은 언표내적행위란 한 문장을 발화하면서 이 문장이 갖는 힘으로 진술, 제의, 약속 등을 하는 것이라고 보았고, 황석자(1996)는 언표내적 행위는 청자의 태도에 어떤 변화를 강제적으로 부과시키는 화자의 의도가 깃든 언어행위라고 설명하였다.
2) 박덕유(2005)는 문장의 종결 방식에 따른 문장의 종류에는 평서문, 감탄문, 의

다. 예를 들어 "한국어를 공부해요"라는 문장에서 억양을 내리면 "한국어를 공부해요."로 서술의 의미로 표현되고, 억양을 올리면 "한국어를 공부해요?"로 의문문의 의미로 표현된다. 즉, 문말(文末)억양[3]에 따라 여러 가지 서법을 나타내며 평서문인지 의문문인지 구별된다. 또한 같은 문장을 말할 때에도 억양에 따라 감정을 다양하게 표현할 수 있다. 억양의 문법적 기능은 다음의 예문에 잘 드러나고 있다.

(1) 가시오↘ 下降連接(平叙)[4]
가시오↗ 上昇連接(疑問)[5]

문문, 명령문, 청유문 등이 있다고 하였다. 그 중 평서문은 화자가 청자에게 특별히 요구하는 일 없이, 단순히 자기의 생각이나 정보를 전달하거나 어떤 행동의 실현을 약속하는 문장의 종결 양식이라고 하였다. 감탄문은 화자가 청자를 별로 의식하지 않거나 거의 독백하는 상태에서 정보의 전달보다는 자기의 느낌을 표현하는 문장 종결 양식이라고 하였다. 의문문은 화자가 청자에게 질문하여 그 대답을 요구하는 문장 종결 양식으로 단순한 서술에 머물지 않는다는 점에서 평서문이나 감탄문과 다르고, 어떤 행동을 요구하지 않는다는 점에서 명령문이나 청유문과 다르다고 하였다. 명령문은 화자가 청자에게 무엇을 시키거나 행동을 요구하는 문장 종결 양식으로 행동을 요구한다는 점에서 말로서의 대답을 요구하는 의문문과 다르다고 하였다. 청유문은 화자가 청자에게 함께 행동할 것을 요청하거나 제안하거나 촉구하는 문장 종결 양식이라고 하였다.

3) 이철수(1985)는 억양은 文中에 나타나는 文中抑揚과 文末에서 나타나는 文末抑揚이 있는데, 文中억양은 단어와 구절의 연결에서 실현되고, 文末억양은 文의 종결 또는 文의 연결에서 실현된다고 하였다.

4) 이철수(1985)는 하강연접은 句末音節을 서서히 약하게 하여 침묵으로 끝나는 句末連接이라고 하였다. 국어에서 하강연접으로 끝나는 경우는 (1) 경험을 통하여 아는 단정(斷定)이나, (2) 서술문(敍述文)의 文末抑揚은 대체로 끝부분에서 下降연접이며, (3) 의문문(疑問文)이라도 화자의 의도는 이미 단정(斷定)하는 뜻을 가지고 있으나 예의상 또는 편의상 묻는 형식을 취하는 경우는 下降연접이다. (4) 의문문(疑問文)이라도 '언제, 어디, 누구, 왜' 등에 의문이 놓이면 끝 음조(音調)가 上昇하지 않는다고 하였다.

5) 이철수(1985)는 상승연접은 句末音節을 약간 끄는 것은 하강연접과 같지만,

가시오→   平坦連接(願望)6)

가시오↕   斷絶連接(命令)7)

(2) 가: 뭐 해요?

나: 영화 봐요.

가: 그럼, 같이 봐요. 잠깐만 기다려요.

나: 알았어요.

예문(1)의 평서(平敍)는 하강(下降)으로, 의문(疑問)은 상승(上昇)으로, 원망(願望)은 평탄(平坦)으로, 명령(命令)은 단절(斷絶)로 구분하여 발화된다. 예문(2)의 대화 상황에서도 '-아(어)요'는 평서문, 의문문, 명령문, 청유문으로 모두 사용되고 있음을 확인할 수 있다.

또한 의문문8)의 경우는 의문사를 사용하여 상대방에게 설명을 요구

소리의 음세(音勢)가 지속되다가 갑자기 중단되고 음고(音高)가 예리하게 上昇되는 句末연접이라고 하였다. 국어에서 上昇연접으로 쓰이는 경우는 (1) 추정(推定)을 통하여 아는 의문이나, (2) 의문문(疑問文)에서 질문의 초점이 어디·언제·누구·왜 등에 있지 아니하고 의문을 나타내는 말에 놓이면 끝 음조(音調)가 상승한다고 하였다.

6) 이철수(1985)는 평탄연접은 句末音節을 길게 끌고 음고(音高)를 그대로 지속하는 句末連接이라고 하였다. 국어에서 평탄연접으로 쓰이는 경우는 (1) 화자(話者)의 말이 똑 떨어져 끝나지 아니하고 청자(聽者)의 반응을 기다리거나, 화자의 회의로 행동지속이나 결정이 모호한 경우, (2) 앞의 말을 단정(斷定)하거나 의문을 가지고 말하지 아니하고 다음 행위에 대한 원인을 강조하고 다음 말의 계속을 암시하는 경우, (3) 청자(聽者)로 하여금 그렇게 해주기를 바라는 당부의 표현으로 단정(斷定)도 아니요 추정(推定)이나 의문도 아닌 원망(願望), 바람 등을 나타내는 경우이다. 물론 상대방의 행위를 중단시키거나 강하게 요구하는 명령(命令)이 아니라고 하였다.

7) 이철수(1985)는 단절연접은 句末音節에 강세가 지속되거나 갑자기 상승되면서 중단되는 句末連接으로 명령의 뜻을 나타내며 聽者에게 요구하는 직접적인 명령이나, 話者의 느낌을 표현하여 행위를 중단시키려는 명령의 표현에 사용된다고 하였다.

8) 박덕유(2005)는 의문문의 종류로 판정(判定)의문문(긍정·부정의 답을 요구하

하는 설명(說明)의문문으로 쓰였는지, '예-아니요'의 대답을 요구하는 판정(判定)의문문으로 쓰였는지 억양에 의해 구별된다. 따라서 의문문은 의문사의 여부에 따라 억양에 차이가 있으므로 동일한 상승조의 억양을 구사해서는 안 된다. 예문을 보면 다음과 같다.

> (3) 가 : 어디 가요?
> 　　 나 : 학교에 가요.
> (4) 가 : 어디 가요?
> 　　 나 : 아니, 안 가요.

　이렇게 억양에 의해 여러 가지 서법이 결정되는 것이 바로 문법적 기능이다. 억양에 따라 문장 유형이 달라지므로 억양 교육에 있어 문법적 기능은 비중을 두고 교육해야 한다.

2) 화용적 기능

　억양이 갖는 화용적인 기능은 하나의 문장이 억양에 따라 여러 가지 담화 기능을 수행하는 것으로 양태적인 의미가 드러난다. 즉, 동일한 표현이 화자의 의도와 의미에 따라 억양을 갖게 되는 것이다. 다음의 예문을 통해 화용적인 기능을 살펴보자.

> (5) 가 : 시험 잘 봤어?
> 　　 나 : 아니, 못 봤어. 미리 공부할걸.

....

는 의문문으로 '예, 아니오'와 같은 대답을 요구함), 설명(說明)의문문(의문사를 사용하여 상대방에게 설명을 요구하는 의문문), 반어(反語)의문문(겉으로 나타난 의미와는 반대되는 뜻으로 수사적 효과를 거두기 위한 의문문), 감탄(感歎)의문문(의문문이라기보다는 감탄의 뜻을 더 크게 갖는 의문문), 확인(確認)의문문(명령, 금지, 권고 등의 의미를 띈 의문문)을 들었다.

(6) 가: 영수는 지금 뭐 하고 있을까?
    나: 영수는 미리 공부할걸.

예문(5)에서는 공부를 안한 것에 대해 후회하고 있으며 그 의미를 표현하기 위해 하강조의 억양을 취해야 한다. 예문(6)에서는 영수는 공부를 하고 있을 것이라고 추측하고 있다. 추측의 의미를 표현하기 위해 상승조의 억양을 취해야 한다. 이렇듯 화용적 기능은 억양에 의해서 결정되는 부분이 크기 때문에 억양 교육 시 꼭 필요하다.

이상과 같이 화자가 어떠한 상황에서 어떤 의도로 발화하는가에 따라 억양은 다르게 실현될 수 있으며 의미는 달라진다. 따라서 원만한 의사소통을 위하여 한국어 억양의 다양한 기능을 이해하고 활용할 수 있도록 해야 한다. 즉, 한국어 학습자에게 억양의 문법적인 기능을 가르치기 위해서는 문장 유형별로 가장 일반적인 억양 유형을 택하여 제시하고, 화용적인 기능을 가르치기 위해서는 의미별로 뚜렷하게 구분되는 억양 유형을 택하여 제시하는 것이 효과적일 것이다.

3 설문조사 및 실험

3.1. 연구 대상 및 방법

출입국·외국인정책본부(2010)에 따르면 2010년 말 기준 국내 체류 외국인은 1,261,415명으로 체류외국인을 국적별로 살펴보면 중국이 48.3% (608,881명)로 약 절반을 차지하고 있으며, 이어 미국 10.1%(127,140명),

베트남 8.2%(103,306명), 일본 3.9%(48,905명) 순이다. 중국은 방문취업제, 일본은 관광객, 베트남, 필리핀, 타이 등은 고용허가제 및 국제결혼으로 입국한 외국인 수가 높은 비율을 차지하고 있다. 국적별로 분류하면 다음과 같다.

이 중 중국인 608,881명 중 조선족[9]은 409,079명으로 중국인의 약 70%에 해당한다. 이 가운데 조선족 유학생[10]은 16,882명이다.

중국 조선족 유학생은 어릴 때부터 조선어[11]를 자주 접하며 살아왔기 때문에 일상생활에서 한국어로 의사소통이 가능하다. 그러나 조선족의 말을 자세히 들어보면 한국인인지 조선족인지 쉽게 알 수 있다. 이는 한국어와 조선어는 차이가 있기 때문이다.

[그림 1] 국적별 체류 외국인

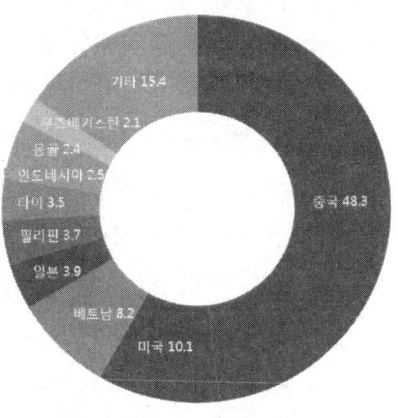

이에 본 연구는 설문조사와 실험을 통하여 중국 조선족 한국어 학습자(이하 조선족 학습자)들이 한국에서 겪는 언어적 차원의 문제는 무

9) 출입국·외국인정책본부의 통계 자료에는 조선족을 '한국계 중국인'으로 표기하고 있다. 곽승지(2008)는 조선족 명칭에 대해 다음과 같이 정의하였다. 조선족은 오늘날 중국 국민으로 중국에서 살아가고 있는 한민족을 지칭하는 말로 중국의 국가 정책을 반영하여 사용되는 말이다. 이 명칭은 1945년 일제가 항복한 이후 중국 공산당이 동북지역에 살고 있던 우리 민족의 지위를 정상화하는 과정에서 하나의 소수 민족으로 정식화하면서 사용되기 시작했다. 그 뜻은 '조선이라는 나라의 사람' 또는 '조선에서 온 사람'이라는 뜻이다. 조선인 등으로 불리던 것을 다민족사회인 중국 사회가 이들을 중국 사회의 정상적인 일원으로 수용함에 따라 하나의 소수민족을 가리키는 고유명사로 굳어지게 된 것이다.
10) 한국어연수생 포함.
11) 본고에서는 중국 조선족이 사용하는 한국어를 '조선어'라고 지칭하겠다.

엇인가를 토대로 교육 방안을 제시하고자 한다.

본 연구 방법은 다음과 같다. 먼저 실험 참여자를 선정하고 실험 참여자의 일반적인 특성과 언어 의식을 알아보기 위한 설문지와 발화의 억양을 살펴볼 수 있는 문장[12]을 작성하였다. 설문지를 바탕으로 조사를 실시한 후에 본 실험에 들어가기 전 실험 도구의 타당성을 점검해 보고 문제점을 보완하기 위하여 예비 녹음 실험을 실시하였다. 학습자들이 긴장할 수 있어 여러 번 연습 후에 학습자들의 녹음이 진행되었다. 그리고 녹음된 발화는 음성 분석 프로그램인 Praat[13]를 이용하여 모어 화자[14]와 학습자 발화를 비교하였다. 이를 위한 연구 절차는 다음과 같다.

<표 1> 연구 절차

실험 참여자 확보
⇩
실험 도구 제작
⇩
설문조사
⇩
예비 실험
⇩
본 실험(녹음)
⇩
설문조사 및 Praat 분석

본 연구의 실험 참가자는 한국에 거주하면서 한국어 교육기관에서 한국어를 학습하는(고급반) 조선족 학습자 12명이다. 설문조사와 실험 전에 조선족 학습자에게 실험에 참여해 줄 것을 부탁하였고 학습자들

------

12) 한국어 기본 억양을 잘 실현할 수 있는지 살펴보기 위하여 평서문, 의문문, 명령문, 청유문을 작성하였다.

13) 양병곤(2010), 「프라트(Praat)를 이용한 음성분석의 이론과 실제」에 따르면 Praat는 네덜란드 Amsterdam 대학의 Paul Boersmar와 David Weenink가 개발한 음성분석 프로그램으로 인터넷을 통해 무료로 받을 수 있다. 스크립트를 이용하여 많은 용량의 자료를 짧은 시간 내에 처리할 수 있다는 장점이 있어 음성학 연구 분야의 프로그램으로 많이 사용되고 있다.

14) 학습자에게 제시했던 것과 동일한 발화 자료를 이용하여 한국어 모어 화자의 억양도 녹음하였다.

은 실험의 목적을 이해한 상태에서 설문조사와 녹음에 응하였다. 중국 조선족 학습자들의 억양 특성을 정확히 파악하고 비교할 기준을 마련하기 위해 한국인 모어 화자도 실험에 참여하였다. 녹음 실험 참여자의 인적 사항은 다음과 같다.

<표 2> 녹음 실험 참여자 인적 사항

중국 조선족 한국어 학습자				
성별	연령	고향	한국어 구사 능력	거주지
여	21	중국 연길	고급	서울
한국인 모어 화자				
성별	연령	고향	직업	거주지
여	19	서울	고등학생	서울

　　녹음 실험에 참여한 조선족 학습자는 중국 연길 출신으로 서울 소재 대학의 한국어 교육 기관에서 한국어를 수강 중이다. 나이에 따른 변인을 통제하기 위하여 선정된 한국인 모어 화자는 조선족 학습자와 비슷한 연령대이며 자연스러운 표준어를 구사할 수 있는 서울 출생의 화자이다. 다만 좀 더 많은 학습자와 모어 화자의 녹음 참여가 이루어지지 못한 한계가 있다.

3.2. 언어 의식 설문조사 및 분석

　　실험에 앞서 학습자의 기본 정보에 대해 설문조사를 실시하였으며 그 결과는 다음과 같다.

<표 3> 실험 참여자의 기본 사항 　　　(단위: 명)

설문 내용		설문 결과	
성별		남자	5
		여자	7
나이		20-23세	5
		24-28세	7
체류 기간		0-6개월	5
		7개월-1년	7
한국에 온 목적		대학, 대학원 진학	12
본인이 태어나서 처음 배운 언어		조선어	10
		중국어	1
		둘 다	1
조선어를 배운 기관		한족 학교	-
		조선족 학교	12
		기타	-
부모님의 조선족 현황		아버지만 조선족	-
		어머니만 조선족	1
		두 분 다 조선족	11
부모님의 사용 언어	아버지	조선어	7
		중국어	-
		둘 다	5
	어머니	조선어	9
		중국어	-
		둘 다	3

　　실험 참여자 12명(남자 5명, 여자 7명)의 연령대는 20대로 한국에 산 지 1년 이하이며, 이들은 조선족 학교에서 '소학교, 중학교, 고등학교' 를 거쳐 12년 동안 조선어를 배웠다. 거의 대부분 진학을 목적으로 한

국에 왔으며 태어나서 처음 배운 언어는 조선어이다. 부모님도 두 분 다 조선족인 경우가 가장 많았다. 부모님의 사용 언어를 보면 두 분 다 조선어를 사용한다는 응답이 가장 많았고, 조선어와 중국어 둘 다 사용한다는 응답도 있었다.

다음으로 조선족 학습자의 언어 의식을 알아보기 위한 설문조사 결과는 다음과 같다.

<표 4> 실험 참여자의 언어 의식　　　(단위 : 명)

설문 내용	설문 결과	
한국어와 조선어가 같다고 생각합니까?	다르다	2
	비슷하다	9
	같다	1
한국어와 조선어가 다른 것이 있다면 무엇입니까?	한글 및 한자 표기	2
	발음	-
	억양	8
	외래어 및 외국어 사용	2
	뜻이 다른 한자어	-
	문법 및 어순	-
다른 사람들이 본인이 조선족인 것을 알게 되었을 때, 무엇 때문에 그렇게 생각한 것 같습니까?	한글 및 한자 표기	-
	발음	-
	억양	12
	외래어 및 외국어 사용	-
	뜻이 다른 한자어	-
	문법 및 어순	-
한국인과 의사소통 시 어려운 점이 있다면 그것은 어떤 것입니까?	한글 및 한자 표기	-
	발음	-
	억양	8
	외래어 및 외국어 사용	4
	뜻이 다른 한자어	-
	문법 및 어순	-

보다 원활한 한국 생활을 위하여 어떤 것을 공부하고 싶습니까?	한글 및 한자 표기	-
	발음	-
	억양	10
	외래어 및 외국어 사용	2
	뜻이 다른 한자어	-
	문법 및 어순	-

위의 <표 4>를 통해 알 수 있듯이 '한국어와 조선어가 같다고 생각합니까?'라는 질문에 '비슷하다'라고 생각하는 응답이 가장 많았다. 한국어와 조선어의 차이점을 묻는 질문에는 8명의 학습자가 '억양'이라고 응답했고 '한글 및 한자 표기'와 '외래어 및 외국어 사용'도 각각 2명 씩 응답했다. 그리고 다른 사람들이 본인이 조선족인 것을 알게 되었을 때 무엇 때문에 그렇게 생각한 것 같으냐는 질문에 12명의 학습자가 모두 '억양'이라고 응답했다. 또한 한국인과 의사소통 시 어려운 점이 있다면 어떤 것이냐는 질문에 '억양'이 8명, '외래어 및 외국어 사용'이 4명이었다. 마지막으로 한국 생활을 위하여 어떤 것을 공부하고 싶냐는 질문에 10명의 학습자가 '억양'이라고 답했다.

이 설문조사의 결과를 통해 알 수 있듯이 조선족 학습자들은 '억양'에서 많은 어려움을 느끼고 있으며 대부분 한국인과 좀 더 유사한 발화를 목표로 하기 때문에 '억양' 교육이 필요하다는 것을 알 수 있다.

3.3. 억양 실험 및 분석

본 연구에서는 조선족 학습자들과 모어 화자들이 한국어를 어떠한 억양으로 실현하는지 알아보기 위해 먼저 한국어 대화를 녹음 분석하였다. 간단한 대화 속에 다양한 문장 유형이 모두 포함될 수 있도록 대화를 구성하였고 녹음 자료는 Praat v5.2.16 프로그램을 이용하여 억양 곡선을 그린 후 결과를 분석하였다. 실험에 사용된 대화는 다음과 같다.

> <실험 자료>
> ① 가: 어디에 가요?
>   나: 백화점에 가요.
>   가: 그럼, 같이 가요. 잠깐만 기다려요.
>   나: 네.
> ② 가: 어디에 가요?
>   나: 아니, 안 가요.
> ③ 가: 시험 잘 봤어?
>   나: 아니, 못 봤어. 미리 공부할걸.
> ④ 가: 영수는 지금 뭐 하고 있을까?
>   나: 영수는 아마 공부할걸.

위의 실험 자료를 녹음하여 조선족 학습자의 억양 곡선과 모어 화자의 억양 곡선 형태를 비교 분석한 결과는 다음과 같다.

1) 설명 의문문 '가요?' 억양 실현 양상

의문문은 보통 상승조의 억양이 나타나지만 설명 의문문은 하강조의 억양이 일반적이다. 모어 화자와 조선족 학습자의 설명 의문문 '가요?'의 억양 곡선을 비교해 보면, 모어 화자는 '-요?'부분에서 상승하는 곡선이 나타난다. 조선족 학습자 역시 상승하는 곡선이 나타나다가 모어 화자와 달리 '-요?' 부분에서 급격하게 하강하는 억양 곡선이 나타난다.

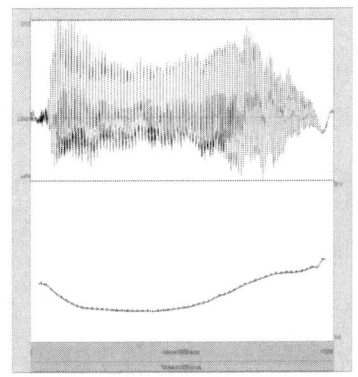 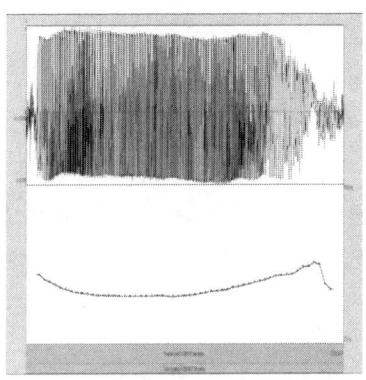

[그림 2] 모어 화자 설명   [그림 3] 학습자 설명 의문문
　　의문문 억양 곡선　　　　　　　억양 곡선

2) 평서문 '가요.' 억양 실현 양상

평서문은 하강조의 억양이 일반적이다. 모어 화자와 조선족 학습자의 평서문 '가요.'의 억양 곡선을 비교해 보면, 모어 화자는 '-요' 부분이 부드럽게 상승하다가 하강하는 곡선이 나타나는데 반해 조선족 학습자는 처음부터 점점 하강하는 억양 곡선이 나타난다.

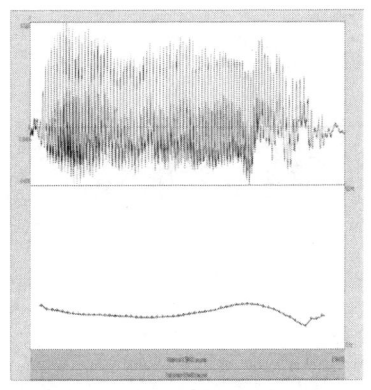 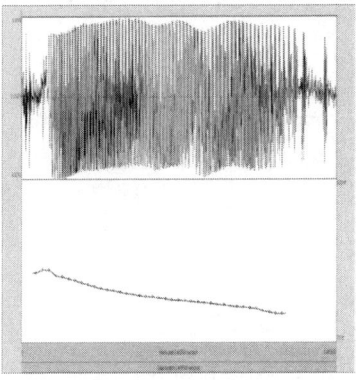

[그림 4] 모어 화자 평서문 억양 곡선　[그림 5] 학습자 평서문 억양 곡선

3) 청유문 '가요.' 억양 실현 양상

청유문의 억양은 음을 길게 끌면서 평탄조로 음(흡)을 그대로 지속하는 것이 일반적이다. 모어 화자와 조선족 학습자의 청유문 '가요.'의 억양 곡선을 비교해 보면, 모어 화자는 '-요' 부분에서 부드럽게 소폭 상승하다가 길게 끌어 주는 느낌이 강하다. 조선족 학습자는 억양 곡선에 거의 변화가 없다가 '-요' 부분에서 살짝 상승조의 억양이 나타난다.

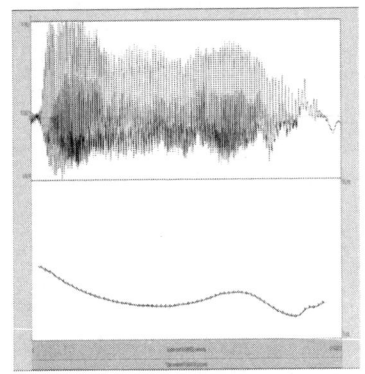 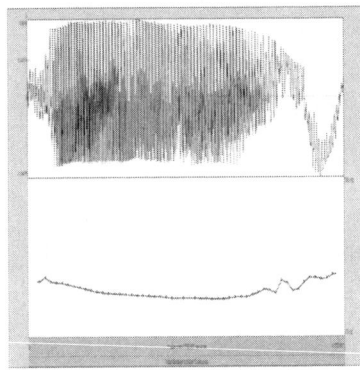

[그림 6] 모어 화자 청유문 억양 곡선　[그림 7] 학습자 청유문 억양 곡선

4) 명령문 '기다려요.' 억양 실현 양상

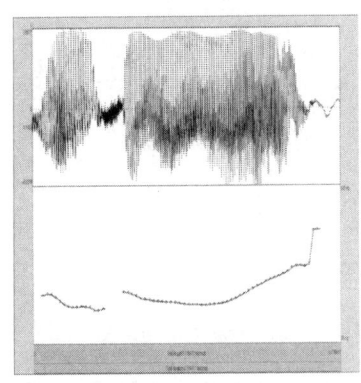 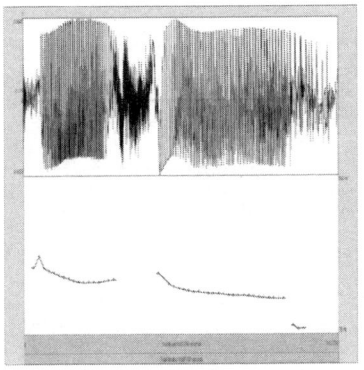

[그림 8] 모어 화자 명령문 억양 곡선　[그림 9] 학습자 명령문 억양 곡선

명령문은 강세가 지속되거나 갑자가 상승되면서 중단되는 억양이 일반적이다. 모어 화자와 조선족 학습자의 명령문 '가요.'의 억양 곡선을 비교해 보면, 모어 화자는 '-요' 부분에서 급격히 상승했다가 중단되는 억양 곡선이 나타난다. 조선족 학습자의 억양은 모어 화자와 전혀 다른 조금씩 하강하는 억양이 나타난다.

5) 판정 의문문 '가요?' 억양 실현 양상

판정 의문문은 설명 의문문과 달리 상승조의 억양이 나타나는 것이 일반적이다. 모어 화자와 조선족 학습자의 판정 의문문 '가요?'의 억양 곡선을 비교해 보면, 모어 화자는 '-요' 부분에서 급격히 상승하는 반면 조선족 학습자는 설명 의문문과 거의 똑같은 억양 곡선이 나타나고 있다. 즉, 조선족 학습자는 설명 의문문과 판정 의문문의 억양 차이를 제대로 구별하지 못하고 있음을 확인할 수 있다.

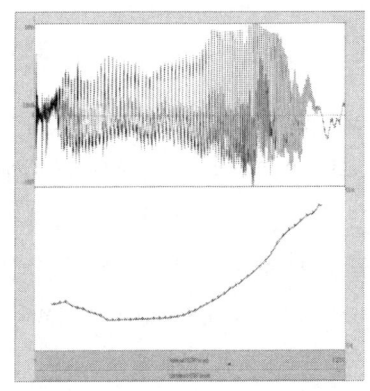 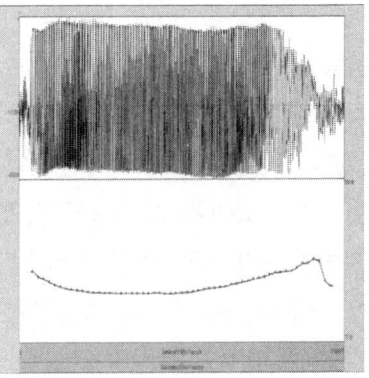

[그림 10] 모어 화자 판정 의문문 억양 곡선 [그림 11] 학습자 판정 의문문 억양 곡선

6) 후회의 '-을걸' 억양 실현 양상

후회의 '-을걸' 억양은 하강조의 억양으로 발화하는 것이 일반적이

다. 모어 화자와 조선족 학습자의 후회의 '-을걸' 억양 곡선은 거의 비슷한 양상을 보인다. 하지만 모어 화자는 하강조의 억양 곡선이 나타나다가 소폭 상승하는 반면 조선족 학습자는 끝 부분에서 상승하다가 급격히 하강하는 곡선을 보인다.

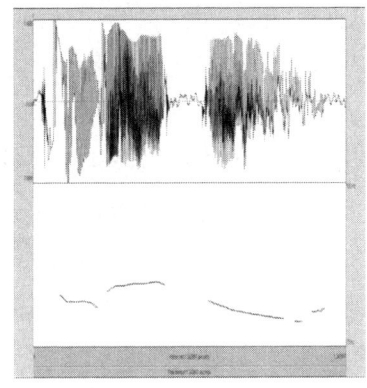 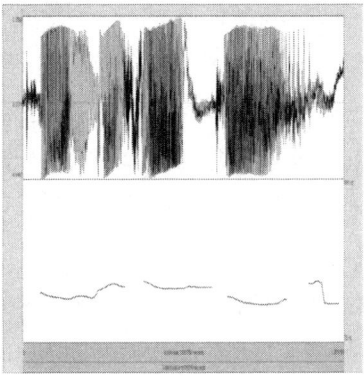

[그림 12] 모어 화자 '-을걸' 억양 곡선 [그림 13] 학습자 '-을걸' 억양 곡선

7) 추측의 '-을걸' 억양 실현 양상

추측의 '-을걸' 억양은 상승조의 억양으로 발화하는 것이 일반적이다. 모어 화자와 조선족 학습자의 추측의 '-을걸' 억양 곡선을 비교해보면, 모어 화자는 상승조의 억양이 드러나는 반면 조선족 학습자는 후회의 '-을걸' 억양 양상과 비슷하게 끝 부분에서 급격히 하강하는 양상을 보인다. 즉, 조선족 학습자는 화용적 정보 차이에 의한 후회의 '-을걸'과 추측의 '-을걸'의 억양 차이를 제대로 구별하지 못하고 있다.

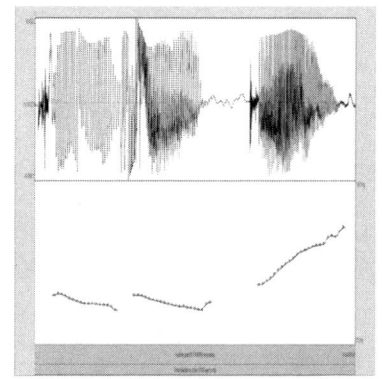 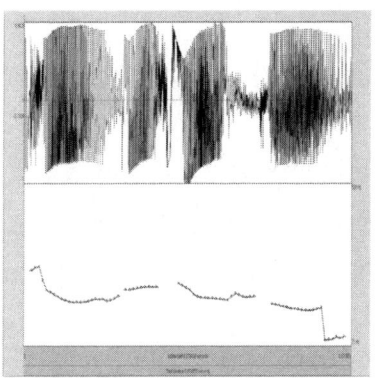

[그림 14] 모어 화자 '-을걸' 억양 곡선 [그림 15] 학습자 '-을걸' 억양 곡선

이상에서 살펴본 바와 같이 조선족 학습자들은 한국인 모어 화자와는 다른 억양으로 발화하고 있음을 확인할 수 있다. 특히 판정 의문문과 설명 의문문의 억양 차이를 인지하지 못하고 있으며, 추측의 '-을걸'과 후회의 '-을걸'의 억양도 거의 같은 양상으로 나타나고 있다. 즉, 학습자들은 동일한 구조의 문장이 들어갔을 때는 문장 유형에 따라 억양을 구분하지 못하고 있으며, 화용적 정보 차이에 의해 다르게 발화되는 억양의 차이를 인지하지 못하고 있다. 따라서 억양의 교육이 필요함을 확인할 수 있다.

억양은 자연스러운 의사소통을 한국어 학습의 목적이라고 할 때 반드시 필요한 요소임에도 불구하고 간단히 습득되지 않는다. 이에 본고에서는 조선족 한국어 학습자를 대상으로 억양 교육 방안을 제시하고자 한다.

4 억양교육 방안

그렇다면 체계적인 억양 교육을 위해서는 교육 내용을 어떻게 구성해야 할까. 김은애 외(2008)에서는 Chun(2002)에서 제시한 억양 교육 교재 개발의 4가지 원리와 교수 방식을 인용하여 다음과 같이 제시하였다.

<교재 개발의 4가지 원리>
(1) 억양은 문맥(context)을 통해 교육되어야 한다.
(2) 억양의 의미는 일반화가 가능한 것이어야 한다.
(3) 억양 교육은 의사소통 목적에 부합하는 것이어야 한다.
(4) 억양은 실제 언어와 함께 교육되어야 한다.

억양 교육을 위해서는 교육 내용을 단계별로 제시하여야 한다. 본고에서는 위의 4가지의 원리를 바탕으로 <표 5>와 같이 인지 단계, 설명 단계, 모방 단계, 연습 단계, 정리 및 교정 단계의 5단계로 나누어 억양 교육 방안을 제시하고자 한다.

4.1. 인지 단계

억양 교육에서 가장 먼저 이루어져야 할 단계이다. 조선족 학습자들에게 한국어 모어 화자가 발화할 때의 억양의 특징을 들려주어 억양의 유형을 인식하고 자신들의 억양과 비교해서 차이점을 인식할 수 있도록 해야 한다. 이를 위한 교육 절차를 제시하면 다음과 같다.

1) 대화 자료를 학습자에게 제시하여 상황을 이해하게 한 뒤 녹음한다.

2) 같은 내용의 모국어 화자의 녹음 자료를 학습자의 녹음 자료와 비교하여 들려준다.

3) 두 음성 자료를 비교함으로써 스스로 억양에 차이가 있음을 인지하게 한다.

4) 대화 자료에 직접 억양 곡선을 그어 본다.

<표 5> 억양 교육 방안 단계

인지 단계
⇩
설명 단계
⇩
모방 단계
⇩
연습 단계
⇩
정리 및 교정 단계

즉, 인지 단계는 억양의 유형을 인식하고 스스로 자신의 억양과 차이가 있음을 깨닫게 하는 것이 목적이라고 할 수 있다.

<표 6> 인지 단계의 수업 자료

① 가: 어디에 가요? 　나: 백화점에 가요. 　가: 그럼, 같이 가요. 잠깐만 기다려요. 　나: 네.	② 가: 어디에 가요? 　나: 아니, 안 가요.
③ 가: 시험 잘 봤어? 　나: 아니, 못 봤어. 미리 공부할걸.	④ 가: 영수는 지금 뭐 하고 있을까? 　나: 영수는 아마 공부할걸.

4.2. 설명 단계

설명 단계는 억양의 차이를 학습자에게 설명해 주는 단계이다. 예를 들어 발화 시 한국어의 평서문은 끝부분을 내리고, 의문문은 끝부분을 올린다. 그런데 의문문은 의문사의 여부에 따라 억양에 차이가 있으므로 동일하게 끝부분을 올리는 억양을 구사해서는 안 됨을 설명해야 한다. 예문을 들면 다음과 같다.

(7) 뭐 해?
(8) 뭐 해?

의문사 의문문은 억양이 어디에 놓이는가에 따라 의미가 달라지는데 예문(7)은 억양이 '뭐'에 놓임에 따라 무엇을 하는지를 묻는 것이고, 예문 (8)은 억양이 '해'에 놓여 무엇을 하는지 안 하는지를 확인하는 경우이다. 교육 절차는 다음과 같다.

1) 두 음성 자료를 다시 듣는다.
2) 어떤 차이가 있는지 이야기해 보게 한다.
3) 교사의 피드백이 이루어지며 녹음 자료의 억양을 설명한다.

<표 7> 설명 단계의 수업 자료

가: 어디에 가요?	설명 의문문: 가요? <설명 의문문은 하강조로 발화된다.>
나: 백화점에 가요.	평서문: 가요. <평서문은 하강조로 발화된다.>
가: 그럼, 같이 가요. 잠깐만 기다려요. 나: 네.	청유문: 가요. <청유문은 음(音)을 길게 끌면서 그대로 지속하는 평탄조로 발화된다.> 명령문: 기다려요. <명령문은 상승되다가 중단되는 단절조로 발화된다.>
가: 어디에 가요? 나: 아니, 안 가요.	판정 의문문: 가요? <판정 의문문은 상승조로 발화된다.>
가: 시험 잘 봤어?	후회의 '-을걸': 공부할걸.

나 : 아니, 못 봤어. 미리 공부할걸.	<후회의 '-을걸'은 하강조로 발화된다.>
가 : 영수는 지금 뭐 하고 있을까? 나 : 영수는 아마 공부할걸.	추측의 '-을걸' : 공부할걸. <추측의 '-을걸'은 상승조로 발화된다.>

4.3. 모방 단계

모방 단계는 의미 차이를 인지한 학습자들이 교사의 발화나, CD를 반복적으로 듣고 따라하면서 억양을 배우는 단계이다. 간단한 대화 형식으로 수업 자료를 제시하여 학습자들이 의사소통 상황에서 의미에 따른 억양의 차이를 습득할 수 있도록 하는 것이 중요하다.

<표 8> 모방 단계의 수업 자료

① 가 : 도서관에 가?
  나 : 아니, 수영장에 가.
  가 : 그래? 같이 가. 잠깐만 기다려.
  나 : 응.

② 가 : 뭐 해?
  나 : 공부해.

③ 가 : 뭐 해?
  나 : 아니, 안 해.

④ 가 : 숙제 다 했어?
  나 : 아니, 못 했어.
    미리 숙제할걸.

⑤ 가 : 영수는 지금 뭐 하고 있을까?
  나 : 아마 숙제할걸.

4.4. 연습 단계

연습 단계는 설명 단계와 모방 단계를 걸쳐 습득한 한국어 억양을 실제로 발음해 보면서 익히는 단계이다. 학습자들에게 상황을 제시한 후 스스로 상황에 알맞은 대화를 직접 구성해 보고 역할극을 시연한다.

<표 9> 연습 단계의 수업 자료

<상황1> 친구와 단순 질문을 주고받는 상황
<상황2> 친구에게 어떤 일을 같이 하자고 제의하는 상황
<상황3> 친구에게 충고나 명령을 하는 상황
<상황4> 친구에게 '무엇을' 먹었는지 묻는 상황
<상황5> 친구에게 무엇을 '먹었는지 안 먹었는지' 묻는 상황
<상황6> 자신이 우산을 안 가지고 온 것을 후회하는 상황
<상황7> 다른 사람이 우산을 가지고 올 거라고 추측하는 상황

4.5. 교정 단계

교정 단계는 연습 단계에서 역할극을 한 후 피드백(학습자 상호간의 피드백, 교사의 피드백) 내용을 바탕으로 억양을 교정해 보는 단계이다. 억양의 교정은 지속적인 연습이 필요하기 때문에 녹음을 통한 교정 방법을 제안해 보는 것도 좋다. CD나 영화, 드라마의 녹음 자료를 반복적으로 듣고 자신의 발화를 녹음하여 얼마나 차이가 나는지 파악하는 것은 억양 오류의 개선을 위한 효과적인 방법이라 할 수 있다.

이상과 같이 억양 교육은 학습자가 억양을 자연스럽게 익힐 수 있도록 '인지 단계 → 설명 단계 → 모방 단계 → 연습 단계 → 교정 단계'로 교육 내용을 단계별로 제시할 수 있다.

5 정리

조선족 학습자들은 억양에 대해 많은 고충을 호소한다. 이에 본 연구는 중국 조선족 한국어 학습자들이 한국어 억양을 인지하고 적절하게 구사하여 실제성과 유창성을 반영한 발화를 할 수 있도록 하는 데 그 목적이 있다. 따라서 본 연구에서는 한국어 억양의 정의 및 기능을 정리한 후 설문조사와 실험을 통하여 조선족 한국어 학습자의 언어 의식과 억양 오류를 분석하고 이를 위한 교육 방안을 제시하였다.

학습자들의 억양 교육에 대한 요구가 높고 언어학습의 최종 목표가 의사소통 능력의 신장이라고 한다면 앞으로 억양 교육의 학습 내용을 체계화해야 하고 보다 구체적인 교수 방안이 나와야 할 것이다. 따라서 억양 교육이 체계적으로 이루어질 수 있도록 앞으로 더욱 관심을 기울어야 하며 이를 위해서 실제 담화 상황들을 중심으로 억양 교육이 이루어질 수 있는 교재 개발 또한 시급하다.

본 연구는 보다 많은 실험 문장의 예를 가지고 더 많은 실험 참여자를 통해 자료를 제시하지 못한 한계가 있다. 하지만 조선족 한국어 학습자를 대상으로 억양 교육에 대한 연구가 이루어진 것에 그 의의를 찾을 수 있다.

앞으로 본 연구가 조선족 한국어 학습자들의 억양을 교육하는 데 기초 자료로 사용될 수 있기를 바란다.

참고문헌

곽동기(1998), "영어와 한국어의 억양체계 비교 연구", 신라대학교 논문
집, Vol.46, 279-300.

곽승지(2008), 동북아시아 시대의 연변과 조선족, 아이필드.

구희산(1998), 영어음성학, 한국 문화사.

김선철(1997), "국어 억양의 음성학·음운론적 연구-서울지역어를 중
심으로-", 박사학위 논문 서울대학교 대학원.

김은애 외(2008), "한국어 억양 교육을 위한 방법론적 고찰-교재개발
의 측면에서", 한국어 교육, Vol.19 No.2, 국제한국어
교육학회, 1-31.

민광준(2004), 한·일 양 언어 운율의 음향음성학적 대조 연구, J&C.

박덕유(2005), 문법교육의 이론과 실제, 역락.

양병곤(2010), 프라트(Praat)를 이용한 음성분석의 이론과 실제, 만수.

이영근(1989), "한국어 억양의 형태와 기능에 관한 연구", 말소리, Vol.15,
대한음성학회, 37-56.

이철수(1985), 한국어 음운학, 인하대학교 출판부.

이호영(1991), "한국어의 억양체계", 언어학, Vol.13, 한국언어학회, 129-150.

이호영(1996), 국어 음성학, 태학사.

이현복(1974), "서울말의 리듬과 억양", 어학연구, Vol.10 No.2, 서울대학
교 어학연구소, 15-25.

이현복(1976), "한국어 단음절어의 억양연구", 언어학, Vol.1, 한국언어
학회, 131-143.

이현복(1987), "억양과 국어 생활", 국어 생활, Vol.10, 국어연구소, 41-49.

정명숙(1998), "두 가지 의문문의 문미억양에 대한 실험음성학적 연구",

제17차 한국어학회 전국학술대회 발표논문집, 한국어학회.

출입국·외국인정책본부(2010), 2010통계연보.

허 웅(1995), 국어음운학-우리말의 소리의 오늘·어제, 샘문화사.

황석자(1996), "담화행위의 주체성 연구", 연구논문집, Vol.53, 대구효
성가톨릭대학교, 135-149.

Levinson, S. C. (1983), Pragmatics. Cambridge : Cambridge University Press.

Chun, D. M.(2002), Discourse Intonation in L2: From theory and
research to practice, Amsterdam: Benjamins.

중국인 한국어 학습자들의
억양 실현 양상 연구
– 문장 억양[1]을 중심으로 –

 1 한국어 학습자를 위한 문장 억양 교육의 중요성

1.1. 연구 배경

최근에 의사소통 중심 접근법은 언어의 기능에 관심을 두며, 유창성을 강조하는 교수법으로 언어교육의 목적을 의사소통 능력의 신장으로 보았고 그렇기에 발음교육의 필요성을 인식했다(허용·김선정, 2006:20). 이 교수법에서는 발음교육의 목표를 이해 가능한 발음의 습득에 두었다. 그 뿐만 아니라 발음지도의 중심을 분절음이 아니라 강세, 리듬, 억양 등과 같은 초분절음소로 바꾸었다.

본 연구에서는 주로 중국인 학습자들의 한국어 억양 실현 양상으로

---

1) 본고에서는 중국인 학습자들이 한국어를 말할 때에 외국인의 독특한 억양은 어떤 것인지에 연구 목적이 있다. 그래서 본고에서 말한 '문장 억양'은 전통적인 개념이 아니고 외국인과 한국인을 구별할 수 있는 문장 전체에 얹히는 억양 곡선을 말한다.

다루고 있는데 그중에서 문장 억양 중심으로 다루고 있다. 억양은 언어로는 표현할 수 없는 많은 정보를 담당하고 있다. 예를 들면, 문형에 관한 정보, 구의 경계에 관한 정보, 담화 차원에 있어서 초점, 신구 정보의 구별 같은 것이다(김선철, 2005:193).

1.2. 연구 목적

원어민과 가까운 자연스러운 발화를 하기 위해서 억양의 학습이 중요하다. 본 연구는 중국인 학습자들의 한국어 억양 실현 양상에 대한 연구를 통해서 그 유형을 파악한 다음에 한국인의 억양 곡선과 대조하여 문제점을 찾아내려고 한다.

중국인 학습자들의 한국어 억양 유형을 파악하는 것은 한국어 학습하는 데에 도움이 될 것이다.

1.3. 연구 방법

본 연구에서는 중국인 한국어 학습자들의 억양 실현이 한국인과 어떻게 다른지를 보기 위해, 녹음 조사하고 praat[2]라는 응용프로그램을 통해서 비교하고 분석해 보고자 한다.

억양 조사 항목은 주로 문형별로 분류했다. 각각 일반의문문, 명령문, 청유문, 평서문으로 나눴다. 일반의문문에서 주로 "-(으)ㄹ래요",

---

2) Praat는 네덜란드 Amsterdam 대학의 Paul Boersma가 개발한 Praat 음성 분석 프로그램이다. Praat 프로그램은 인터넷을 통해 손쉽게 받아 볼 수 있는 개인 컴퓨터용 음성 분석 프로그램으로서 사용자가 프로그램의 스크립트를 직접 작성함으로써 측정자의 오류를 줄이 수 있고 작업을 자동화시켜 보다 많은 음성자료를 신속히 처리할 수 있다.

"-(으)ㄹ까요", "-어(아)요", "-세요"의 문미 유형들이 있다. 명령문에서는 주로 "-어(아)", "-십시오", "-세요", "-어(아)라"의 문미 유형들이 있다. 청유문에서는 주로 "-자", "-(으)ㄹ까", "-(으)ㅂ시다"의 문미 유형들이 있다. 평서문에서는 주로 "-어(아)요", "-입니다", "-에요", "-지요"의 문미 유형들이 있다. 문미에 따라 억양도 달라질 것을 예측하고 있다.

억양은 음향분석 프로그램 Praat을 이용하여 과학적인 분석을 할 수 있다. 먼저 한국어 표준말을 사용한 한국인의 발화를 Praat를 통해서 피치값을 측정하고 그리고 중국인 화자의 발화를 측정한다. 양자의 억양 곡선을 비교하면서 중국인 억양 실현 양상을 분석하고자 한다.

2 이론적 배경

2.1. 한국어 억양의 특징

억양은 성대의 진동에 의해서 생기는 기본주파수의 시간축에 대한 변화를 말하며, 시간축에 따라 기본주파수 값을 연결한 것을 기본주파수 곡선이라고 한다. 일반적으로 억양의 패턴을 연구할 때에는 억양을 定量的으로 기술한 이 기본주파수 곡선을 이용하고 있다.[3] 말마디의 마지막 음절에 얹히는 억양 패턴을 핵 억양이라고 한다.

이호영에 따르면 한국어의 핵 억양을 9가지로 나눌 수 있는데 구체적으로 다음과 같다.

....
3) 표경란(1998:5) 참조.

<표 1> 한국어 억양의 분류

말마디	낮은 수평조	평서, 의문, 명령, 청유/ 단정적이고 냉정함, 사무적이고 정중함
	가운데 수평조	의문사 의문문/ 통명스럽고 조심스럽게
	높은 수평조	단순 질문, 확인 질문, 되물음 의문문, 수사 의문문
핵억양	낮내림조	평서, 가부 의문문, 단순 질문, 명령, 청유/ 부드럽고 친절한, 정중한
	높내림조	되물음 의문문
	온오름조	되물음 의문문
	낮오름조	평서, 의문, 명령, 청유/ 확인, 달래는
	내리 오름조	평서, 의문, 명령, 청유/ 확인, 달래는
	오르 내림조	평서, 의문, 명령, 청유/ 짜증냄, 귀찮은

이호영(1996)에서는 한국어 억양의 기능을 크게 문법적 기능, 화용론적 기능, 감정 및 태도의 전달 기능 능 세 가시로 나누어시 설멍히였다.

문법적 기능으로 살펴볼 때 한국어에서 대부분의 어미는 하나의 문형에만 사용되기 때문에 문장에 어떤 억양 패턴이 얹히든 문장 유형은 변하지 않는다. 하지만 여러 문형에 두루 쓰일 수 있는 어미의 경우도 억양에 의해 그 의미를 구별할 수 있다.

억양은 또한 화용론적 기능을 담당하고 있는데 하나의 문장은 여러 가지 담화 기능을 수행할 수 있으며 담화 기능에 따라 문장의 억양이 달라진다.

억양은 또한 화자의 감정이나 태도에 따라서 달라진다. 핵억양과 말토막 억양 유형에 따라 표현되는 화자의 감정과 태도를 위의 도표와 말토막 억양 부분을 참조할 수 있다. 화자의 태도에 따라 선호하는 문형이 있지만 대부분 문형에 따라 유형이 결정되는 경우가 많다.

문형의 억양 유형의 화자의 태도나 감정에 따라 천차만별하지만 문형에 따른 전형적인 억양 유형이 존재하기 때문에 문장의 종류나 문형에 따른 억양을 우선 고려해야 할 것이다.

2.2. 중국어의 어조(語調)의 특징

중국어의 어조는 성조와 밀접한 관계를 갖고 있으며 상호 작용을 한다. 중국어 성조의 특징은 그림4)으로 보이면 다음과 같다.

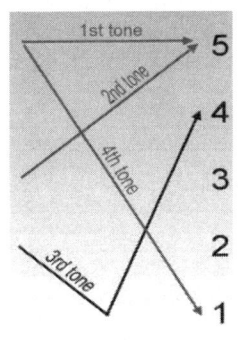

가) 음절이 적은 평서문에서 각 음절은 수평을 유지하거나 약간 하강하는 추세를 보이고 있지만 문장이 길어질 경우, 하강하는 추세가 매우 뚜렷하다.

后天来。(ming2 tian1 lai2)→/∩ (모레 와요.)
后天他们都能来。∩ (모레 그 들은 모두 올 수 있어요.)

나) 문장 전체가 상승조를 보인다면 의문문의 어조로 변화되는데 상승조가 가장 뚜렷한 부분은 마지막 중음 음절이다.

后天他们都能来?↗ (모레 그 들은 모두 올 수 있어요?)

---

4) 이 그림은 중국 baidu 사이트에서 제공받았다.

'예-아니오' 의문문의 어조는 뚜렷한 상승조를 보이고 있지만 의문사 의문문은 평서문의 어조와 비슷하여 문장 전체가 하강하는 추세를 보인다.

后天谁能来？ ↘ (모레 누가 올 수 있어요?)
大家都能来。 ↘ (모두 올 수 있어요.)

다) 하나의 평서문이 두 개 이상의 단일문(分句/말마디)으로 구성되었을 경우, 마지막 말마디를 제외한 기타 말마디는 보다 높은 수평조를 보이는 반면에 마지막 말마디는 보다 낮은 하강조를 보이는 경우가 많다.

后天他们都要来。→ 只有你不想来。↘
(모레 그분들이 다 오실 건데 오로지 단신만 오고 싶지 않아요.)

라) 화자의 감정이나 태도를 표현하는 감정 어조에서는 서로 다른 어기를 표현하기 위해 다른 어조를 사용한다.

后天他们都要来。↘ (서술) (모레 그들이 모두 오신데요.)
后天他们'都要来。↘ (강조) (모레 그들은 '모두 오신데요.)
后天他们都要来？↗ (질문) (모레 그들이 모두 오려고 해요?)
后天他们都要来？↑ (놀람) (모레 그들은 모두 오려고 해요?!)
后天他们都要来！↓ (명령) (모레 그들은 모두 와야 돼요!)

문장 속에서 각 음절의 성조는 고유의 음가를 갖고 있지만 여러가지 문형에 따른 어조에 의해 수정이 되어 성조 값이 원래보다 높게 또는 낮게 들릴 수 있다.

중국어 문장의 어조는 또한 화자의 감정과 태도에 의해서, 즉 화자가 강조하려는 부분이 어느 부분인지, 강세가 어느 음절에 부과되는지에 따라 그 음절의 성조 값이 변화되고 문장의 어조에 영향을 미칠 수 있다(박해연, 2006).

중국어의 어조는 또한 문장의 말토막(리듬 단위)과도 밀접한 관계가 있다.

음절이 많으면 속도가 빨라지고 음절이 적을 경우, 속도가 늦어지는데 속도가 빠른 경우는 각 음절의 음가에 변화가 생길 수 있고 속도가 느릴 경우, 각 음절의 성조를 보다 완전하게 읽을 수 있다.

 3 억양 실험

3.1. 조사 목록

본 연구에서 제시한 억양 조사 항목은 서울대학교 언어교육원에서 출판한 『한국어 1』를 참조하여 분석할 것이다.

<표 2> 억양 조사 목록

일반의문문	명령문
커피 드실래요?	입어 봐.
중국대사관이 멀어요?	잠깐만 기다려 줘라.
제가 먼저 이야기 할까요?	영수증 좀 보여 주십시오.
왜 지하철을 타세요?	그렇게 이야기 하지 마세요.

```
청유문                              평서문
밥 먹자.                            고마워요.
주말에 우리 설악산에 갑시다.         저는 스무 살입니다.
우리 집에서 식사 합시다.             그는 나의 친구예요.
                                    벌써 6시인데 문을 닫았지요.
```

<표 3> 중국어 대조 녹음 목록

```
句子(문장)

喝咖啡吗？(커피 드실래요?)
中国大使馆远吗？(중국대사관이 멀어요?)
我先说好吗？(제가 먼저 이야기 할까요?)
为什么坐地铁？(왜 지하철을 타세요?)

穿一下嘛。(입어 봐.)
等一会儿。(잠깐만 기다려 줘라.)
给我看一下收据。(영수증 좀 보여 주십시오.)
不要那么说。(그렇게 이야기 하지 마세요.)

吃饭吧。(밥 먹자.)
周末去雪岳山吧。(주말에 우리 설악산에 갑시다.)
我们在家吃饭吧。(우리 집에서 식사 합시다.)
```

3.2. 피실험자

본 실험은 서울권 한국인 6명과 중국 대학생 15명에게 녹음을 실시했다. 6명 한국인은 모두 표준말을 쓰는 분이고 중국인은 모두 한국어

공부를 한지 1년 이상의 고급 화자이다. 자연스러운 한국어를 구사하기 위해서 녹음하기 전에 먼저 피실험자로 하여금 여러 번 연습하고 자연스럽게 발화할 수 있도록 했다. 그리고 녹음할 때 두 번씩 발음 하도록 했다.

<표 4> 피실험자5)

	표준말을 사용한 한국인				중국인 한국어 학습자		
성별	남	여			남	여	
나이	20대	20대	30대	50대	20대	30대	20대
인원수		1명	2명	1명	2명	1명	12명
출신	서울	서울		인천	북부	남부	북부
인원수	2명	3명		1명	2명	1명	12명
합계	6명				15명		

3.3. 실험 방법

본 실험에서 Digital Voice Recrder를 사용하여 조용한 환경에서 엄밀하게 실시했다. 녹음을 하기 전에 피실험자에게 실험의 목적을 알렸으며, 실험 단어와 문장에 익숙할 수 있는 충분한 시간을 제공하였다. 녹음시, 평상시 말하는 것처럼 자연스럽게 발음해줄 것을 요구하였다. 녹음한 후에는 즉시 녹음자료의 적절성을 평가하였고 부자연스러운 자료를 삭제하고, 잠시 후에 다시 녹음을 실시하였다.

모든 파일은 WAV로 되어 있고 Praat를 인식하기 위하여 모든 파일

---

5) 중국인 한국어 학습자 중에 남북 지역으로 나눈 이유는 중국어 남북 지역 억양이 많이 다르기 때문이다.

을 AIFF 형식으로 바꾸었다. 필자는 단어나 문장 하나씩 파일을 하나 만들었고 녹음된 음성 파일은 모두 1479개(69X21)이며 Praat 음성 분석 프로그램을 사용하여 억양 곡선을 측량하였다. 이 외에 중국어로 되어 있는 번역식 음성 파일은 138개(69X2)가 있다.

Praat는 네덜란드 Amsterdam 대학의 Paul Boersmar가 개발한 프로그램이다. 이 프로그램은 인터넷을 통해 손쉽게 받아 볼 수 있는 개인 컴퓨터용 음성 분석 프로그램으로서 사용자가 프로그램의 스크립트를 직접 작성함으로써 측정자의 오류를 줄일 수 있고 작업을 자동화시켜 보다 많은 음성자료를 신속히 처리할 수 있다는 것이 장점이다.

억양 분석 방법은 다음과 같다.

먼저, 녹음된 음성 파일을 다음과 같이 분류한다.

① 한국인 표준말 음성 파일[6]
② 중국인 학습자 한국어 음성 파일
③ 중국인 학습자 번역식 중국어 음성 파일

그리고, Praat를 인식하기 위하여 모든 파일을 AIFF 형식으로 바꾸었다. 이에 모든 파일을 Praat를 통해서 억양 곡선을 측정할 수 있다.

그 다음에 표준말 억양 곡선을 참고하여 중국인 학습자의 한국어 억양 실현 양상을 분석한다.

마지막으로, 중국인 학습자의 억양 실현 문제를 해결하기 위해서 번역식 중국어 억양 곡선을 대조하여 그 원인을 분석한다.

6) 한국인 대표 억양 선정 기준은 표준말을 사용한 한국인의 여러 번의 여러 명의 발화 억양 곡선 중에 대표적인 것을 기준으로 선정하였음.

4 억양 실험 결과 분석

4.1. 의문문 억양 실현 양상

<의문사 의문문-"왜 지하철을 타세요?" 억양 곡선 비교>

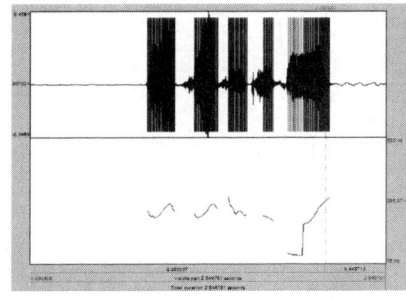

[그림 1] 한국인 화자1-의문문   [그림 2] 중국 북부 여성 학습자1
   "왜 지하철을 타세요?"   "왜 지하철을 타세요?"

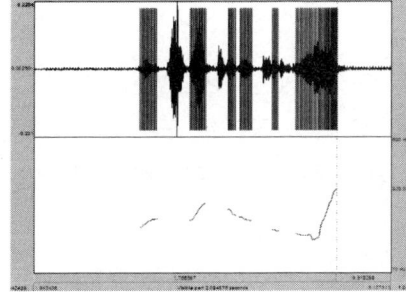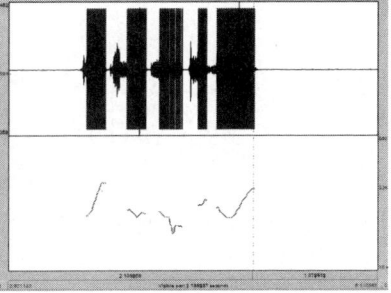

[그림 3] 중국 북부 남성 학습자2 [그림 4] 중국 남부 여성 학습자3
 - 의문문 "왜 지하철을 타세요?" - 의문문 "왜 지하철을 타세요?"

중국인 학습자들의 억양 곡선은 한국인 화자의 억양 곡선보다 기복 변화가 크고 규칙 없어 보인다. 특히 "지하철"과 "타세요" 억양 곡선이 갑자기 크게 기복 변화가 생긴 것을 발견할 수 있다. 한국인 화자의 억양 곡선은 비교적 온화하고 규칙성이 있게 보인다.

의문문 문장 전체에 얹힌 억양 유형을 파악하기 위해서 중국인 학습자와 한국인 화자의 의문문의 첫 음절(의문사)과 끝 부분 음절의 피치를 비교해 보겠다.

<표 5> 중국인 학습자와 한국인 화자의 의문문 피치 비교 (단위:Hz)

	왜	세	요
한국인	218-243	195-184	184-332
중국인 1	179-220	93-190	190-246
중국인 2	236-278	110-209	209-290
중국인 3	250-352	273-245	245-334
중국인 4	230-256	379-204	204-249

(한 음절이라도 억양 곡선 기복 변화가 큰 경우에는 피치 값은 첫 부분과 끝 부분을 노누 새었나.)

총체적으로 보면 한국인 화자와 중국인 화자는 문장 전체 모두 상승하는 추세를 보이고 있다. 의문사 "왜"의 억양 곡선은 모두 오름조이다. "세요"의 억양 곡선은 각각 한국인은 약간 내리 오름조이고 중국인은 오름조와 내림 오름조가 두 유형이 있다.

<일반의문문-"중국대사관이 멀어요?" 억양 곡선 비교>

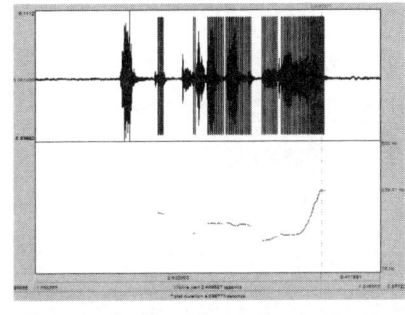

[그림 5] 한국인 화자1- 의문문
"중국대사관이 멀어요?"

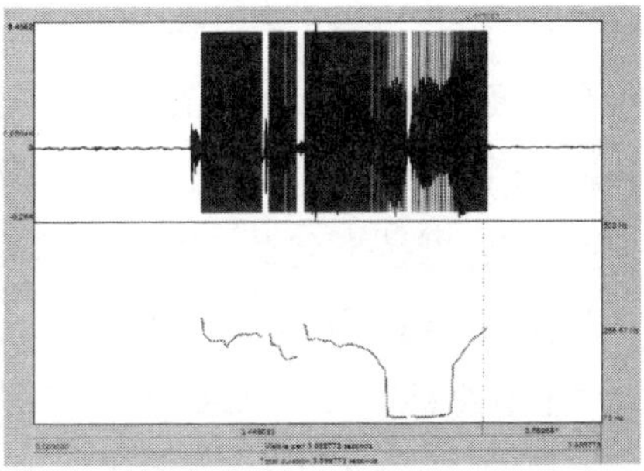

[그림 6] 중국인 화자1- 의문문
"중국대사관이 멀어요?"

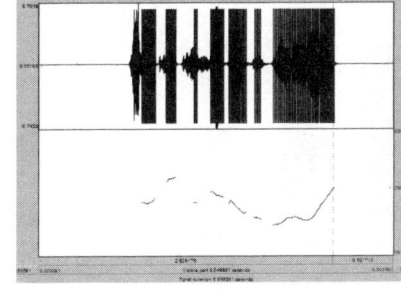
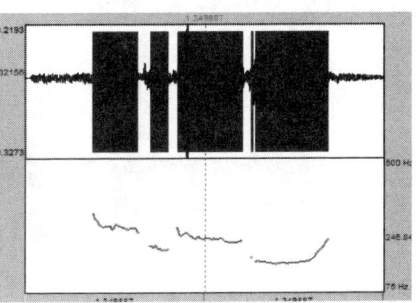

[그림 7] 중국인 화자2- 의문문
"중국대사관이 멀어요?"

[그림 8] 중국인 화자3- 의문문
"중국대사관이 멀어요?"

위의 그림을 통하여 한국인 억양 곡선과 중국인 억양 곡선은 몇 가지 차이점을 발견할 수 있다.

첫째, 중국인 억양 곡선은 음절마다 끊어지는 경향을 보이고 있다. 어말을 빼고 중국인은 음절 끝마다 약간 내림조를 보이고 있다. 한국인 억양 곡선은 억양구 경계가 분명하고 각 억양구 억양 곡선이 선명하다. 한국인 억양 곡선은 크게 세 부분으로 나뉘어 있는데 "중국"은 내림조이고 "대사관"은 거의 수평조이고 "멀어요"가 오름조이다. 그러나 중국인 억양 곡선은 억양경계구조가 분명하지 않다.

중국인 억양 곡선의 이런 특징은 중국어와 관련이 있다. 중국어 음절은 각각 분명하고 서로 딱딱 끊어지는 특징이 있다. 앞 뒤 음절은 서로 연결되는 경우가 없다. 그러나 한국어 연어 현상이 아주 일반적이다. 중국어 이런 특징 때문에 문장 전체의 억양 곡선이 온화하지 않다.

둘째, 중국인 화자 문장 전체 억양은 크게 두 가지 유형이 있는데 내리 내리 오름조, 또 오르 내리 오름조가 있다. 그러나 한국인의 억양 곡선은 훨씬 안정적으로 보인다. 주로 낮오름조로 나타난다. 이런 현상의 원인은 모국어 전이라고 볼 수 있다. 이는 중국어로 번역된 문장 억양 곡선을 보면 알 수 있다.

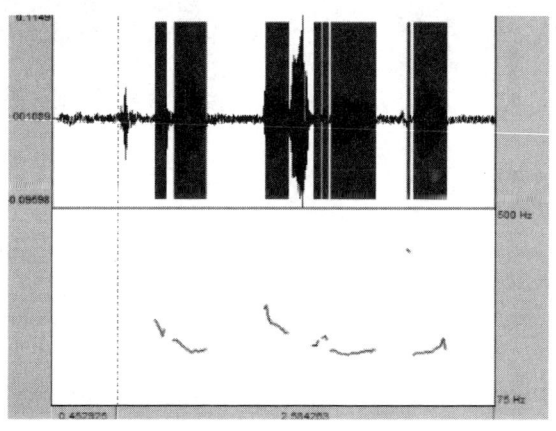

[그림 9] 중국인 화자3- 의문문
"중국대사관이 멀어요?" 번역문 "中国大使馆远吗?"

위 그림은 중국인 화자3의 번역식 억양 그림이다. 대체로 한국어 발음 억양과 비슷한 억양 곡선을 나타내고 있다. 중국인 화자3 자신의 한국어 발음과 중국어 발음을 비교해 보면 모두 내리 내리 오름조로 나타낸다.

중국인 화자와 한국인 화자의 억양 곡선은 공통점도 있다. 모두 어말에 오름조로 나타내고 있는 것이다. 위의 그림을 보면 잘 알 수 있다.

다음 내용에서 우리 "을래요"와 "을까요" 전체에 얹힌 억양 유형을 파악하기 위해서 중국인 학습자와 한국인 화자의 의문문의 첫 음절과 끝 부분 두 음절의 피치를 비교해 보겠다.

<표 7> "을래요"와 "을까요" 피치 값   (단위:Hz)

	제가 먼저 이야기 할까요?			커피 드실래요?		
	제	까	요	커	래	요
한국인	114	185-190	341	438	159	270
중국인 1	461	164-160	252	472	165-79	197
중국인 2	238	384-246	309	341	205-184	274
중국인 3	227	208-200	244	484	225-198	328

① "제가 먼저 이야기 할까요?" 억양 곡선 분석

첫째, 한국인 화자의 전체 억양 곡선은 상승 추세를 보이고 있다. 그러나 중국인 화자의 전체 억양 곡선은 두 분은 하강 추세이고 다른 두 분은 상승 추세를 보이고 있다. 이런 현상 발생하는 원인은 주로 중국인의 "제" 발음과 한국인의 "제" 발음의 음가 차이가 있기 때문이다. "제"는 중국인 학습자가 중국어 발음 "zai"로 인식하기 때문에 한국인 화자보다 훨씬 높은 피치 값을 보이고 있다.

둘째, "-까요"는 한국어 화자는 오름조로 나타내고 있다. 그러나 중국인 화자는 모두 내리 오름조로 나타나고 있다. 이런 현상이 발생하는 원인은 주로 중국인 화자들의 "까"의 발음을 중국어 "ga"의 발음으로 간섭하기 때문이다. "g"는 연구개음이라서 음가가 비교적 높다. 그러나 "a"는 낮은 소리라서 음가가 비교적 낮다. 그래서 중국인 "까" 발음할 때에 중국어 "ga" 발음을 적용해서 내리조로 나타냈다. "-까요" 발음할 때에 내리 오름조로 나타냈다.

② "커피 드실래요?" 억양 곡선 분석

피치 값을 통해서 중국인 화자와 한국인 화자 전체 억양 곡선은 모두 하강 추세를 보이고 있다. 그러나 중국인 어말 "-래요"는 내리 오름조로 나타내고 있고, 한국인 어말 "-래요"는 오름조로 나타내고 있다. 이런 현상을 발생하는 원인은 중국인이 "-래" 음절은 중국어 "lai" 영향을 받기 때문이다. 중국어 음절은 성모(l)를 가볍게 읽고 운모(ai)를 강조하는 경향이 있어서 "ai=ㅐ"를 강조하기 때문에 낮은 소리 "ai"는 내린 추세를 초래하였다.

의문문에서 주로 "-(으)ㄹ래요", "-(으)ㄹ까요", "어(아)요", "-세요"의 문미 유형들에 대한 고찰하였다. 중국인은 이상 네 가지 문미 유형들이 어말에서 모두 내리 오름조로 나타내고 있다. 이런 현상을 모국어 전이라고 할 수 있다.

4.2. 명령문 억양 실현 양상

<표 8> 명령문 억양 실현양상

	한국인	중국 북부 여성 억양 유형 1		중국 북부 남성 억양 유형 2		중국 남부 여성 억양 유형 3	
①-아	낮내림조	내리 오름조	75%	낮은 수평조	25%	-	-
②-어라	낮은 수평조	낮내림조	40%	오르 내림조	40%	낮은 수평조	20%
③-십시오	낮은 수평조	오르 내림조	100%	-		-	

④-지 마세요	오르 내림조	내리 오름조	60%	오르 내림조	40%	–	

① 입어 봐.
② 잠깐만 기다려 줘라.
③ 영수증 좀 보여 주십시오.
④ 그렇게 이야기 하지 마세요.

위의 그림을 통하여 중국인 학습자의 명령문 억양이 문말 어미에 따라 다르다는 것을 발견 할 수 있다. 문말 어미 "-아" 유형에서 한국인의 억양은 낮내림조로 나타내고 있지만 중국인 학습자들은 대부분 내리 오름조로 나타내고 있다. 이것은 중국어 명령문 억양의 영향을 받은 결과이다. 아래 그림은 번역식 중국어 억양 곡선이다.

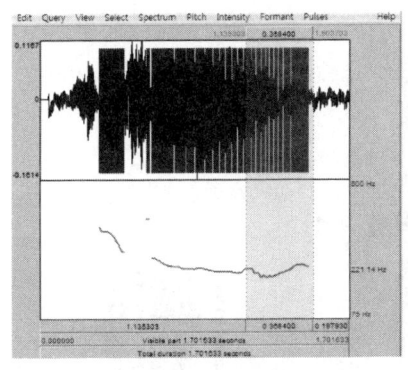 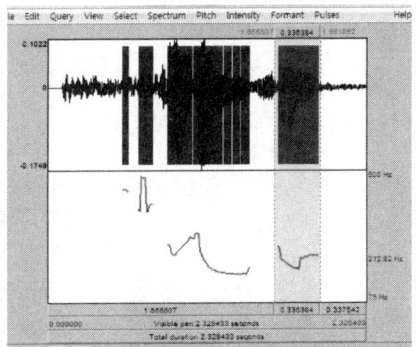

[그림 10] 중국인 학습자 : 명령문   [그림 11] 중국인 화자 : 명령문
      "试试嘛！"(입어 봐)   "请等一下。"(잠깐만 기다려 줘라)

[그림 10]에서는 그림자 있는 부분이 마찬가지로 약간 내리 오름조로 보이고 있다. 이는 대부분 중국인 학습자들이 중국어 억양을 그대로 한국어 발음할 때에 적용하는 결과이다.

　　문말 어미 "-어라" 유형에서 한국인 화자는 낮은 수평조로 나타내고 있지만 중국인 화자들은 낮은 수평조 외에 낮내림조와 오르 내림조로 두배로 나타내고 있다. 이것도 마찬가지로 중국어 명령문 억양 영향을 받기 때문이다. 아래 그림의 중국어 번역식 문장 억양 곡선을 보면 알 수 있다.

　　[그림 11]에서는 그림자 있는 부분이 역시 내리 오름조로 나타내고 있다. 중국인 화자들이 한국어를 발음할 때에 그대로 중국어식 억양을 적용했기 때문이다.

　　문말 어미 "-십시오" 유형에서는 한국인 화자들이 낮은 수평조로 나타내고 있지만 중국인 화자들은 모두 오르 내림조로 나타내고 있다. 또한 문말 "-지 마세요" 유형에서 한국인 화자가 오르 내림조로 나타내고 있다.

4.3. 청유문 억양 실현 양상

　　다음 내용에서 그림을 통하여 중국인 화자와 한국인 화자의 청유문 억양 곡선을 비교해 보겠다.

<"밥먹자." 억양 곡선>

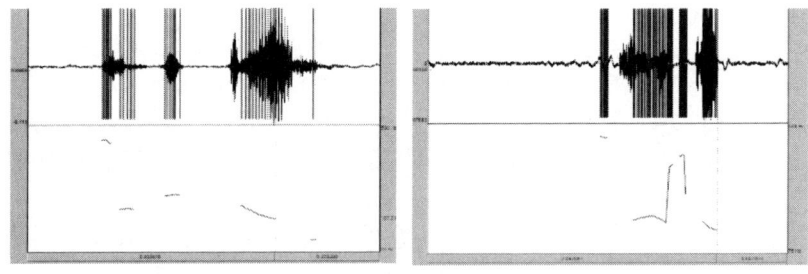

[그림 12] 한국인 화자 -"밥 먹자."　[그림 13] 중국 북부 여성 화자1
-"밥 먹자."

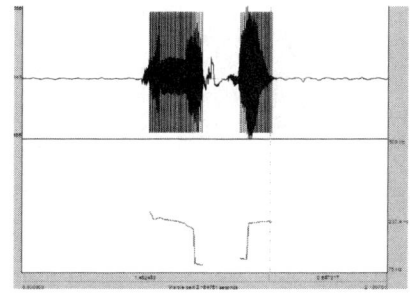 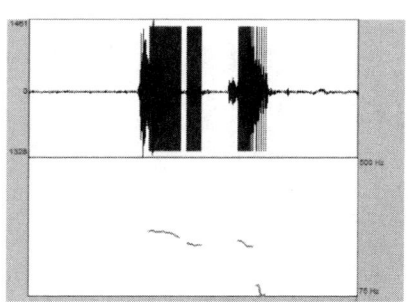

[그림 14] 중국 북부 남성 화자2   [그림 15] 중국 남부 여성 화자3
 　　-"밥 먹자."　　　　　　　　　-"밥 먹자."

　　중국인 학습자들의 억양 곡선은 한국인 화자의 억양 곡선보다 기복
변화가 크고 규칙이 없어 보인다. 중국인 학습자 3과 한국인 화자 억양
곡선은 비슷하게 모두 내림조로 나타내고 있다. 나머지 중국인 학습자
1과 중국인 학습자 2는 억양 곡선이 아주 규칙성이 없어 보인다. 중국
인 학습자 1의 문말 어미 "-자"는 내림조로 나타내고 중국인 학습자 2
의 문말 어미 "-자"는 오름조로 나타내고 있다. 다른 중국어 학습자의
억양 곡선도 거의 대부분 문말에서 내림조로 나타내고 있다.

　　　　<"주말에 우리 설악산에 갑시다." 억양 곡선 비교>

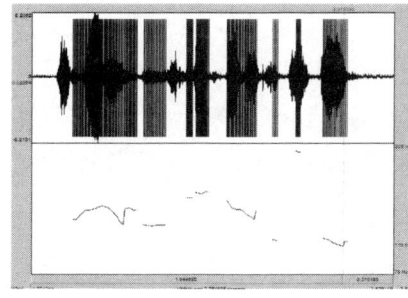 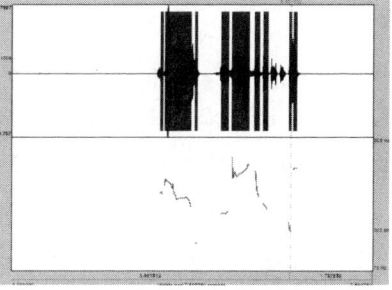

　　[그림 16] 한국인 화자　　　　[그림 17] 중국 북부 여성 화자 1
"주말에 우리 설악산에 갑시다."　　"주말에 우리 설악산에 갑시다."

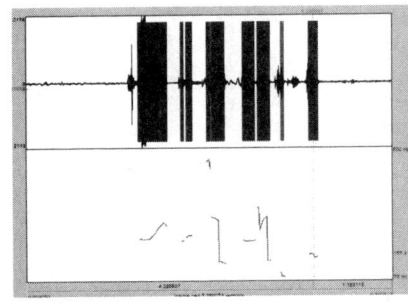 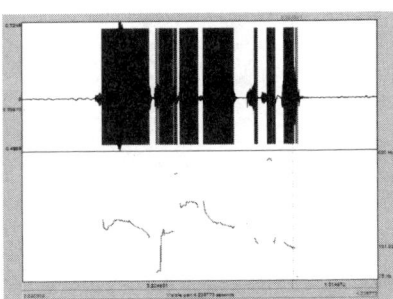

[그림 18] 중국 북부 남성 화자 2   [그림 19] 중국 남부 여성 화자 3
"주말에 우리 설악산에 갑시다."   "주말에 우리 설악산에 갑시다."

의문문 문장 전체에 얹힌 억양 유형을 파악하기 위해서 중국인 학습
자와 한국인 화자의 의문문의 첫 음절과 끝 부분 음절의 피치를 비교
해 보겠다.

<표 9> "주말에 우리 설악산에 갑시다" 피치 값   (단위:Hz)

	주	-ㅂ시다
한국인	253	186 472 168
중국인 1	208	89-159
중국인 2	248	203-469-180
중국인 3	327	231-201-404

첫 음절과 끝 음절 비교해 보면 중국인 화자와 한국인 화자가 거의
일치하게 하강 추세를 보이고 있다. 하지만 억양 곡선 그림과 피치 값
을 고찰해 보면 많은 차이점을 발견할 수 있다. 예를 들면 "-ㅂ시다"에
서, 한국인 화자가 오르 내림조로 나타내고 있지만 중국인 화자들이
억양 곡선은 오름조, 오르 내림조, 내리 오름조로 다양하게 나타내고
있다. 뿐만 아니라 곡선 기복 변화도 각각 차이가 많이 나타내고 있다.
이를 통해 문말 뿐만 아니라 문장 속에도 기복 변화가 크다는 것을 발

견할 수 있다. 이런 경우는 중국어 단어 강세가 문장 속에서도 적용되므로, 강세 음절의 영향으로 중국인 학습자들의 한국어 억양 곡선에 오류를 범하였다.

<"우리 집에서 식사 합시다." 억양 곡선 비교>

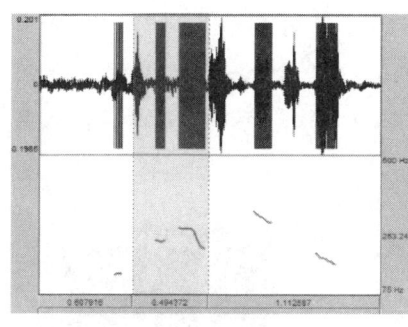

[그림 20] 한국인 화자
－"우리 집에서 식사 합시다."

[그림 21] 중국 북부 여성 화자 1
－"우리 집에서 식사 합시다."

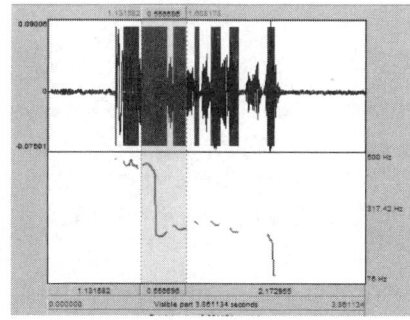

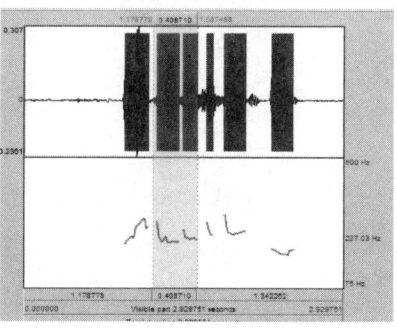

[그림 22] 중국 북부 남성 화자 1
－"우리 집에서 식사 합시다."

[그림 23] 중국 남부 여성 화자 1
－"우리 집에서 식사 합시다."

위의 그림에서 그림자가 있는 부분은 바로 "집에서"의 억양 곡선이다. 한국인 화자는 약간 오르 내림조로 나타내고 있다. 중국인 화자들이 각각 오름조, 끊어지는 내림조와 내림조, 끊어지는 오르 내리조와 내림조, 내림조로 나타내고 있다. 이것이 억양 곡선은 화자의 여러 가지 외적인 요소에 영향을 받고 있다는 증거이다. 또한 중국인 억양 곡선과 한국인 억양 곡선을 보면 대체 문말에서 모두 일치하게 하강 추세를 보이고 있다. 하지만 문장 억양구 기복 변화의 차이가 큰 것을 발견할 수 있다. 특히 억양구 "집에서" 억양 곡선 차이가 다양하다. 이에 개체별로 비교해 보면 중국인 학습자들이 중국어 억양 그대로 한국어 발음할 때에 전이 하는 현상을 발견할 수 있다. 중국인 화자 2로 예를 들자면 다음과 같다.

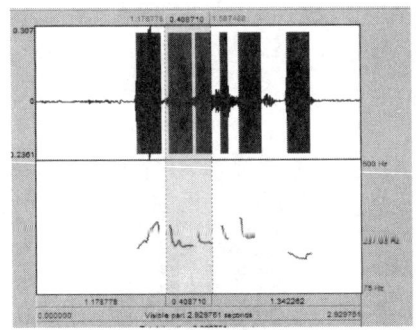 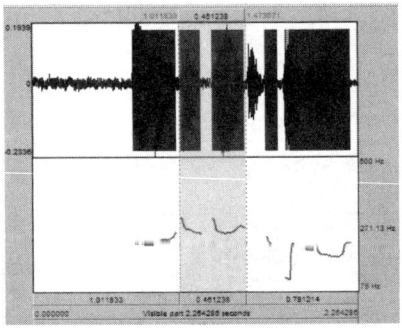

[그림 24] 중국인 화자 2   [그림 25] 중국인 화자 2
-"우리 집에서 식사 합시다." -"우리 집에서 식사 합시다."
번역식 중국어 "我们在家吃饭吧"

그림자 있는 부분은 동일한 중국인의 "집에서"의 한국 발음 억양과 번역식 "在家"의 억양 곡선이다. 두 억양 곡선은 모두 동일하게 끊어지는 내림조로 나타내고 있다. 이것은 중국인이 중국어 억양을 그대로 한국어 발음 할 때에 적용하는 결과이다.

4.4. 평서문 억양 실현 양상

<표 10> 평서문 억양 실현양상

	한국인	중국 북부 여성 억양 유형1		중국 북부 남성 억양 유형 2		중국 남부 여성 억양 유형 3	
①-어요	낮오름 조	낮오름 조	40%	내림조	60%	-	
②-입니다	내리 오름조	내리 오름조	80%	내림조	20%	-	
③-예요	내림조	내리 오름조	25%	내림조	50%	오르 내림조	25%
④-지요	내림조	내리 오름조	25%	내림조	75%	-	

① 고마워요.
② 저는 스무 살입니다.
③ 그는 나의 친구에요.
④ 벌써 6시인데 문을 닫았지요.

중국인 화자의 평서문 억양 곡선은 한국인 화자와 크게 다를 바가 없다고 말할 수 있다. 주로 내림조로 나타내고 있다. 구체적으로 억양 곡선 유형을 고찰 하면 네 가지 어말 유형의 평서문에서 모두 공통적으로 내림조를 발견할 수 있다. 특히, "-지요" 어말 억양 유형은 75% 내림조로 나타내고 있다. "-예요"와 "-어요"도 50% 이상으로 내림조로 나타내고 있다. 이런 특징은 중국어 평서문 억양과 일치한다. 중국어 평서문에서도 마찬가지로 내림조로 나타내고 있다. 이런 이유로 한국어 발음할 때에 대부분 내림조로 나타낸 것을 추측할 수 있다.

"-지요" 유형으로 예를 들자면 다음과 같다.

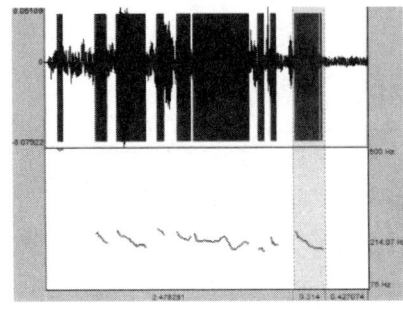 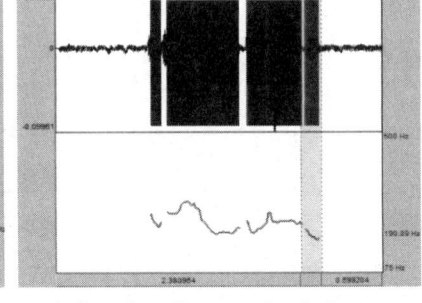

[그림 26] 중국인 화자 1
-"벌써 6시인데 문을 닫았지요."

[그림 27] 중국인 화자 1
-"벌써 6시인데 문을 닫았지요."
번역식 "已经6点了, 关门了吧。"

그림자 있는 부분을 보면 모두 내림조로 나타내고 있다. 중국인 학습자들이 자기 모국어를 말할 때에 습관적으로 사용하는 억양으로 이것이 한국어를 발음할 때에도 적용되는 것이다. 이는 바로 모국어 전이 현상의 결과이다.

 **5 정리**

억양에 대한 고찰 결과는 다음과 같다. 한국인 화자와 중국인 화자는 의문문에서는 "-세요", "-(으)ㄹ까요", "-어(아)요" 어미 유형이 총체적으로 모두 상승하는 추세를 보이고 있다. 하지만 "-(으)ㄹ래요" 어미 유형은 중국인 화자 대부분 내리 오름조로 나타내고 있다. 이런 현상을 모국어 전이라고 할 수 있다.

평서문과 청유문에서는 중국인 화자는 한국인 화자와 비슷하게 문

장 전체 하강 추세를 보이고 있다. 이런 형상도 중국어 평서문과 청유
문 역시 내림조의 영향을 받은 결과이다.

명령문 억양에서는 몇 가지 특징을 발견할 수 있다. 첫째, 문말 어미
"-어(아)" 유형에서 한국인이 낮내림조로 나타내고 있지만 중국인 학
습자들은 대부분 내리 오름조로 나타내고 있다. 둘째, 문말 어미 "-어
(아)라" 유형에서 한국인 화자가 낮은 수평조로 나타내고 있지만 중국
인 화자들은 낮은 수평조 외에 낮내림조와 오르 내림조가 더 많이 나타
내고 있다. 셋째, 문말 어미 "-십시오" 유형에서 한국인 화자들이 낮은
수평조로 나타내고 있지만 중국인 화자들이 모두 오르 내림조로 나타
내고 있다. 넷째, 문말 "-지 마세요" 유형에서 한국인 화자는 오르 내림
조로 나타내고 있다. 중국인 화자들 중에 40% 한국인 화자와 비슷한
억양 곡선을 나타내고 있다. 나머지 60% 중국인 화자들이 내리 오름조
로 나타내고 있다. 이런 억양 유형들을 발생하는 원인은 중국인 화자가
한국어를 구사할 때에 모국어인 중국어의 영향을 받은 것을 부인할 수
없다.

본 연구는 녹음 조사, 청취 판단, 음향 실험 등의 방법으로 보다 과
학적으로 실행되었다. 중국어권 학습자를 위한 억양 교육의 필요성을
제시했다. 또한 중국어권 학습자들의 억양 문제를 분석하고 교육 방안
을 구안하기 위한 이론적 토대를 마련하였다. 하지만 본 연구에서의
조사 대상은 중국인 고급 학습자에 국한되어 조사되었고 참여인원이
많지 않아, 보편적인 연구결과라고 말할 수 없다. 또한 성별에 따라 지
역에 따라 억양 특징 차이를 연구해 봤지만 규칙성을 발견하지 못했다.
이를 통해 실제로 중국인 학습자들의 초분절 발음 문제의 심각함을 거
듭 확인하였고, 초분절 발음에 대한 연구는 앞으로 더 활발히 이루어
져야 한다고 생각한다.

참고문헌

권성미(2009), 모음 중심의 실험음성학적 연구, 박이정.

권영미(2008), "중국 학습자를 위한 한국어 발음 지도 방안 연구", 청주
　　　　대교육대학원 석사학위논문.

김미경(2009), "중국인 고급 한국어 학습자를 위한 한국어 발음 교육
　　　　연구", 충남대 대학원 석사학위논문.

김복희(1987), "어조 방법에 의거한 한국 성인들을 위한 불어 발음 교
　　　　정: 초보자들을 중심으로", 祥明女大 大學院 석사학위
　　　　논문.

김선철(2005), 국어 억양의 음운론, 경진문화사.

김시원(2004), "초분절음소를 중심으로 한 발음지도 방안에 관한 연구",
　　　　수원대 교육대학원석사학위논문.

김영만(1986), 國語超分節音素의 史的研究, 한신문화사.

김영만(1988), "중국어 사성의 국어운소(초분절음소)회에 대한 연구",
　　　　한민족어문학회, 영남어문학 제15집.

김영미(2007), "중국인 학습자를 위한 한국어 발음 교육 방안 :단모음
　　　　을 중심으로", 부경대 대학원 석사학위논문.

김영실(1987), "영어와 국어의 초분절음소 대조분석", 梨花女大 敎育大
　　　　學院 석사학위논문.

김용렬(2008), "중국인 학습자를 위한 발음 교육 방안 :자음동화 현상
　　　　을 중심으로", 부산대 대학원 석사학위논문.

박시연(2009), "중국어권 학습자의 한국어 억양 실현 양상 연구 - 대화
　　　　체 문장을 중심으로- ", 이화여대 국제대학원 석사학위
　　　　논문.

박해연(2007), "한국어 억양 발음 교육: 한·중 의문문 억양 곡선 비교
　　　　　를 중심으로", 서울대학교 대학원 석사학위논문.
이순영(2008), "중국어권 학습자의 발음 오류의 실제와 교정 방안 연
　　　　　구: 초급 말하기 평가 자료를 중심으로", 영남대 대학원
　　　　　석사 학위논문.
이재돈(2007), 中國語音韻學, 學古房.
이향화(2006), "중국인의 한국어 학습상 오류 연구", 원광대 대학원 석
　　　　　사학위논문.
이현복(2004), 한국어 표준발음사전: 발음, 강세, 리듬, 서울대학교 출판.
임　운(2007), 조음음성학과 음향음성학, 한국문화사.
장재웅(2009), "표준 중국어 영어 차용어에서의 초분절 음소의 대응 관
　　　　　계연", 중국어문학논집 제55호.
전원해(2005), "중국 학생들의 한국어 발음 오류 연구 :자음을 중심으
　　　　　로", 성균관대 대학원 석사학위논문.
표경란(1998), 'RFC 모델의 한국어 억양 곡선에의 적용', 부산대학교
　　　　　대학원.

제 4 장
맞춤법 및 불규칙 활용 교육 방안 연구

태국 교포 아동의 맞춤법 오류 분석과 교육 방안 연구
음운과 음운변동을 중심으로

한국어 교재에 나타난 '불규칙 활용' 교육 방안 연구

태국 교포 아동의 맞춤법 오류 분석과 교육 방안 연구
– 음운과 음운변동을 중심으로 –

1 음운교육을 통한 맞춤법 교육의 필요성

1.1. 연구의 목적 및 필요성

우리는 한국어를 모국어로 사용하면서 읽고 말할 때에는 머뭇거리는 경우가 거의 없지만, 쓰기에서는 잠시 머뭇거리거나 맞춤법이 틀리지는 않았는지 걱정을 하기도 한다. 이처럼 모어 화자들에게도 어렵게 느껴지는 한글 맞춤법을 한국어를 배우는 외국인 학습자들이나 외국인들처럼 다른 문화권과 다른 언어권에 살고 있는 교포들도 역시 어렵게 느끼고 있으며 작문에서 빈번한 오류를 범하고 있다. 한글 맞춤법 통일안 총칙 1항은 '한글 맞춤법은 표준어를 소리대로 적되, 어법에 맞도록 함을 원칙으로 한다.'이다. 해설 부분을 살펴보면 '표준어를 소리대로 적는다.'는 근본 원칙에 '어법에 맞도록 한다.'는 조건이 붙어 있는 것으로 설명하고 있다. '표준어를 소리대로 적되'라는 것은 표준어의 발음 형태대로 적는다는 것이며, '어법에 맞도록 한다.'는 것은 뜻을 파악하기 쉽도록 각 형태소의 모양을 밝히어 적는다는 것이다. 또한 '어법에 맞도록 함을 원칙으로 한다.'고 한 것은 예외가 있음을 의미하는 것이다. 이처럼 한글 맞춤법 통일안의 기본 원칙은 소리대로 적으면서도 뜻을 파악하기 쉽게 형태소를 밝혀 적어야 하며, 예외를 인정하고 있어 맞춤법을 잘 지켜 쓴다는 것이 어렵다는 사실을 알 수 있다.

외국인 학습자들은 사전의 학습이 전혀 없는 상태에서 한국어 학습을 시작한다. 그러나 교포들의 경우는 부모님이나 주변 사람들을 통해 입말을 먼저 배우는 경우가 많기 때문에 맞춤법을 교정하는데 더 큰 어려움을 겪고 있다. 따라서 한국에서 생활하는 모어 화자나 한국어를 처음 접하는 외국인 학습자들보다 교포 학습자의 경우 맞춤법에 대한 교육이 더욱 필요하다. 그러나 교포 학습자들의 경우 대부분이 주중에 몇 시간씩 한국어를 배우고 있는 실정이다 보니, 절실히 필요한 과정임에도 불구하고 맞춤법을 따로 학습할 기회가 거의 없다.

이러한 교포 학습자들에게 정확한 한글 맞춤법 교육을 하기 위해서는 교포 학습자들의 맞춤법 오류에 대한 연구가 선행되어야 한다. 학습자의 오류를 연구하는 것은 오류를 통해 학습자의 발달 단계를 짐작하고, 교수-학습 내용과 방법의 방향을 제시할 수 있기 때문이다.[1] 따라서 교포 학습자들의 맞춤법 오류의 양상을 파악하는 것은 효율적인 학습을 하는 데에 중요한 근거 자료가 된다.

제2언어로서 한국어를 학습하는 학습자들의 오류에 대한 연구는 주로 영어권 학습자와 일본어권 학습자를 중심 대상으로 하여 이루어졌으며, 교포 학습자들의 오류에 대한 연구는 미국과 뉴질랜드 등 영어

----

1) Lado(1957)는 외국어 지도 시 학습자의 모국어를 이해하는 것의 중요성과 목표어와 모국어의 구조적인 차이점을 비교하여 교재의 편찬과 교수방법에 적용할 것을 강조하고 있고, Coder(1986)는 학습자의 오류는 목표어를 학습해 나아갈 때 학습자가 어떤 전략이나 절차를 사용하는지에 대한 증거를 제공한다는 점에서 상당히 중요한 것으로 간주한다.

권 학습자의 맞춤법 오류에 대한 연구가 대부분이다. 그런데 동남아시아에는 한국과 한국어에 대한 관심이 높아지고 있고 교포들의 수도 증가하고 있지만 이러한 학습자들에 대한 연구는 활발히 이루어지지 않고 있다. 태국의 경우도 마찬가지이다.

태국의 남부 휴양지인 푸껫의 경우 2개의 대학과 1개의 고등학교에서 태국인을 대상으로 한국어교육이 이루어지고 있으며, 교포 학습자를 위한 유일한 한국어 교육 기관인 주말 한글학교에서 교포 아동들이 한국어를 학습하고 있다.2) 그런데 푸껫은 휴양지라는 특성 때문에 태국어를 기본 언어로 하면서도 영어가 널리 사용되고 있다. 이에 따라 교포 아동들의 경우 태국어와 영어 두 가지 언어와 함께 한국어를 학습하고 있다. 태국어는 띄어쓰기를 전혀 하지 않고, 음절 조합의 형태, 문장의 구조도 한국어와 다르다. 영어 역시 문장의 구조도 다르고 한국어와는 다른 여러 가지 문법 사항들을 가지고 있다. 또한 대부분의 교포 학생들이 다니는 초등학교는 영어반과 태국반으로 나뉘어져 운영되고 있어 영어반에 진학하는 경우 영어와 태국어에 모두 능숙해야 한다. 이러한 상황 속에서 교포 학생들이 한글 맞춤법에 맞추어 글을 쓴다는 것은 매우 어려운 일이다.

본 연구에서는 먼저 푸껫 한글학교 학생들의 작문에 나타나는 맞춤법 오류와 한국 내 초등학생의 작문 자료에 나타나는 맞춤법 오류의 비교를 통해 푸껫 거주 교포 아동의 맞춤법 오류 양상의 특징을 살펴볼 것이다. 그리고 이러한 맞춤법 오류 양상을 적용한 맞춤법 교육의 실례를 통해 맞춤법 교육의 효과와 필요성을 검토해 보고자 한다.

....

2) 푸껫에는 쏭클라대학교와 라차팟대학교의 2개의 대학교가 있고, 각각의 대학에서는 전공이 아닌 제2외국어 선택 과목 중에 한국어가 개설되어 있다. 그리고 유일한 교민을 위한 한국어 교육기관으로 푸껫 한글학교가 있다.

1.2. 선행연구 검토

한국어교육에서 한국어 학습자의 오류에 관심을 갖기 시작한 것은 1980년대부터이다. 1980년대에는 문법적 오류와 음운론적 오류에 관한 논문이 발표되었으며 1990년대에는 일본어 학습자를 대상으로 한 오류 연구가 주를 이루었으며 작문을 통한 어휘 사용 오류에 관한 연구도 발표되었다. 2000년 이후에는 조사 사용 및 격조사 사용 오류, 맞춤법 오류, 시제 오류 등의 문법적 오류에 관한 연구들이 활발히 이루어졌다.[3]

그러나 이러한 연구들은 대부분이 외국인 학습자를 대상으로 한 연구이고 교포 학습자를 대상으로 한 연구는 많지 않다. 김영아(1990)는 재중교포들의 한국어 학습 시 나타나는 현상은 일반 중국어 화자의 경우와는 다른 양상을 보인다고 하고 학습자를 세 가지 유형으로 나누어 그 유형에 따라 한국어 학습 시 중국어의 영향이 어떻게 나타나는지 조사의 오류를 중심으로 살펴보았다. 이선영(2000)은 하와이 한인 사회 학교에서 한국어 수업을 받는 8세에서 18세 사이의 한국어-영어 이중언어 사용자를 대상으로 받아쓰기 분석 결과를 바탕으로 학습자들의 철자 인지도가 높지 않은 것을 밝혔다. 김미옥(2001)은 재미교포를 중심으로 맞춤법 오류의 실태를 자음과 모음, 음운의 첨가와 생략, 연철과 분철, 기타의 4가지로 나누어 분석하였다. 그리고 오류의 원인을 찾아내고, 효율적인 맞춤법 지도 방안을 모색하였다. 최인실(2007)은 뉴질랜드 한민족학교 9세부터 13세까지의 학습자를 대상으로 받아쓰기를 한 결과 개인차에 따른 정답률과 음운 현상별 각 항목의 정답률, 각 학년의 오답수, 오답 및 빈도, 현저한 고빈도 오답률을 제시하여 설

---

3) 강승혜(2003)는 한국어교육에 관한 연구 자료들을 분석하여 한국어교육의 연대별 동향과 주제별 동향을 조사하고 있다.

명하였다. 이처럼 교포 학습자를 대상으로 한 연구는 많지 않다.

 2 연구의 내용과 방법

2.1. 연구의 내용과 대상

본 연구의 주요 내용은 태국의 남부에 있는 국제도시인 푸껫 지방의 한글학교 학생들의 작문에서 나타나는 맞춤법 오류와 한국 내 초등학생의 작문 자료에 나타나는 맞춤법 오류의 비교를 통해 푸껫 거주 교포 아동의 맞춤법 오류 양상의 특징을 고찰하고, 이러한 맞춤법 오류 양상을 적용한 어문 규범 교육의 실례를 통해 한글 맞춤법 교육의 효과와 필요성을 검토하는 것이다.

본 연구를 위한 피험자는 푸껫 한글학교 3-4학년 학생들을 대상으로 하였다. 푸껫 한글학교는 매주 토요일에 운영되는데, 오전에는 한국어 수업, 오후에는 국악반, 논술반, 구연동화반 등 특별활동으로 운영되고 있다. 학급은 연령별로 5단계로 나누어져 있다. 1단계는 4-5세, 2단계는 6-7세, 3단계는 초등학교 1-2학년, 4단계는 초등학교 3-4학년, 5단계는 초등학교 5-6학년으로 단계가 나뉘어져 있다. 각 학급은 10명 내외로 총 약 50명 정도이다. 푸껫의 한글학교 학생들의 경우 연령이 낮아질수록 어머니가 태국인인 경우가 많으며 태국에서 태어난 학생들이 많다. 또한 한국어를 접할 수 없는 환경의 학생들이 매우 많으며, 토요일에 한글학교에 나오는 것이 한국인과 한국문화, 한국어를 접할 수 있는 유일한 기회인 학생의 경우도 있다.

본 연구에서 4단계의 3-4학년의 학생들을 연구 대상으로 한 것은 1 단계와 2단계 학생들은 한글의 자모와 단어를 배우는 수준이며 1단계 학생들의 일부는 한국어를 전혀 이해하지 못하는 학생도 있다. 3단계 초등학교 1-2학년 학생들은 일상생활 속에서 말하고 듣는 데에는 큰 문제가 없으나 길고 복잡한 문장을 작성하는 것은 어려운 실정이다. 5-6학년 학생들의 경우는 한국에서 초등학교 저학년을 다니고 태국으로 이주한 경우가 절반 이상이기 때문에 5-6학년 학급은 이해력과 표현력에 있어 개인차가 매우 크다. 따라서 자신의 의사를 글로 표현할 수 있는 4단계의 초등학교 3-4학년이 태국어가 한국어 습득에 영향을 미치고 있는지를 살펴보기에 가장 적절한 대상이었다.

푸껫 한글학교 학생들의 맞춤법 오류 양상의 특성을 파악하기 위한 비교 대상으로 한국의 초등학교 4학년 학생들을 선정하였다. 푸껫 한글학교 학생들의 경우 3학년과 4학년이 함께 학습하고 있기는 하나, 11 명의 학생 중 2명의 학생만 3학년에 해당하는 연령이었고 연령이 어리지만 학습 능력이 다른 학생들보다 우수하여 초등학교 3학년 학생보다는 4학년 학생들을 비교 대상으로 설정하였다. 한국의 초등학교 4학년 학생들은 모두 한국에서 출생하고 성장하여 보통의 초등학교에 진학 중이며, 외국에서 생활한 경험을 전혀 가지고 있지 않은 학생들이다. 또한 특별히 글쓰기 교육이나 맞춤법에 관한 교육을 받지 않은 학생들이다.[4]

이하에서는 푸껫 한글학교 학생들을 '푸껫 학습자', 한국의 초등학교

---

4) 비교집단인 한국의 초등학교 4학년 학생들을 푸껫 학습자들의 조건과 유사한 상황에 놓인 학생들로 구성하기 위해 글쓰기 관련 사교육을 받지 않은 학생들의 작문으로 비교 자료를 선정하였다.

4학년 학생들을 '한국 학습자'로 언급할 것이다.

2.2. 연구의 자료와 분석 방법

(1) 연구의 자료

연구의 자료는 푸껫 한글학교 3-4학년 11명과 한국의 초등학교 4학년 25명을 대상으로 하여 작문을 실시하였다. 푸껫 학습자의 작문은 수업 중 이루어졌던 이야기 이어쓰기와 학생들의 일기 중 2-3 문장 정도로 아주 짧은 것을 제외한 총 25편 117개 문장을 대상으로 하였다. 학생들의 일기는 서로 다른 소재와 내용을 가지고 있으나 이야기 이어쓰기는 주어진 이야기가 같기 때문에 그 뒤에 이어 쓴 학생들의 작문이 어휘 선택과 내용에 있어 제한적이었다는 단점이 있다. 한국 학습자들의 작문은 독서 감상문으로 총 25편 221개 문장을 대상으로 하였다. 학생들은 각자 다른 책을 읽고 자유로운 형식으로 감상문을 썼기 때문에 같은 책에 대한 감상문은 없다.

(2) 연구의 자료 분석 방법

연구 자료의 분석은 문장 단위로 나누어 맞춤법에 오류가 있는지를 조사하였다. 문장 단위로 나눌 때 긴 복문의 경우 안은 문장은 1개의 문장으로 하였고, 이어진 문장은 2개의 문장으로 나누었다. 오류의 판정에 있어 어려운 점은 오류와 실수를 구분하는 것이다. 본 연구의 자료는 작문 자료이기 때문에 오류와 실수를 명확히 구별하기 어려워 오류와 실수를 따로 구별하지 않았다.

오류 문장을 판정할 때 하나의 문장에 여러 개의 오류 요소가 있는 경우는 오류의 내용을 모두 수정하였다. 또한 오류를 판정할 때 띄어쓰기의 오류와 그 밖의 다른 오류를 분류하여 분석하였다. 이것은 띄어쓰기를 하지 않는 태국어가 한국어 맞춤법의 띄어쓰기 오류에 영향을 미치는지를 따로 분석해 보기 위해서이다.

또한, 문장부호도 오류 판정 요소에서 제외하였다. 문장부호를 사용하지 않는 것도 태국어가 한국어와 다른 점이다. 한글 쓰기에 있어 푸껫 학습자들은 문장부호를 거의 사용하지 않는다. 따라서 문장부호를 오류의 항목으로 설정하면 거의 모든 문장이 오류에 포함되기 때문에 문장부호에 의한 오류는 오류 문장으로 판정하지 않고 작문에 나타나는 특성에서만 언급할 것이다.

오류로 판정된 문장은 푸껫 학습자들과 한국 학습자들의 오류 빈도를 비교하여 푸껫 학습자들의 맞춤법 오류 양상을 분석할 것이다. 또한, 오류의 유형으로 음운(자음, 모음)의 오류, 음운의 변동과 관련된 오류, 단어의 오류, 띄어쓰기의 오류로 나누어 분석할 것이다.

2.3. 태국어의 간섭과 특징

외국인 학습자가 한국어를 학습할 때에 모국어의 간섭을 받는 것처럼, 푸껫 학습자들도 태국어의 간섭을 받는다. 따라서 푸껫 학습자들의 작문에 나타나는 오류를 분석하고 그 원인을 찾아보기 위해서는 태국어의 특징을 살펴볼 필요가 있다.[5]

한국어어는 교착어로서 문장의 각 성분마다 조사가 붙으며 시제와 높임에 따라 어미의 변화가 있다. 그러나 태국어는 고립어이기 때문에 어형의 변화 없이 각 단어의 의미과 배열 순서만으로 문법적 관계가

---

5) 태국어의 특징은 정환승(2002), 이한우(2002)를 참고하였다.

형성된다. 자음은 42자, 모음은 32자로 한국어보다 더 많은 자음과 모음을 가지고 있으며, 태국어에는 한국어의 자음 중 'ㄱ, ㅅ, ㅈ'의 음가를 가진 자음이 없다. 모음의 경우 한국어의 기본 모음 10개는 태국어에 모두 있으나, 단지 태국어는 같은 모음도 장음과 단음으로 구별한다. 한국어의 이중 모음은 한국어의 기본 모음을 결합하여 이중 모음을 만드는 것처럼, 태국어의 기본 모음을 결합하여 한국어 이중 모음을 같거나 비슷하게 표현할 수 있다.

  태국어의 자음은 앞서 언급한 것처럼 42개로 같은 음가를 가진 자음이 여러 개 존재한다. 이것은 한국어와 분명히 구별되는 성조를 가지고 있기 때문이다. 같은 음가의 자음도 고자음, 중자음, 저자음으로 나누어진다. 문장의 어순은 한국어가 '주어, 목적어, 서술어'의 순서인데 비해, 태국어는 '주어, 서술어, 목적어'의 어순으로 이루어졌다. 또한 수식어와 피수식어의 순서도 한국어와는 달리 피수식어가 수식어 앞에 온다. 또한 태국어는 띄어쓰기를 하지 않는다. 하나의 문장이 끝난 경우만 띄어쓰기를 하기 때문에 자음과 모음의 나열 속에서 어디까지가 하나의 음절인지 구별하기가 어렵다. 표기방법은 한글과 비슷한 점이 있다. 영어처럼 자음과 모음을 순서대로 나열하는 것이 아니라, 한글이 자음의 오른쪽이나 아래쪽에 모음을 표기하는 것과 유사하게 모음을 자음의 왼쪽, 오른쪽, 위, 아래에 표기한다. 그러나 받침은 자음과 모음을 결합한 오른쪽에 나란히 표기한다.

3 맞춤법 오류의 내용과 분석

3.1. 태국 교포 아동의 작문에 나타난 특징

푸껫 학습자들의 작문은 한국 학습자들의 작문과 비교하여 단락이
짧고 문장들은 매우 단순하며 복문은 거의 없었다. 푸껫 학습자들의
작문과 한국 학습자들의 작문은 똑같이 25편이지만 푸껫 학습자들의
작문 25편은 117개의 문장으로 되어 있었으나 한국 학습자들의 작문
25편은 221개의 문장으로 되어 있는 것에서도 작문의 내용이 대체로
짧다는 것을 짐작할 수 있다.

이러한 푸껫 학습자들의 작문 특징을 맞춤법 측면에서 살펴보면 띄
어쓰기를 무시하고 있으며 문장 부호를 거의 사용하지 않는다는 것이
다. 심지어 모눈 노트를 사용한 작문도 띄어쓰기를 하지 않은 경우가
아주 많았다. 또한 문장이 끝나는 곳에 온점을 거의 찍지 않았다. 태국
어는 문장 부호를 거의 사용하지 않는다. 한 개의 문장이 끝난 경우도
온점을 찍지 않고 쉼표나 물음표도 사용하지 않는다. 다만 인물의 말
을 인용하는 경우 큰따옴표를 사용한다. 이처럼 푸껫 학습자들은 온점
을 비롯한 문장 부호를 거의 사용하고 있지 않은 것이다. 이에 비해 한
국 학습자들은 다양한 문장 부호를 사용하고 있다. 문장의 끝에는 항
상 온점을 찍었으며, 물음표, 따옴표, 쉼표, 느낌표 등 적절하게 문장부
호를 잘 사용하고 있었다.

다음 예문 (1), (2)는 문장 부호 사용 실태를 확연히 보여주는 문장으로,
예문 (1)은 푸껫 학습자의 문장이며 예문 (2)는 한국 학습자의 문장이다.

(1) *친구들가((→이) 너코 *왜이러케(→이렇게) *기러(→길어)
    *물어써요(→물었어요.)
(2) "혼자 다니면 위험해!" 이렇게 엄마 너구리가 당부를 했는데도 혼
    자 놀다니!

예문 (1)과 (2)는 모두 인용 부분이 들어있다. 그런데 예문 (1)에서는
인용 부분에 따옴표를 사용하지 않았고, 예문 (2)에서는 따옴표를 사용
하여 인용 부분을 표시해 주었다. 또한 예문 (1)은 문장 끝에 온점도
사용하지 않았다. 띄어쓰기를 살펴보면 예문 (1)에서는 띄어쓰기 오류
가 두 번 나타나는데 비해 예문 (2)에서는 띄어쓰기의 오류가 나타나
지 않았다. 예문 (1)은 띄어쓰기의 오류 뿐 아니라 다른 맞춤법의 오류
도 범하고 있는데 반해 예문 (2)는 한글 맞춤법에 맞게 쓴 문장이다.
예문 (1), (2)가 푸껫 학습자와 한국 학습자의 맞춤법 오류의 차이를 단
적으로 잘 보여주고 있기는 하지만 극단적인 경우의 예이기도 하다.
예문 (2)의 한국 학습자의 문장에는 맞춤법 오류가 전혀 나타나지 않
지만, 한국 학습자의 문장에도 띄어쓰기의 오류를 비롯한 한글 맞춤법
오류가 종종 나타난다.

3.2. 맞춤법 오류의 유형과 빈도

푸껫 학습자의 오류 유형과 빈도를 분석하기에 앞서 한국 학습자와
의 비교를 통해 보다 더 효율적으로 문제점과 교육 방안을 제시할 수
있을 것이다. 이에 두 집단의 문장을 통해 비교한 결과 <표 1>에서 보
듯이 맞춤법 오류의 빈도는 푸껫 학습자들이 더 높게 나타났다.

<표 1> 푸껫 학습자와 한국 학습자의 오류 빈도와 오류율[1]

학습자	총 분석 문장	오류 빈도	오류율
푸껫 학습자	117	79	67.53 %
한국 학습자	221	77	34.85 %

푸껫 학습자의 오류 빈도와 한국 학습자의 오류 빈도는 근소한 차이를 보인다. 그러나 총 분석 문장에 대한 백분율인 오류율을 살펴보았을 때 그 차이는 거의 2배에 가깝다. 예상대로 푸껫 학습자들이 한글 맞춤법에 있어 더 많은 오류를 범하고 있다.

이러한 결과는 푸껫 학습자들은 단지 1주일에 한 번씩만 한국어 수업을 받고 있고, 한국어 맞춤법 교육을 계속적으로 받고 있지 않기 때문이다. 학습자들 스스로 한국어 책을 읽거나 한글로 기록을 하려고 노력하지 않는 한 푸껫 학습자들은 한국어를 접할 기회가 거의 없다. 이처럼 평소의 학습자들의 생활환경이 한국어를 보고, 읽고, 쓸 기회가 없어서 한글에 익숙하지 않은 것도 맞춤법 오류율이 높게 나타나는 원인의 하나라 할 수 있다.

다음은 오류의 유형별 오류 빈도와 오류율이다.

<표 2> 오류의 유형별 오류 빈도[1]

오류의 유형	푸껫 학습자	한국 학습자
음운(자음, 모음)의 오류	26	15
음운의 변동과 관련된 오류	27	22
단어 오류	1	5
계	54	42

<표 2>에서 보듯이 띄어쓰기를 제외하더라도 오류의 각 유형별 오류

빈도는 푸껫 학습자가 더 높게 나타난다. 두 학습자 모두 음운의 변동 오류의 빈도가 가장 높게 나타났다. 그러나 푸껫 학습자의 경우는 음운의 오류와 음운 변동과 관련된 오류의 빈도가 거의 차이가 없었으며 단어의 오류도 1회로 나타났다. 이에 비해 한국 학습자의 경우는 음운 변동에 관련된 오류의 빈도가 음운의 오류 빈도에 비해 확연히 높게 나타났으며 단어의 오류도 푸껫 학습자보다 더 높은 빈도를 보이고 있다.

이처럼 오류 빈도는 단순히 발생한 횟수이기 때문에 두 집단의 오류 현상을 정확히 비교하려면 오류율을 살펴보아야 한다.

다음은 오류의 유형별 오류율과 이에 대한 그래프이다.

<표 3> 오류의 유형별 오류율

오류의 유형	푸껫 학습자	한국 학습자
음운(자음, 모음)의 오류	48.15 %	35.71 %
음운의 변동과 관련된 오류	50.00 %	52.38 %
단어의 오류	1.85 %	11.91 %
계	100 %	100 %

<그림 1> 오류의 유형별 오류율 그래프

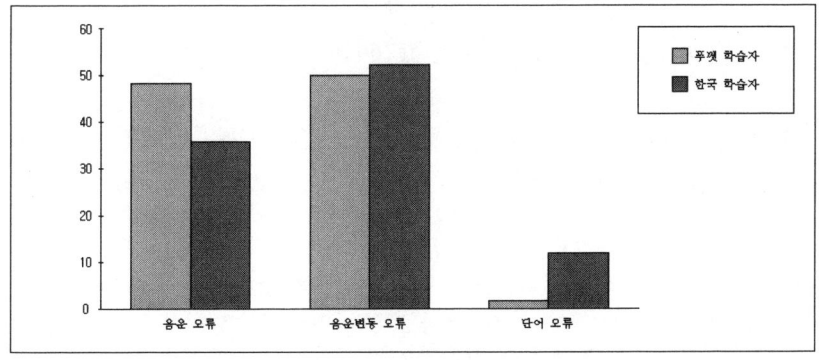

<표 2>와 <표 3>의 음운의 변동과 관련된 오류를 살펴보면 <표 2>에서는 푸껫 학습자가 더 높은 오류를 범한 것처럼 보이지만 <표 3>에서는 한국 학습자가 더 높은 오류를 범한다는 것을 알 수 있다.

<표 3>은 푸껫 학습자와 한국 학습자 모두 각각 오류의 유형 중 '음운의 변동과 관련된 오류'를 가장 많이 범하고 있으며, 한국 학습자가 조금 더 높은 오류율을 범하고 있음을 나타낸다. 또한 푸껫 학습자는 한국 학습자에 비해 오류의 유형 중에 '음운(자음, 모음)의 오류'를 더 많이 범하고 있음을 알 수 있다. 이에 비해 한국 학습자는 '음운(자음, 모음)의 오류'는 푸껫 학습자보다 낮게 나타나지만, 그 만큼 단어 오류를 더 범하고 있다.

3.3. 맞춤법 오류의 유형과 분석

3.3.1. 음운(자음, 모음)의 오류 분석

음운의 오류는 음운 변동 현상과 관계 없이 초성이나 종성에서 평음을 경음 또는 격음으로 잘못 대응하여 사용하거나 'ㅔ/ㅐ'와 같이 발음소리를 통해 구별이 어려운 모음을 잘못 사용한 경우이다.

꽃이 아주 *예쁘개(게) 났습니다.[6]

위 문장의 '예쁘게'를 '예쁘개'로 표기한 것은 'ㅔ'를 'ㅐ'로 잘못 표기한 경우인데, '김치찌개'를 발음하는 대로 '김치찌게'로 표기하는 경우

---

6) 맞춤법 오류가 문장은 오류 일으킨 어절 앞에 '*'를 표시하고 수정되어야 하는 음절 뒤에 '→'를 사용하여 수정하였다. 그리고 인용 문장에 여러 항목의 오류가 겹치더라도 논의하고자 하는 항목에 관한 오류만 표시하였다.

와 같은 것이다.

음운의 오류는 자음과 모음을 각각 다른 자음과 모음으로 바꾸어 쓴 오류이다. 본 연구에서는 이처럼 맞춤법에 어긋나는 다른 자음을 쓴 경우를 '자음의 대치', 맞춤법에 어긋나는 모음을 쓴 경우를 '모음의 대치'라고 한다.[7] 다음은 자모의 오류를 '자음의 대치'와 '모음의 대치'로 나누어 오류의 빈도를 살펴본 것이다.

<표 4> 자음의 대치와 모음의 대치의 빈도

음운의 오류 \ 학습자	푸껫 학습자	한국 학습자
자음의 대치	5	1
모음의 대치	22	14
계	27	15

자음의 대치와 모음의 대치의 빈도는 <표 4>와 같이 두 학습자 모두 모음의 대치에 대한 오류가 더 높게 나타났다. 또 푸껫 학습자는 한국 학습자보다 자음의 대치에 대한 오류 빈도가 더 높게 나타났다.

푸껫 학습자들은 다양한 자음의 대치 양상을 보였다. 'ㅅ/ㅆ', 'ㄱ/ㄲ', 'ㅈ/ㅊ', 'ㅋ/ㄲ'의 대치 오류와 한국어에는 없는 '많'의 받침을 'ㄹㄴ'으로 표기한 오류가 있다. 이에 비해 한국 학습자의 자음 대치는 'ㅊ/ㄹ'의 오류만을 보였다. 이처럼 푸껫 학습자가 자음의 대치 오류를 더 많이 범한 것은 자음의 발음에 대한 혼동 때문이라고 할 수 있다. 태국어 자음에는 'ㅆ', 'ㄲ', 'ㅉ' 과 같은 음가를 가진 자음은 있으나 'ㅅ', 'ㄱ',

7) 오류 유형에 있어서 Etherton(1977)은 문법 요소별로 오류의 유형을 분류하는 틀을 제시하였는데, 특히 관사와 전치사의 경우는 '누락된 것(omitted)', '불필요한 삽입(unnecessary)', 그리고 '잘못된 사용(wrong one used)'으로 오류를 분류하였다. (민진영, 2003 재인용)

'ㅈ' 음가를 가진 자음은 없어서 태국어를 모어로 하는 한국어 학습자
는 'ㅅ/ㅆ', 'ㄱ/ㄲ', 'ㅈ/ㅉ'을 명확히 구별하지 못한다. 이러한 현상에
미루어 보면, 푸껫 학습자들의 'ㅅ/ㅆ', 'ㄱ/ㄲ' 자음 대치 현상은 태국어
의 부적 전이에 의한 것이라 할 수 있다.

　모음의 대치에 있어서 푸껫 학습자들은 'ㅔ/ㅐ', 'ㅓ/ㅕ', 'ㅏ/ㅘ' 등의
오류를 나타내었고 한국 학습자들은 'ㅔ/ㅐ', 'ㅓ/ㅕ', 'ㅓ/ㅝ', 'ㅙ, ㅚ' 등
의 오류를 나타내었다. 푸껫 학습자와 한국 학습자가 공통적으로 'ㅐ/
ㅔ', 'ㅙ/ㅚ'에 대한 오류를 보였다.

　다음은 그 예이다.

　　(3) 다음에 또 먹었으면 *좋갰(→겠)다.
　　(4) *네(→내)가 만지는 것마다 금으로 돼면(→되면) 좋겠다.

　예문 (3)은 푸껫 학습자의 오류 문장이고 예문 (4)는 한국 학습자의
오류 문장이다. 두 학습자 모두 예문 (3), (4)와 같이 'ㅔ/ㅐ'의 오류를
나타내었는데, 푸껫 학습자는 모음의 대치 오류 총 19회 중 11회의 오
류 빈도를 나타내어 한국 학습자보다 'ㅔ/ㅐ'의 오류를 더 많이 범하고
있음을 알 수 있다. 특히 푸껫 학습자가 다른 모음보다 'ㅔ/ㅐ'의 오류
를 더 많이 나타내는 것은 'ㅔ'와 'ㅐ'의 발음을 명확히 구분하지 못하
기 때문이다. 입말을 먼저 배우게 되는 푸껫 학습자들이 명확히 구별
되지 않은 'ㅔ'와 'ㅐ'의 소리를 듣고 'ㅔ'와 'ㅐ'를 명확히 구별하여 표
기하기란 어려운 일이다. 태국어 모음에는 'ㅔ'와 'ㅐ' 두 모음의 음가가
모두 있으며, 태국어를 모어로 하는 화자는 마치 한국어 모어 화자가
'ㅅ/ㅆ'을 구별하여 발음하는 것처럼 'ㅔ'와 'ㅐ'를 분명히 구별하여 발
음한다. 그러나 한국어 모어 화자는 'ㅔ'와 'ㅐ'를 구별하여 표기하지만

발음을 잘 구별하지 못하기 때문에 표기에 있어서 푸껫 학습자가 'ㅔ/ㅐ'에 대한 오류를 더 많이 유발하게 되는 것이다.

그리고 '되면'을 '돼면'으로 표기한 것은 '되어'의 축약인 '돼'와 혼동한 것이다. '생각되다', '생각되어(돼)'의 차이를 모르기 때문에 오류를 범하는 것이다.

3.3.2. 음운의 변동과 관련된 오류 분석

하나의 음절 형태소가 다른 음절 형태소와 결합할 때 그 환경에 따라 발음이 달라지는 경우인데, 이러한 음운 현상에 의해 발음이 달라진 것을 그대로 표기한 경우이다.[8]

4월 20일은 내 *생일임(→입)니다.

위 문장의 '생일입니다'를 '생일임니다'로 표기한 것은 '-입-'의 'ㅂ'이 뒤에 오는 비음 'ㄴ' 앞에서 비음 'ㅁ'으로 바뀐 일종의 비음동화가 일어난 것인데, 이를 발음 그대로 '생일임니다'로 표기한 것이다.

음운 변동 현상에는 음절의 끝소리 규칙, 자음동화, 모음동화, 구개음화, 경음화, 사잇소리, 축약, 탈락, 연음 법칙 등 여러 가지가 있는데, 이 중 작문에 나타난 음운 변동 맞춤법 오류를 살펴볼 것이다. 다음은 음운의 변동과 관련된 오류의 빈도이다.

----

8) 한글 맞춤법은 표음주의와 표의주의의 상호 보완으로 이루어지고 있는데, 형태를 밝혀 적어야 함에도 불구하고 표음주의(소리나는) 대로 그대로 표기했기 때문에 오류가 된 것이다.

<표 5> 음운의 변동과 관련된 오류 빈도

음운의 변동 \ 학습자	푸껫 학습자	한국 학습자
음절의 끝소리 규칙	5	3
자음동화	2	5
경음화	4	1
사잇소리	0	3
연음 법칙	16	10
계	27	22

<그림 2> 음운의 변동과 관련된 오류 빈도 그래프

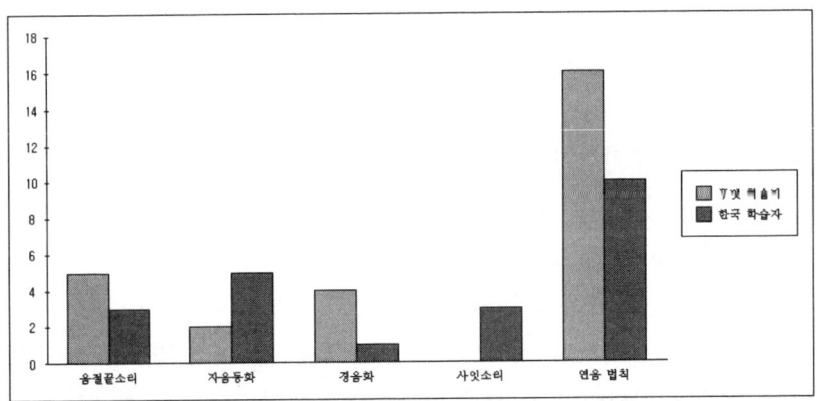

<표 5>와 <그림 2>에서 푸껫 학습자는 한국 학습자에 비해 음운의 변동 현상 발음을 표기에 그대로 적용하여 맞춤법의 오류를 더 많이 나타내었다. 그리고 푸껫 학습자와 한국 학습자 모두 연음 법칙에 따른 맞춤법의 오류를 가장 많이 범했다.

보통 맞춤법이 틀렸다고 하면 소리 나는 대로 쓰는 경우가 많다. 소리 나는 대로 표기하여 맞춤법이 틀렸을 때 가장 많은 오류의 원인이

되는 것은 연음 법칙이다. 마지막 음절에 받침을 가진 체언에 조사를 결합하는 경우나 어간과 어미가 결합하는 경우 연음 법칙이 많이 적용된다. 학습자들은 이러한 체언과 조사, 어간과 어미를 명확히 구별하지 못하여 맞춤법 오류를 범하는 것이다. 그런데 푸껫 학습자의 경우는 연음 법칙이 표기에 적용된 맞춤법 오류를 범한 원인을 한 가지 더 생각해 볼 수 있다. 태국어의 음절 표기와 관련한 원인이다. 한국어는 'CVC, CV, VC, V'의 4가지 방법으로 자음과 모음을 결합하여 음절을 형성한다. 이 중 'CVC'나 'VC'의 경우는 모음 아래에 받침을 쓰게 된다. 그런데 태국어는 'CVC'나 'VC'처럼 받침이 있는 경우 한국어와 달리 자음과 모음이 결합된 형태 옆에 놓이게 된다.9) 태국어의 자음과 모음 결합은 'CVC'나 'VC'와 같은 받침이 있는 경우를 제외하고는 한국어와 유사하게 자음과 모음을 조합하여 음절을 표기한다. 따라서 푸껫 학습자의 경우는 태국어의 음절 표기 방식의 간섭으로 연음 법칙에 따른 맞춤법 오류를 더욱 많이 발생시키는 것이라 할 수 있다.

다음은 음운의 변동과 관련된 오류의 예이다.

　　(5) 네가바베쿠를＊갖꼬(→갖고)와서＊가치(→같이)먹자
　　(6) ＊옌(→옛)날에 돼지가 나무에 부딪혀서 피가 났어요
　　(7) 그럼 바이바이 ＊끋(→끝)
　　(8) 그래서 돼지가 ＊푸러(→풀어) 주었어요

예문 (5)의 '갖꼬'는 '가지다'의 준말인 '갖다'에 어미 '-고'가 결합된

---

9) 태국어의 모음은 자음의 좌우 또는 위에 표기하며 모음 다음에 오는 자음은 모음 옆에 쓴다. 따라서 음절 형성의 형태가 'CVC'일 때 초성과 중성은 한국어의 모아쓰기와 유사하게 표기하지만 종성은 모음 옆에 표기한다.

　ก(자음) + ◌ี (모음) + ม(자음)

'갖고'를 잘못 표기한 오류이다. '갖고'를 발음하게 되면 먼저 '갖-'의 'ㅈ'이 대표음 'ㄷ'으로 바뀌어 [갇고]로 소리 나게 되고 받침 'ㄷ'이 뒤에 무성음 'ㄱ'이 연결되어 'ㄱ'이 된소리 'ㄲ'으로 바뀌게 되어 [갇꼬]로 소리 나게 된다. 이러한 발음의 과정과 원형을 밝혀 적으려는 의도가 혼합되면서 '갖고'를 '갖꼬'로 표기한 오류이다. 예문 (6)은 'ㅅ'이 대표음 'ㄷ'으로 소리 나고 뒤에 오는 'ㄴ'과 만나 'ㄷ'이 다시 'ㄴ'으로 바뀌어 '옛날'은 [옌날]로 소리 난다. 이러한 자음 동화에 의한 음운 변동을 그대로 표기한 예이다. 예문 (7)은 '끝'의 음절의 끝소리 'ㅌ'이 대표음 'ㄷ'으로 소리 나서 '끝'이 [끋]으로 소리 나는 것을 그대로 표기한 예이다. 예문 (8)은 어간 '풀-'에 어미 '-어'가 결합되면서 어간 '풀-'의 받침이 뒤에 오는 모음과 결합되면서 연음되어 [푸러]로 소리 나는 것을 그대로 표기한 예이다.

3.3.3. 단어의 오류 분석

음절을 대상으로 하되 단어에 해당되는 것으로 자립형태소는 물론, 실질형태소에 형식형태소가 결합하는 일종의 단어 오류이다.

*보차르트(→모짜르트)는 오랜 세월을 음악만 사랑했다.

위 문장의 '보차르트'는 '모짜르트'라는 외국 이름에 익숙하지 않은 데서 온 오류라고 볼 수 있다. 이처럼 구어적 습관에 따라 표기한 것으로 보이거나 '아니'의 준말을 '않'으로 사용하는 등 음운이나 음운 변동과 관련된 오류와 거리가 먼 경우는 단어의 오류로 분류하였다.[10]

---

10) 단어의 오류는 음운의 오류, 음운변동과 관련된 오류에 해당하지 않는 것으로 음절 형태소 이상인 단어의 오류를 분류한 것이다.

<표 6> 단어의 오류 빈도

학습자	푸껫 학습자	한국 학습자
단어의 오류	1	5

<표 6>에서 보듯이 기타 오류는 푸껫 학습자나 한국 학습자 모두 낮은 빈도를 보이지만 한국 학습자가 조금 더 높은 빈도를 나타내고 있다. 다음은 기타 오류의 예이다.

(9) 그네를 *밀으면서(→밀면서) 탔습니다.
(10) 그건 *않(→안)좋은 방법이야 근데 대단하다.
(11) 선생님의 말씀을 *귀울여(→귀 기울여) 듣지 않아서 그런 거겠지.

예문 (9)의 '*밀으면서'의 기본형은 '밀다'이며 '밀다'는 'ㄹ' 규칙 동사로 어간 '밀-'에 어미 '-면서'를 결합한 '밀면서'로 수정되어야 한다. 예문 (10)은 부정 부사 '안'과 동사 '않다'의 혼동에서 온 오류이다. '않'을 종성자음의 오류로 볼 수도 있으나 '않'을 '좋은'과 붙여 썼고 다른 학생들의 작문에서도 부정 부사 '안'과 동사 '않다'를 혼동한 예를 빈번히 찾아 볼 수 있기 때문에 부정 부사 '안(아니)'과 동사 '않다(아니하다)'의 혼동에서 온 오류로 보았다. 예문 (11)은 문맥상 '귀(를) 기울이다'의 의미 표현인데, '귀'와 '기'를 혼동하여 범한 오류로 볼 수 있다.

3.3.4. 띄어쓰기의 오류 분석

본고에서 띄어쓰기 오류는 다른 맞춤법 사항들은 모두 바르게 표기하였으나 띄어쓰기만 오류를 범한 경우를 다루었다.

내가 한골을넣어서 우리편이 이겼다.

위 예문에는 띄어쓰기 이외에 다른 맞춤법 오류가 없다. 이러한 문장은 띄어쓰기 오류의 분석 항목으로만 포함시킨 것이다. 이것은 띄어쓰기를 하지 않는 태국어가 한국어 맞춤법의 띄어쓰기 오류에 영향을 미치는지를 따로 분석해 보기 위해서이다.

앞의 '3.1 태국 교포 아동의 작문에 나타난 특징'에서 언급했던 것처럼 한국 학습자와 푸껫 학습자 모두 띄어쓰기의 오류 빈도가 높게 나타났다.

<표 7> 띄어쓰기의 오류 빈도와 오류율

학습자	총 분석 문장	띄어쓰기 오류 빈도	띄어쓰기 오류율
푸껫 학습자	117	38	32.48 %
한국 학습자	221	45	20.36 %

<표 7>에서 띄어쓰기 오류의 빈도는 한국 학습자가 더 높게 나타났다. 그러나 총 분석 문장의 개수가 다르기 때문에 오류의 빈도로 어떤 학습자의 오류가 더 높은지 알 수 없다. 그래서 오류율에 대한 검토가 필요하다. 띄어쓰기 오류의 오류율을 살펴보면 푸껫 학습자의 띄어쓰기 오류율은 33.33%이고 한국 학습자의 오류율은 20.36%로 푸껫 학습자의 오류율이 약 12% 정도 더 높게 나타났다. 다음은 띄어쓰기 오류의 예이다.

(12) 유정이는 오늘 놀이터에서 <u>그네를탔습니다</u>
(13) 오늘 <u>제집에서</u> 고양이랑 놀았습니다

(14) <u>그날밤</u> 돼지가 울면서 하느님 한태 말했어요

(15) <u>내일또</u> 놀았으면 좋겠다.

(16) 엄마는 내가 <u>태국공보가안자래서화가났다</u>

(17) 너무 커서 <u>못가져갔다</u>.

(18) 나는 <u>그사람이</u> 너무하다 생각하고 가족들이 불쌍하다.

(19) 꽃이 너무 <u>예쁠것</u> 같다.

(20) 나는 <u>이책을 읽을때</u> 마지막 부분이 감동적이었어.

(21) 천장에 매달아 놓고 <u>밥한번</u> 먹고 <u>굴비한번</u> 보고 밥을 먹었다.

예문 (12)~(16)은 푸껫 학습자의 띄어쓰기 오류 문장이고, 예문 (17)~(21)은 한국 학습자의 오류이다. 예문 (12)는 목적어 '그네를'과 '탔습니다'의 서술어를 붙여 쓴 예이다. 예문 (13), (14)는 관형어와 체언을 붙여 쓴 예이다. 예문 (15)는 부사와 부사를 붙여 쓴 예이다. 이처럼 푸껫 학습자의 띄어쓰기 오류는 여러 가지 다양한 형태로 나타났다. 예문 (16)은 체언과 체언, 주어와 서술어, 부사어와 서술어 등 문장내의 거의 모든 성분을 붙여 썼다. 예문 (17)은 부사어와 서술어를 붙여 쓴 예이고, 예문 (18)은 관형어와 체언을 붙여 쓴 예이다. 예문 (19)의 '예쁠것'과 예문 (20)의 '읽을때', 예문 (21)의 '밥한번', '굴비한번'은 관형어와 의존명사를 붙여 쓴 예이다. 또한 예문 (20)의 '이책'은 관형어와 체언을 붙여 쓴 예이다. 이처럼 한국어 학습자들의 띄어쓰기는 관형어와 체언이 결합될 때, 특히 관형어와 의존명사가 결합될 때 띄어쓰기의 오류 빈도가 높게 나타났다.

이처럼 푸껫 학습자들의 띄어쓰기 오류율이 높은 것은 띄어쓰기를 하지 않는 태국어의 영향이라고 할 수 있다. 여러 개의 단어를 붙여 쓰는 것에 익숙한 푸껫 학습자들이 띄어쓰기를 하는 것은 쉽지 않은 일

이다. 또한 태국어는 단어 간의 조합은 쉬우나 두 단어가 조합하여 하나의 단어를 형성할 때에 한국어의 활용과 같은 형태가 없이 두 단어를 붙여 쓰기만 하면 된다. 체언과 조사를 구별하고 용언의 어간과 어미를 구별하고 접미사, 접두사 등의 원형을 밝혀 적는다는 개념이 학교에서 태국어 수업을 계속적으로 받고 있는 푸껫 학습자들에게는 쉽게 이해되기는 어렵다. 이처럼 태국어가 가지고 있는 언어적 특성이 학습자들의 띄어쓰기 오류를 높이는 원인이 되고 있다.

4 맞춤법 교육의 방법과 결과

4.1. 맞춤법 교수-학습의 내용과 방법

제3장에서 제시한 푸껫 학습자들의 맞춤법 오류의 분석을 바탕으로 맞춤법 오류의 피험자였던 푸껫 학습자(푸껫 한글학교 3-4학년 학생)들을 중심으로 약 2주 동안 7회에 걸쳐 맞춤법 수업을 하였다. 맞춤법 수업은 푸껫 학습자들의 작문에 나타났던 오류 빈도수가 높은 단어들을 다양한 방법으로 지속적인 반복 학습을 시키는 형태로 이루어졌다. 먼저 오류 빈도가 높은 단어 30개를 중심으로 의도적으로 10개의 문장을 구성하여 교수-학습을 시작하기 전 받아쓰기를 통해 학생들의 교수-학습 전 오류 빈도를 측정하였다. 또한 교수-학습이 모두 끝난 후 똑같은 10개의 문장에 대해 받아쓰기를 하여 교수-학습 후의 오류 빈도를 측정하였다. 오류 빈도가 높았던 30개의 단어에 대한 학습 전과 후의 오류 빈도를 비교하여 맞춤법 수업이 학습자의 맞춤법 오류를 줄일

수 있는지를 살펴보기 위한 것이었다. 선별된 단어들에 대한 반복 학습으로 음운(자모) 오류의 경우는 태국어의 자모와 비교하거나 정확한 발음을 설명하였다. 그리고 음운 변동과 관련된 오류는 음운 변동 현상을 간단히 설명하고, 학습자들이 다른 단어에 적용해 보는 탐구 학습 활동을 중심으로 하여 학습지를 통해 두 개의 단어 중 바르게 쓰여진 단어 고르기, 문장 안에 적절한 단어 쓰기, 바른 발음 적기, 여러 개의 단어들 중 맞춤법이 맞는 단어 고르기, 플래시 카드를 통해 틀린 단어와 맞는 단어 구별하기 등의 방법을 이용하였다. 특히 받침이 있는 단어에 모음으로 시작하는 용언의 어미나 조사가 결합되면서 연음되어 발음하는 것을 표기에 그대로 적용하는 오류가 많이 나타나는 것을 수정하기 위해 이러한 단어 형성 과정을 설명하고 학습자 스스로 정확한 발음과 표기를 찾는 과정을 집중하여 반복하였다. 교수-학습은 학습자들이 흥미롭게 학습할 수 있도록 노래와 게임을 이용하였다. 문장 부호는 각각의 쓰임새를 설명하고 문장 부호의 형태를 손동작으로 표현하여 이름을 기억할 수 있도록 유도하였다.

4.2. 맞춤법 교수-학습의 결과

맞춤법의 오류를 조사하고 오류율이 높은 단어들에 대해 집중적으로 맞춤법 학습을 시키는 것이 맞춤법 오류를 줄일 수 있는지를 살펴보기 위해 교수-학습 전 오류율이 높은 단어들로 구성한 10개의 문장에 대해 받아쓰기를 하였다. 그리고 교수-학습이 끝난 후 똑같은 문장에 대해 받아쓰기를 하였다. <표 8>은 맞춤법 교수-학습 전과 후의 받아쓰기 오류 빈도이다. 약 2주간 동안 매 시간마다 20명이 넘는 학생들이 수업을 들었으나, <표 8>에서는 수업을 한 번도 빠지지 않은 13명의 학생들만의 받아쓰기 결과를 제시하였다. <표 9>는 맞춤법 교수-학습 전과 후의 받아쓰기 오류율이다.

<표 8>에서 ①~⑬의 번호는 학생들의 이름을 대신한 것이며, '받아쓰기1'은 맞춤법 학습 전의 받아쓰기 결과를, '받아쓰기2'는 맞춤법 학습 후의 받아쓰기 결과이다. '받아쓰기1'과 '받아쓰기2'의 결과는 문장 안에 의도적으로 삽입되었던 오류율이 높았던 30개의 단어에 대한 맞은 개수를 의미한다.

<표 8> 맞춤법 교수-학습 전·후 받아쓰기 오류 빈도

푸껫 학습자	받아쓰기1 (교수-학습 전)	받아쓰기2 (교수-학습 후)	향상빈도
①	14	4	+10
②	14	10	+4
③	1	0	+1
④	9	2	+7
⑤	1	1	0
⑥	3	1	+2
⑦	27	19	+8
⑧	18	12	+6
⑨	17	12	+5
⑩	11	1	+10
⑪	3	0	+3
⑫	5	1	+4
⑬	7	0	+7

<표 9> 맞춤법 교수-학습 전·후 받아쓰기 오류율

푸껫 학습자	받아쓰기1 (교수-학습 전)	받아쓰기2 (교수-학습 후)	향상률
①	47 %	13 %	34 %
②	47 %	33 %	14 %
③	3 %	0 %	3 %
④	30 %	7 %	23 %
⑤	3 %	3 %	0 %
⑥	10 %	3 %	7 %
⑦	90 %	63 %	27 %
⑧	60 %	40 %	20 %
⑨	57 %	40 %	17 %
⑩	37 %	3 %	34 %
⑪	10 %	0 %	10 %
⑫	17 %	3 %	14 %
⑬	23 %	0 %	23 %

<표 8>, <표 9>에서 보듯이 13명의 학생 중 12명의 학생이 맞춤법 학습 후에 낮은 오류 빈도를 보였다. 특히 ①번 학생과 ⑩번 학생의 경우는 34%라는 높은 향상을 보이고 있으며, ⑦번 학생은 27%, ④번 학생과 ⑬번 학생은 23%의 높은 향상을 보이고 있다. 학습 전 받아쓰기에서 맞춤법 오류율이 낮았던 학생들도 학습 후에 조금씩 향상된 결과를 얻었다. 다만, ③번 학생만이 오류율에 변화가 없다. 이러한 결과는 맞춤법 교육이 단기간에 이루어졌으며, 상황적 여건으로 인하여 과제를 제시하지 못하고 수업 시간에만 의존했던 점을 고려한다면 큰 성과

라 할 수 있을 것이다.

　오류율이 높았던 30개의 단어들 중에 학습 전 받아쓰기에서 모든 학생들이 맞춤법의 오류를 보였던 '해돋이'는 맞춤법 학습 후에 6명의 학생들이 맞춤법 오류가 수정되었다. 오류율에 변화가 없었던 ③번 학생이 오류를 범한 단어도 역시 '해돋이'였다. 또한 맞춤법 학습 후에 '해돋이'를 바르게 쓴 학생들 6명은 학습 전 받아쓰기에서 낮은 오류율을 보였던 학생이었다. 이것은 '해돋이'에서 일어나는 구개음화 현상을 학습자들이 이해하지 못하고 있음을 추측할 수 있으며, '해돋이'라는 단어가 푸껫 학습자들에게는 친근한 단어가 아니기 때문에 오류율이 높았을 것이라는 예측을 할 수 있다. 친근하지 않은 단어에 대한 오류율이 높을 것이라는 예측은 'ㅔ/ㅐ'의 오류를 수정하기 위해 '개구리, 매미, 돼지'에 대한 반복학습에서도 나타났다. 'ㅔ/ㅐ'는 푸껫 학습자와 한국 학습자 모두 높은 오류를 나타낸 모음이다. '개구리와 돼지'에 대해 오류를 범한 학습자가 있어 이 두 개의 단어의 모음이 'ㅐ'임을 명확히 제시하고 '매미'와 '메미'를 제시했을 때 대부분의 학습자들이 망설이거나 '메미'를 바른 표기라고 대답했다. 한국에서는 여름이 되면 '매미'라는 단어를 들을 수 있고, 볼 수 있다. 그러나 태국에 거주하는 학습자들에게 '매미'는 낯설게 느껴지는 단어일 수 있다. 실제로 매미라는 단어를 들어본 적이 없는 학생들도 있었다. 이러한 현상은 학습자들에게 친근한 단어가 오류율을 낮출 수 있음을 시사한다.

5 정리

본 연구는 태국 푸껫에 거주하는 교포 아동들의 맞춤법 오류의 양상을 살펴보고 이를 맞춤법 학습에 적용해 봄으로써 태국 거주 교포 아동의 맞춤법 오류 실태를 파악하고 맞춤법 교육의 필요성을 검토해 보고자 했다.

본 연구의 피험자는 푸껫 한글학교 3-4학년 학생들을 대상으로 하였으며, 피험자의 작문 자료에서 오류를 분석하고 한국에 거주하는 초등학교 4학년 학생들의 작문에 나타나는 오류와 비교하였다. 태국어를 기본 언어로 하며 영어도 널리 사용하는 언어적 환경 속에서 한국어를 접할 기회가 매우 적은 교포 아동들은 푸껫 학습자 67.53%, 한국 학습자 34.85%로 한국의 초등학교 학생들보다 맞춤법 오류율이 약 2배 정도 높게 나타났다.

푸껫 학습자들의 작문에 나타나는 특징은 첫째, 한국 학습자들과 비교하여 문장이 짧고 단순하다는 것이다. 둘째, 띄어쓰기를 무시하는 경우가 많으며 문장 부호를 거의 사용하지 않는다는 것이다. 푸껫 학습자들의 문장이 짧고 단순한 것은 한국어로의 사고가 완전하지 않고, 한국어로 복문을 형성하는 것이 어렵기 때문이다. 띄어쓰기를 무시하고 문장 부호를 거의 사용하지 않는 것은 늘 사용하는 태국어의 영향으로 볼 수 있다. 태국어는 띄어쓰기를 하지 않고 따옴표 이외의 다른 문장 부호를 사용하지 않기 때문에 이에 익숙한 학습자들이 한국어 쓰기에서 띄어쓰기를 무시하고 문장 부호를 생략하는 오류를 범하는 것이다.

이처럼 태국어뿐만 아니라 언어적 환경이 다른 나라에서 살고 있는 교포 학습자들에게는 푸껫 학습자에게서 나타난 현상처럼 맞춤법 오류율이 한국의 학습자들보다 더 높게 나타날 것이라고 예측하는 것은 결과를 보지 않아도 가능한 것이다. 그러나 이처럼 높게 나타난 오류율을 줄이기 위한 교육은 잘 이루어지지 않고 있다. 따라서 교포 학습자들에게 올바른 쓰기 교육 방안을 마련하기 위해서는 체계적인 맞춤법 교육이 이루어져야 한다. 즉, 학습자들에 나타나는 오류의 특징적인 양상을 파악하고 그 원인을 찾아 학습 내용과 방법에 적용시켜야 할 것이다.

또한, 맞춤법 오류를 줄이기 위해 받아쓰기와 반복적 쓰기에 무조건 의존하거나, 학습의 과정 중에서 수정될 것을 기대하는 것은 마치 잘못된 발음을 수정하기 위해 옳은 발음을 들려주고 수정되기만을 기다리는 것과 같다. 맞춤법 오류를 줄이기 위해서는 무엇보다 학습자의 특성과 원인을 파악하여 구체적인 학습이 이루어져야 한다.

참고문헌

강희숙(2009), "중국인 한국어 학습자의 맞춤법 오류 연구", 한민족어
　　　　문학54, 한민족어문학회.

강민정(2008), 초등학생 맞춤법 오류 분석과 지도 방안, 부산교육대학
　　　　교 석사학위논문.

김미옥(1994), "한국어 학습에 나타난 오류 분석", 한국말교육 5, 국제
　　　　한국어교육학회.

김미옥(2001), "맞춤법 오류에 관한 연구-재미교포를 중심으로", 외국
　　　　어로서의 한국어교육(연세대학교 언어연구교육원 한국
　　　　어학당) 26-26.

김영아(1990), "재중교포들의 한국어 학습시 나타나는 오류 분석", 이
　　　　중언어학 7, 이중언어학회.

민현식(1999), 국어 정서법 연구, 태학사.

박덕유(2009), 학교문법론의 이해, 역락출판사.

박승도(1991), "한글 맞춤법의 오류 경향에 대한 지도 방법 구안 적용
　　　　을 통한 문장 표기 능력 신장", 새국어교육 47, 한국국어
　　　　교육학회.

성낙수(2005), "초·중·고등학생들의 국어사용의 실태와 분석-국어
　　　　표기를 중심으로", 청람어문교육 31, 청람어문교육학회.

유형선(2008), "한국어 오류 유형의 분류에 관한 연구", 한국어학 41, 한
　　　　국어학회.

이소영(2003), "한국어 학습자의 표기 오류 실태 연구", 이중언어학 23,
　　　　이중언어학회.

이정희(2002), "한국어 오류 판정과 분류 방법에 관한 연구", 한국어교

육 13, 국제한국어교육학회.

이정희(2003), 한국어 학습자의 오류연구, 박이정.

이한우(2002), 국어 문법론, 한국외국어대학교 출판부.

정한승(2002), 현대 태국어 문법론, 삼지사.

최인실(2006), "해외 교포 소년기 아동들의 한국어 맞춤법 지도 방안", 제16차 국제 학술대회 논문집, 국제한국어교육학회.

Brown, H. D(2000), Principles of Language Learning and Teaching, (3rded), Prentice Hall Regents(한국어판: 이홍수 외 공역(2001), 외국어 학습·교수의 원리, Pearson Education Korea).

Ellis, R(1997), Understanding Second Language Acquisition, Oxford: Oxford University Press.(박경자 외 역, 2001 「제2언어 습득」, 도서출판 박이정).

한국어 교재에 나타난
'불규칙 활용' 교육 방안 연구

 1 한국어 학습자를 위한 불규칙 활용 교육의 필요성

국어교육에서의 문법 교육의 목표[1]는 학습자로 하여금 국어에 대한
탐구 과정을 통해 통찰력과 논리적 사고력을 키우고, 언어와 국어의
문화적 가치 및 국어에 대한 체계적인 지식을 갖추며, 국어를 올바르
게 사용하여 국어의 발전에 기여하는 태도를 지니도록 하는데 있다.

반면, 한국어교육에서의 문법 교육의 목표는 학습의 대상이 다르다
는 점에서 국어교육의 문법 교육 목표와는 다르게 나타난다. 한국어
문법 교육은 외국인(또는 재외동포) 한국어 학습자를 대상으로 하기
때문에 상황에 맞게 정확하고 유창한 한국어로 의사소통 할 수 있도록
하며, 한국어 문법을 바르게 이해하고 그 문법을 효과적으로 사용할
수 있도록 하는데 그 목표를 두고 있다. 한국어 문법 교육을 통해 한국
어 학습자는 언어의 형태, 의미 등 한국어 사용에 필요한 정보를 정확
히 파악하게 되며, 한국어 문장 구성을 바르게 이해하고 효과적으로

---

1) 제 7차 교육과정에서 제시한 '문법' 과목의 목표이다.

문장을 생성해 낼 수 있게 된다. 또한 의사소통 상황에 맞게 정확하고 알맞게 표현하는 능력을 기르게 된다.

따라서 한국어 문법 교육의 일차적 목표는 '한국어 사용 능력의 배양'이라고 볼 수 있다. 그러므로 한국어 문법 교육 내용은 한국어 학습자가 문법 체계에 대해 구체적으로 이해할 수 있도록 추상적인 내용이 아닌 실제적인 내용으로 구성되어야 할 것이다. 아울러 실제 언어 상황에 익숙해질 수 있도록 한국인이 실제 사용하는 언어 사용 단위로 다양한 문법 내용이 제시되어야 할 것이다.

그러나 한국어 학습자들이 다양한 언어 상황에 맞는 문법을 사용하도록 하기 위해 교사가 음운적 규칙, 형태적 규칙, 통사적 규칙에 양태적 의미, 화용상의 기능 등을 포함한 문법 규칙을 구체적으로 제시하고 이를 모두 이해시킨다는 것은 쉬운 일이 아니다. 불규칙 용언처럼 규칙 용언이 보이는 활용 과정에서의 규칙성을 따르지 않아 음운론적 규칙성을 확보하기가 매우 어려운 문법 내용의 경우는 특히 그렇다. 음운론적으로 동기화된 설명이 어려운 문법 내용의 경우 외국인 학습자가 정확한 한국어 발음을 하도록 지도하는 방법에도 영향을 미치게 되기 때문에 학습자가 이해하기 쉬운 설명방식에 대한 교사의 고민이 요구된다.

본 연구는 이에 주목하여 한국어 교재에 나타난 '불규칙 활용' 양상을 살피고, 한국어 교재에서 '불규칙 활용'을 어떻게 제시할 것인지, 그리고 이를 효과적으로 지도하기 위한 방안은 무엇인지 고민해 보고자 한다.

본 연구는 그 대상을 한국의 4년제 대학의 언어교육원 및 어학원에서 출간한 한국어 교재 중 초급에 해당하는 교재로 삼았다. 이유는 각 대학의 한국어 교재들이 문법 항목이 중요도나 학습의 난이도 등에 따라 학습수준 급별로 배치하고 있는데, '불규칙 활용'과 관련한 용언의 경우에는 일상생활에서 흔히 사용되는 어휘와 관련하고 있으며, 이른 시기에 이에 대한 학습이 이루어져야 한다는 점을 인지하고 이를 대부분 초급 교재에서 다루고 있기 때문이다.[2]

본 연구에 선정된 교재는 모두 8권으로, 이들 교재는 타 대학 교재에 비해 비교적 불규칙 활용에 관한 문법 내용이 많이 실려 있다는 주관적 판단하에 선정된 것이다. 이를 정리하면 다음과 같다.[3]

  ○ 건국대 한국어교육센터, <한국어>, 2005.
  ○ 경희대 국제교육원 한국어교육부, <한국어>, 2001.
  ○ 서강대 한국어교육원, <서강한국어(구)>, 2005.
  ○ 서울대 언어교육원, <한국어>, 2000.
  ○ 선문대 한국어 교육원, <외국인 유학생을 위한 한국어>, 2008.
  ○ 성균관대 성균어학원, <배우기 쉬운 한국어>, 2009(개정판).
  ○ 연세대 한국어학당, <연세 한국어>, 2010.
  ○ 한국외대 한국어문화교육원, <외국인을 위한 한국어>, 2007.

---

2) 김제열(2001)은 1급에서 'ㅅ불규칙'을 제외한 모든 불규칙 활용이 다루어지는 것은 아니지만, 대부분의 대학 교재에서는 불규칙 활용 현상 중 어간 불규칙, 어간 어미 불규칙 활용과 대표적인 어미 불규칙 활용인 '여불규칙' 용언까지는 1급과 2급에 해당하는 초급단계에서 다루고 있음을 확인하였다.
3) 이는 대학명을 중심으로 가나다순으로 제시한 것이다.

2 불규칙 활용의 개념과 유형

이은희(2009)에 의하면, 국어 문법은 다양한 학문적 시각을 반영하여 다채로운 모습을 보여 오다가 학교 문법 통일안에 따라 국정 교과서 형태로 출간된 고등학교 문법 교과서가 일종의 규범 문법적 성격을 지니게 됨으로써 학교 문법을 다루는 이론서들은 개념이나 유형 설정 등의 기본적 틀에서 '불규칙 활용' 현상에 대해 어느 정도 일관된 설명 방식을 보이게 되었다.4) 어형변화표상의 계열적 관계에서 단일 형태를 유지하는지 여부에 따라 불규칙의 개념을 규정하던 전통문법적 접근 방식과 달리 음운배합상의 자동적 교체와 비자동적 교체라는 기준에 따라 불규칙 현상을 보는 생성문법적 관점을 학교 문법에서 받아들임에 따라 학교 문법에서도 '불규칙 활용'을 형태의 비자동적 교체로 보는 시각이 자리 잡게 된 것이다.

한국어 문법 교육은 이런 학교 문법의 '불규칙 활용'에 대한 개념 규정 방식의 변화에 전혀 반응을 보이지 않았다. 학습의 대상이 다르기 때문에 한국어 문법이 학교 문법과 완전하게 동일할 수는 없다. 그러나 이같은 양상은 또 다른 문제를 야기시켰다. 각 한국어 교재별로 '불규칙 활용'에 대한 학문적 입장 차이가 고스란히 나타나고 있어 한국어 학습자의 한국어 음운 현상 학습에 대한 혼란을 더욱 가중되고 있

----

4) 임홍빈(2000)에서는 학교 문법은 학교에서 가르치기 위한 문법인 반면, 규범 문법은 공적인 강제력을 지닌 문법이라는 점에서 개념상 학교 문법과 규범 문법을 구별하면서도 현재 규범 문법적인 성격을 지니는 것은 '고등학교 문법'이라고 보고 있다. 이에 본 연구에서는 국어 문법 교육을 학교 문법 교육으로 범위를 한정하여 논의를 진행해 나가고자 한다.

기 때문이다. 따라서 '불규칙 활용'에 대한 한국 문법과 한국어 문법의 통일된 개념 정리가 필요하다.

우선, 본 장에서는 한국어 교재에 나타난 '불규칙 활용'의 양상을 살펴보기에 앞서 한국어 문법에 '불규칙 활용'의 개념과 유형이 어떻게 나타나고 있는지 알아보도록 한다.

2.1 불규칙 활용의 개념

학교 문법에서는 '용언에는 변화하지 않는 부분인 어간과 변화하는 부분인 어미가 있어 용언의 어간에 어미가 두루 붙어 문장의 성격을 여러 가지로 바꿔주는데, 이 때 어간이나 어미가 불규칙한 방식으로 연결되면 그것을 불규칙 활용이라 한다.'고 설명하면서 '불규칙 활용'을 <표 1>과 같이 '규칙 활용'과 구분 짓고 있다.

<표 1> 규칙 활용과 불규칙 활용의 개념

활 용	개 념
규칙 활용	용언 활용시 어간과 어미가 유지되거나 규칙적으로 변화하는 활용
불규칙 활용	어간과 어미가 결합하는 활용할 때 규칙적인 설명으로 할 수 없는 활용

<표 1>에서 보는 바와 같이, 학교 문법에서 '불규칙 활용'이라는 용어는 '규칙 활용'과 대비되는 개념으로 나타난다. 즉, 어간과 어미의 결합과정에서 형태의 변화가 없거나 형태의 변화가 있더라도 보편적인 음운규칙, 자음동화, 구개음화, 음절의 끝소리 규칙 등으로 설명이 가능하다면 규칙 활용으로 보고, 이와 달리 활용 형태가 기본 형태와 전

혀 다른 모습으로 형태론적으로나 음운론적으로 설명이 불가능하다면 불규칙 활용으로 보는 것이다.

반면, 한국어 교육에서는 규범화된 문법이 정립되어 있지 않은 관계로 '규칙 활용'과 '불규칙 활용'에 대한 개념 규정이 학자마다 미묘한 차이를 보이며 표현하고 있는데, 이를 정리하면 <표 2>와 같다.

<표 2> 한국어 교육에서의 불규칙 활용의 개념

연구자	불규칙 활용의 개념
임호빈 외 (1997)	동사 활용시 어간과 어미가 결합하는 과정에서 어간, 어미 모두 형태가 변하지 않는 동사를 규칙동사라고 하고, 형태가 변하는 동사를 불규칙 동사라고 한다.
국립국어원 (2005)	동사나 형용사의 활용에는 어간이나 어미의 형태가 바뀌지 않는 규칙 활용과 어간이나 어미의 형태가 바뀌는 불규칙 활용이 있다.
백봉자 (2006)	동사가 활용을 할 때는 어간과 어미의 변화가 없이 그대로 결합하여 규칙적인 활용을 하는 것이 대부분이지만, 동사나 어미에 따라서는 어간이 변하거나 어미가 변하거나, 혹은 이 두 가지가 다 변하여 불규칙 활용을 하는 것이 있다.

문법 교육을 처음 접하는 초급 한국어 학습자들이 <표 2>의 '불규칙 활용'의 개념을 접하게 되었을 때를 가정해 본다면, 대개의 학습자들은 어간과 어미가 결합하는 과정에서 형태의 변화를 보이지 않은 것을 '규칙 활용'으로 인식하고, 그 이외의 경우는 모두 '불규칙 활용'으로 인식하게 될 것이다.

그러나 이와 같은 개념 정의는 한국어에 익숙하지 않은 초급 학습자들에게는 한국어 음운, 문법 체계 내에서 규칙성을 찾을 수 있는 '규칙 활용'도 일부 예외적인 활용의 예들 때문에 '불규칙 활용'으로 오해하게 만들기도 하고, 음운론적으로 형태의 변화를 설명할 수 있다 하더라도 이는 '불규칙 활용'으로 볼 수도 있게 한다. 따라서 한국어 문법에서는 학교 문법에서보다 더욱 명확하고 구체적으로 '불규칙 활용'개념 정의를 할 필요가 있겠다.

이에 여러 학자들의 의견을 고려하여 한국어 문법에서의 '불규칙 활용'의 개념을 다음과 같이 규정해 보고자 한다.

규칙 용언과는 대비되는 개념으로 동사나 형용사가 활용을 할 때, 어간과 어미의 결합과정에서 어간, 어미 모두 형태가 변하지 않는 활용을 규칙 활용이라고 하고, 형태가 변하는 동사를 불규칙 활용이라고 한다. 이 때 음운론적 설명 가능 여부와 상관없이 형태의 변화가 일어났다면 이는 불규칙 활용으로 본다.

2.2 불규칙 활용의 유형

현행 제 7차 교육과정 고등학교 문법에서는 '불규칙 활용'을 '어간이 바뀌는 불규칙, 어미가 바뀌는 불규칙, 어간과 어미가 바뀌는 불규칙'의 세 유형으로 나누고 유형별로 그 종류를 제시하고 있는데, 일반적으로 국어 문법에서도 이 유형을 따르고 있다. 이를 살펴보면 <표 3>과 같다.

<표 3> 불규칙 활용의 유형[1]

활용 부분	불규칙 활용 명칭	내 용
어간	'ㅅ'불규칙	'ㅅ'이 모음 어미 앞에서 떨어지는 현상
	'ㄷ'불규칙	'ㄷ'이 모음 어미 앞에서 'ㄹ'로 변하는 현상
	'ㅂ'불규칙	'ㅂ'이 모음 어미 앞에서 '오/우'로 변하는 현상
	'르'불규칙	'르'가 모음 어미 앞에서 '르르'형태로 변하는 현상

	'우'불규칙	'우'가 모음 어미 앞에서 떨어지는 현상
어미	'여'불규칙	어간이 '하'로 끝나는 용언에 모음 어미 '아'가 '여'로 바뀌는 현상
	'러'불규칙	어간이 '르'로 끝나는 용언에 모음 어미 '어'가 '러'로 바뀌는 현상
	'너라'불규칙	명령형 어미 '어/아라'가 '너라'로 바뀌는 현상
	'오'불규칙	'달-/다-'의 명령형 어미가 '오'로 바뀌는 현상
어간과 어미	'ㅎ'불규칙	'ㅎ'으로 끝나는 어간에 '-어/아'가 오면, 어간의 일부인 'ㅎ'이 없어지고 어미도 변하는 현상

반면, 한국어 문법에서는 변화된 학교 문법과는 다른 방식으로 이를 설명하고 있다. 이은희(2009)에 의하면, 백봉자(2006)나 국립국어원(2005)5)의 경우에는 어간이 바뀌는 경우, 어미가 바뀌는 경우, 어간과 어미가 함께 바뀌는 경우의 셋으로 유형을 나누고 유형별로 '불규칙 활용'의 종류를 들었지만, 임호빈 외(1997)에서는 특별한 유형 설정 논의 없이 'ㅅ 불규칙 동사, ㅂ 불규칙 동사, ㄷ 불규칙 동사, 르 불규칙 동사, ㅎ 불규칙 동사'의 다섯 가지로만 불규칙 용언을 설정하는 것으로 하여, 어미 불규칙은 '불규칙 활용'의 유형에서 제외시켰다. 국어 문법에서 이미 규칙 활용으로 보고 있는 '으 탈락'과 '르 탈락'도 몇몇 한국어 교재에서는 '불규칙 활용'으로 규정하고 있다.

이처럼 '불규칙 활용'의 유형이 혼란스러운 것은 한국어 문법 내에 규범화된 규정이 없기 때문이며, 이러한 규정의 부재는 무엇보다도 국어 문법과의 내적인 일관성을 찾아보기 어렵게 만든다.

따라서 한국어 문법은 규범화된 국어 문법의 틀을 취하여 '불규칙 활

---

5) 한편, 국립국어원(2005)에서는 '여 불규칙'과 '러 불규칙' 두 가지를 어미 불규칙의 종류로 보는 반면, 백봉자(2006)에서는 '여 불규칙', '거라 불규칙', '너라 불규칙'의 세 가지를 어미 불규칙으로 설정하고 있어 견해의 차이를 보인다.

용'의 유형을 명확하게 정립해 줄 필요가 있어 보인다. 국어 문법 체계를 얼마나 빨리 받아들여 유형을 정립해 주느냐에 따라 '불규칙 활용'에 대해 한국어 학습자의 이해도 빨라질 것으로 보인다.

3 한국어 초급 교재에 나타난 불규칙 활용 양상 분석

3.1 한국어 교재에 나타난 불규칙 활용 용어 및 문법 설명 방식

본 장에서는 한국어 교재에 나타난 '불규칙 활용'이 유형에 따라 어떻게 나타나고 있는지 그 양상을 살펴보고자 한다.

한국어 교재마다 제시하고 있는 '불규칙 활용'의 유형은 차이가 있었으며, 교재에 따라 '불규칙 동사/형용사', 'irregular verb', 'ㅂ verb'처럼 용어가 다양하게 사용하고 있었다. 대상 교재를 중심으로 '불규칙 활용'에 붙인 용어와 '불규칙 활용'과 관련한 문법 설명 언어를 정리해 보면 <표 4>와 같다.

<표 4> 불규칙 활용의 용어 및 문법 설명 방식6)

교재	용어	개념 설명	문법 설명	설명 언어
건국대	● 불규칙	×	○	한글, 영어
경희대	● irregular verb	×	○	영어
서강대	● irregular verbs	×	○	한글
서울대	● 불규칙 활용	×	×	×

6) ● 표시는 해당하는 음운 표시이다. 예) ㅂ불규칙, ㄷ불규칙……

선문대	● 불규칙 동사	×	○	영어
성균관대	● 불규칙 (irregular,不規則 活用)	×	○	한글
연세대	● verb	×	○	영어
한국외대	● 불규칙 동사	×	○	영어

<표 4>에서 볼 수 있듯이 '불규칙 활용'에 관련한 개념 정리는 그 어느 교재에서도 되어 있지 않았다. 초급 학습자임을 감안하면 '불규칙 활용'과 '규칙 활용'의 구분이 쉽지는 않겠으나, 추후 더 높은 수준의 한국어를 학습하기 위해서 학습의 초기 단계에서부터 문법 규칙에 대한 개념 정립을 명확하게 할 수 있도록 제시해 주는 것이 초급 학습자들이 한국어를 익혀 나가는데 도움이 될 것이다..

용어 사용면에 있어서 대부분의 교재들은 '불규칙'이라는 용어를 정확하게 사용하고 있었다. 서울대 교재나 성균관대 교재는 '불규칙 활용'이라는 용어를 정확하게 사용하고 있는 반면, 연세대 교재에서는 그냥 '●verb'로 명명하고 있었다. 그러나 이같은 용어는 초급 학습자에게 불규칙 활용을 설명하는 용어로는 정확하지 않으므로 좀 더 구체적인 설명이 포함될 수 있도록 수정이 요구된다.

문법을 설명하는 부분에 있어 한글로 설명하는 교재보다 영어로 설명하는 교재가 더 많았는데, 건국대 교재는 한글 설명 후에 영어 설명이 다시 되어 있어 학습자가 쉽게 이해할 수 있도록 하고 있다. 반면 서울대 교재는 목차에는 불규칙 종류가 언급되어 있었으나, 막상 단원의 문법 부분에는 문법 설명이 전혀 제시되지 않았으며, 'notes'라 하여 문법 부분의 맨 마지막에 간단하게 메모 형식으로 영어로 설명하고 있는 부분을 제외하고는 용언의 변화된 형태만 나와 있었다. 이는 학습자가 스스로 불규칙 활용을 학습해 나가기는 다소 무리가 있어 보이며, 교사의 적극적인 개입이 이뤄져야만 학습자가 '불규칙 활용'을 올바르게 이해하게 되어 있다. 따라서 한국어 교재에는 초급 학습자의 수준을 고려하여 문법 설명은 간단하게라도 제시되어야 할 것이며, '불규칙 활용'을 소개할 경우 어떤 종류의 불규칙 활용인지를 정확하게 제시해 줄 필요가 있겠다.

3.2 한국어 교재에 나타난 불규칙 활용 유형

한국어 문법이 규정화되지 않은 관계로 한국어 교재에 나타난 '불규칙 활용'의 유형은 국어 문법의 유형을 기준으로 정리해 보고자 한다. 다만, 'ㄹ 탈락'과 '으 탈락'의 경우, 국어 문법에서는 이미 이를 '규칙 활용'으로 분류하고 있으나 일부 한국어 교재가 이를 '불규칙 활용'으로 처리하고 있어 본고에서는 이를 '불규칙 활용'과 함께 살펴보고 있다. 이를 분석한 결과는 <표 5>와 같다.

<표 5> 한국어 초급 교재에 나타난 불규칙 활용의 유형[7]

활용 부분	활용 명칭	건국대	경희대	서강대	서울대	선문대	성균관대	연세대	한국외대	제시 교재 수
어간	'ㅅ' 불규칙	○ ▶2-20				○ ▶4-4	○ ▶2-8	○ ▶2-8	○ ▶2-6	5
	'ㄷ' 불규칙	○ ▶1-21	○ ▶2-12	○ ▶1B-1	○ ▶1-19	○ ▶1-8	○ ▶1-19	○ ▶1 -7	○ ▶1-22	8
	'ㄹ' 불규칙	○ ▶1-25		○ ▶1B-5		○ ▶1-6		○ ▶1-4	○ ▶1-24	5

7) ▶ 표기는 불규칙 활용이 나타난 교재의 권과 단원 표시이다. 즉, '▶2-20'은 2권 20과에 해당한다.

	'르' 탈락		○ ▶2-4	○ ▶1A-8	○ ▶1-24		○ ▶1-20			4
	'ㅂ' 불규칙	○ ▶1-13	○ ▶2-9	○ ▶1B-2	○ ▶1-10	○ ▶2-2	○ ▶1-17	○ ▶1-5	○ ▶1-15	8
	'르' 불규칙	○ ▶1-23	○ ▶2-19	○ ▶1B-4		○ ▶3-8	○ ▶1-18	○ ▶1-7		6
	'으' 불규칙	○ ▶1-13		○ ▶1A-7		○ ▶3-1	○ ▶2-20			4
	'으' 탈락		○ ▶1-18		○ ▶1-16 ▶1-26		○ ▶1-15		○ ▶1-14	4
	'우' 불규칙									0
어미	'여' 불규칙									0
	'러' 불규칙									0
	'너라' 불규칙									0
	'오' 불규칙									0
어간 어미	'ㅎ' 불규칙	○ ▶2-6	○ ▶2-24			○ ▶3-2	○ ▶2-7	○ ▶1-6	○ ▶2-30	6

<표 5>를 살펴보면, 한국어 초급 교재에는 어간이 바뀌는 활용이 많이 제시된 반면, 어미가 바뀌는 활용은 전혀 제시되지 않았음을 확인할 수 있었다.

어간이 바뀌는 활용에서는 'ㄷ 불규칙 활용'과 'ㄹ 탈락(ㄹ 불규칙 활용)', 'ㅂ 불규칙 활용'이 대상 교재에서 모두 언급되었다. 이들 '불규칙 활용'은 외국인 학습자들이 한국어를 익히는 과정에서 반드시 우선적

으로 익혀야 하는 것으로, 이를 올바르게 이해해야만 다양한 문법적 역할을 수행할 수 있게 되는 것이다.

'우 불규칙 활용'은 어간이 바뀌는 활용에서 유일하게 다루어지지 않았으며, 'ㅅ 불규칙', '르 불규칙', '으 탈락(으 불규칙)'의 경우에도 몇몇 교재가 이를 다루지 않고 있었다.

'르 불규칙 활용'이라는 용어로 문법을 설명한 교재가 '르 탈락'으로 설명한 교재보다 많은 반면, 서강대 교재의 경우에는 '르 불규칙 활용' 설명 부분 이외에 '르 탈락'으로 설명한 부분이 따로 있었으며, 두 용어를 함께 병기하여 설명을 하고 있다는 점이 특이할 만하다 하겠다. 그러나 뚜렷한 규정 없이 두 용어의 혼합 사용하는 것은 학습자의 혼란을 가져올 수도 있어 교사의 지도시 유의가 필요해 보인다.

'으 탈락(으 불규칙 활용)'의 경우에도 '으 불규칙 활용'이라고 소개된 교재가 '으 탈락'으로 소개된 교재보다 많게 나타났으며, 성균관대 교재의 경우에는 1권 15과에서는 '으 탈락'을, 2권 20과에서는 '으 불규칙 활용'이라는 용어를 사용하여 동일한 설명을 각각의 용어로 설명하고 있음이 확인되었다. 이 역시 오히려 학습자에게 큰 혼란을 줄 수 있어 수정이 필요해 보인다.

어간과 어미가 바뀌는 활용인 'ㅎ 불규칙 활용'은 서강대와 서울대 교재를 제외한 교재에 제시되고 있으며, 초급 단계의 상·하권 중에서도 주로 하권에 나타나고 있다는 공통점을 보이고 있다. 이와 같은 특징은 'ㅅ 불규칙 활용'의 경우에도 동일하게 나타나고 있어 주목할 만하다.

<표 5>와 이상의 내용을 바탕으로 각각의 '불규칙 활용'이 제시된 교재의 수와 백분율을 살펴보면, <그림 1>과 같다.

<그림 1> 한국어 초급 교재에 나타난 불규칙 활용

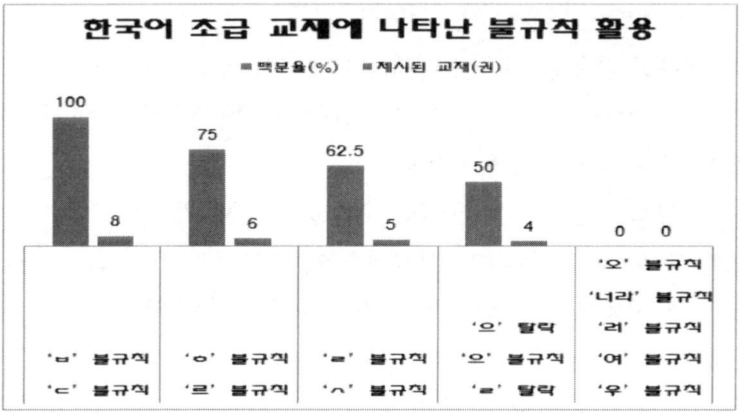

3.3 한국어 초급 교재에 나타난 불규칙 활용의 어휘 분석

앞 장에서 살펴본 '불규칙 활용의 유형'에 따라 각 교재에 제시된 사용된 어휘들을 추출하여 보았다. 어미가 변하는 활용을 제외한 활용 어휘들을 정리해 보면 <표 6>과 같다.

<표 6> 한국어 초급 교재에 나타난 불규칙 활용의 예

활용 부분	활용 명칭	건국대	경희대	서강대	서울대	선문대	성균관대	연세대	한국외대
어간	'ㅅ' 불규칙	낫다 짓다 붓다				굿다 붓다 젓다 짓다	낫다 짓다 붓다 씻다 웃다 벗다 빗다	굿다 낫다 붓다 잇다 젓다 짓다	붓다 잇다 젓다 짓다
	'ㄷ' 불규칙	듣다 걷다 묻다	묻다 듣다 걷다	듣다 묻다 걷다	걷다 듣다	듣다 걷다	걷다 듣다 묻다	듣다 묻다 걷다	걷다 묻다 듣다

		받다 닫다	받다 민다				신다 닫다	
'ㄹ' 불규칙	길다 멀다 살다 알다		살다 알다 길다 놀다 멀다		알다 들다		살다 알다 놀다 팔다 만들다	길다 놀다 팔다
'ㄹ' 탈락			알다 길다 걸다 팔다 만들다 놀다 달다 살다 물다	만들다	들다 멀다	만들다 살다 열다 알다 길다 멀다		
'ㅂ' 불규칙	덥다 춥다 가깝다	돕다 잡다 좁다 춥다 덥다 가볍다 무겁다 가깝다 아름답다 어렵다	쉽다 돕다 어렵다 춥다 덥다	어렵다 쉽다 덥다 춥다 맵다	고맙다 어렵다	뜨겁다 맵다 돕다 덥다 입다	덥다 맵다 눕다 돕다 잡다 씹다 좁다 넓다 어렵다	곱다 돕다 덥다 춥다 맵다
'르' 불규칙	바르다 다르다 모르다 부르다 빠르다	바르다 빠르다 오르다 다르다 고르다 누르다 모르다 자르다 부르다	모르다 부르다 빠르다 다르다		다르다 모르다 빠르다 고프다 오르다 기르다 부르다 마르다 흐르다	부르다 빠르다 모르다 다르다	모르다 부르다 바르다 흐르다 다르다	
'으'	바쁘다	바쁘다	바쁘다		아프다	고프다		

	불규칙	아프다 쓰다	나쁘다 고프다 예쁘다 기쁘다 크다	예쁘다 쓰다		바쁘다 예쁘다 쓰다	아프다 기쁘다		
	'으' 탈락				바쁘다 나쁘다 오르다		나쁘다 바쁘다 배고프다 아프다 슬프다 쓰다 크다 예쁘다	기쁘다 아프다 예쁘다 쓰다	
	'우' 불규칙								
어간 어미	'ㅎ' 불규칙	까맣다 하얗다 빨갛다	빨갛다 어떻다 파랗다 좋다 그렇다 까맣다			어떻다 파랗다 하얗다 이렇다 그렇다 좋다 쌓다 넣다 낳다	어떻다 빨갛다 노랗다 파랗다 하얗다	빨갛다 어떻다 그렇다 좋다	빨갛다 하얗다 까맣다 노랗다 그렇다 어떻다

<표 6>을 살펴보면 대부분의 교재들에 사용된 어휘들은 대체로 비슷하게 제시되었다. 이들 어휘들을 유형에 따라 사용된 빈도로 분석하여 재정리하면 <표 7>과 같다.

<표 7> 한국어 교재에 나타난 불규칙 활용에 대한 어휘 빈도 분석

활용 부분	활용 명칭	1회	2회	3회	4회	5회	6회	7회	8회
어간	'ㅅ'불규칙	씻다 웃다 벗다 빗다	긋다 잇다	낫다 젓다		짓다 붓다			
	'ㄷ'불규칙	믿다 싣다	닫다 받다				묻다		듣다 걷다
	'ㄹ'불규칙 'ㄹ'탈락	걸다 열다	들다 팔다		멀다 놀다 만들다	길다 살다	알다		
	'ㅂ'불규칙	가볍다 무겁다 고맙다 뜨겁다 입다 눕다 씹다 넓다 곱다 아름답다	가깝다 쉽다 좁다 잡다		맵다	어렵다 춥다 돕다		덥다	
	'르'불규칙	고르다 누르다 자르다 고프다 기르다 마르다	오르다 흐르다	바르다		빠르다	모르다 부르다 다르다		
	'으'불규칙 '으'탈락	오르다 바쁘다 슬프다		나쁘다 고프다 기쁘다		바쁘다 아프다		예쁘다	
	'우'불규칙								
어간어미	'ㅎ'불규칙	쌓다 넣다 낳다 이렇다	노랗다	까맣다 좋다 파랗다	그렇다 하얗다	빨갛다 어떻다			

<표 7>에서 보는 바와 같이, 8개의 교재 모두에 공통적으로 등장한

어휘는 'ㄷ 불규칙 활용'에 사용된 '듣다, 걷다'라는 어휘였다. 'ㅎ 불규칙 활용'에 사용된 어휘들은 주로 색채어가 많았는데, 색채어 보다는 '그렇다, 좋다, 넣다'등 실제 의사소통 상황에서 자주 사용하는 어휘를 찾아 제시하고 문법 용어를 설명하는 것이 학습자들의 이해를 돕는데 효과적일 것이다.

4 한국어 교재의 불규칙 활용 지도 방안

4.1 불규칙 활용의 효율적인 지도 방안

한국어 교재에서 '불규칙 활용'은 교재의 특성에 따라 명시적으로 설명을 하거나, 어형변화표를 통해 제시하거나, 예문을 통해 보여주거나, 학습자에게 직접 활용형을 만들어 보게 하는 등 다양한 방식으로 제시되고 있는데, 그 예로 대상 교재에 나타난 'ㅂ 불규칙 활용'과 관련한 부분을 정리해 보면 <표 8>과 같다.

<표 8> 한국어 교재에 나타난 'ㅂ 불규칙 활용' 문법 설명

교재	'ㅂ 불규칙 활용'문법 설명	
건국대	받침이 'ㅂ'으로 끝나는 어간 뒤에 모음이 오면 'ㅂ'이 없어지고 모음 'ㅜ'가 붙는다.	
	V	아/어/해요
	덥다	더워요
	춥다	추워요
	If a base form that ends with 'ㅂ' is followed by a vowel, 'ㅂ' disappears and the vowel 'ㅜ' is attached. 예) 학교가 가까워요.	

	오늘은 더워요.				
경희대	덥다 가깝다 아름답다	+	-아/어요 -(으)니까	→	더워요, 가까워요, 아름다워요 더우니까, 가까우니까, 아름다우니까

		-아/어요	-아/어서	-(으)ㄹ 거예요	-습니다
경희대	덥다	더워요		더울 거예요	
	춥다		추워서		
	가볍다				가볍습니다
	무겁다				
	돕다	도와요			
	좁다		좁아서		
	잡다				

서강대	When a verb or adjective stem ends with 'ㅂ', and the verb or adjective stem is followed by a vowel, 'ㅂ' is changed to '우'. 'ㅂ' irregular verbs are still conjugated with the verb ending '-어요'. 쉽다(to be easy): 쉽 -어요 → 쉬우 -어요 → 쉬우어요 → 쉬워요 춥다(to be cold): 춥 -어요 → 추우 -어요 → 추우어요 → 추워요

'ㅂ' irregular adjective	
쉽다(to be easy) 어렵다(to be difficult) 춥다(to be cold) 덥다(to be hot)	쉬워요 어려워요 추워요 더워요

'돕다' is an exception. 'ㅂ' of '돕다' is changed into '오', and then '-아요' is added.
　　돕다(새 help): 돕 -아요 → 도오 -아요 → 도오아요 → 도와요
'입다' and '좁다' are regular verbs, and their stems do not changed.
　　입다: 입 -어요 → 입어요
　　좁다: 좁 -아요 → 좁아요

서울대	어렵다	어렵습니다	어려워요	어려웠어요
	쉽다	쉽습니다	쉬워요	쉬었어요
	덥다	덥습니다	더워요	더웠어요
	춥다	춥습니다	추워요	추웠어요
	맵다	맵습니다	매워요	매웠어요

[Notes] When we add the suffix -어 to a verb stem ending with 'ㅂ', the 'ㅂ' is first replaced with '우', and then the appropriate form of -어 is added. The vowels 'ㅜ+ㅓ' combine to form 'ㅝ' as can be seen in 어려우어 ⇨ 어려워.

선문대	when verbs or adjectives' ending with 'ㅂ' meet a vowel, 'ㅂ' changes to '우'. 고맙다 > 고마 + {ㅂ→우} + 어요 = 고마워요 어렵다 > 어려 + {ㅂ→우} + 어요 = 어려워요			
성균관대	어간의 끝소리 'ㅂ'이 모음 앞에서 없어지면서 '우'나 '오'로 바뀐다.			
	보기			
	뜨겁다	뜨겁 + 어요 → 뜨거 +(ㅂ→우) + 어요 →		뜨거워요
	맵다	맵 + 어요 → 매 +(ㅂ→우) + 어요 →		매워요
	돕다*	돕 + 아요 → 도 +(ㅂ→우) + 아요 →		도와요
연세대	Some verbs that ends in 'ㅂ' don't go by a regular conjugation rule. When verbs such as '덥다, 춥다' are followed by an ending beginning with a vowel, 'ㅂ' changes to '우'. Exceptionally, in case of '돕다' and '곱다', 'ㅂ' changes to '오' when followed by the vowel '-어/아,' and it changes to '우' when followed by '-으.' On the other hand, action verbs such as '입다, 잡다, 씹다' and descriptive verbs such as '좁다, 넓다' follow the regular conjugation. · 어제는 날씨가 아주 더웠습니다. · 비빔밥이 매워요. · 한국말이 너무 어려워요. · 여기 누우세요. · 좀 도와 주세요.			
한국외대	When the verb stem ends in 'ㅂ', and it is followed by a vowel, 'ㅂ' is changed to '우'. The instances that 'ㅂ' is changed to '오' is just for two verbs, '곱다' and '돕다'.			

Verbs	Conjugation		
곱다	곱+아/어/여요	고+오+아요	고와요
돕다	돕+아/어/여요	도+오+아요	도와요
덥다	덥+아/어/여요	더+우+어요	더워요
춥다	춥+아/어/여요	추+우+어요	추워요
맵다	맵+아/어/여요	매+우+어요	매워요

<표 8>의 문법 설명 부분을 살펴보면, 크게 두 가지로 나누어지는 것을 알 수 있다.

첫째는 대부분의 교재들에서 기술된 바와 같이 어간과 어미의 결합 과정에서 규칙성을 찾아 형태소의 결합 과정을 도식화하는 방식이다.

이 방식은 학습자가 형태소를 이해하고 이를 분석하며 결합 과정의 규칙성을 모두 이해해야 하기 때문에 초급 학습자에게 있어서는 학습의 부담이 큰 편이라 할 수 있다.

둘째는 경희대 교재나 서울대 교재에 제시된 바와 같이 일체의 음운 규칙의 기술을 배제하고 오로지 활용형 자체만을 제시하여 불규칙 활용을 학습하도록 하는 방식이다. 이 방식은 학습자가 스스로 규칙을 찾아내고 이를 유추해 내어 활용할 줄 알아야 하기 때문에 이 또한 초급 학습자에게 있어서는 쉽지 않은 방식이라 하겠다.

결국 '불규칙 활용'이 제시된 방식 두 가지 모두 초급 학습자의 입장에서 보면 어렵다는 결론이 도출된다.

이런 '불규칙 활용'의 지도 방안에 대해 석주연(2002)은 규칙을 가르치지 않고 두 개의 어간을 상정하게 하여 그 어간을 각각 자음으로 시작하는 어미와 모음으로 시작하는 어미에 배당하는 방식을 주지시키고 활용형을 만들게 하는 지도 방법을 제시한 바 있다. 반면, 김영선(2009)은 규칙 설정을 통해 학습하도록 유도하는 것이 효율적이라 보고, 불규칙 용언과 규칙 용언의 활용형을 함께 제시하고 각각의 불규칙 용언의 활용형을 어간과 어미로 분석할 수 있도록 유도한 후, 각각의 활용형에서 분석된 어간과 어미를 결합하도록 시도하는 지도 방법을 제시하였다.

'불규칙 활용' 지도 방법의 모색에 앞서 인지해야 할 가장 중요한 사실은 '불규칙 활용'은 대부분 초급 교재에서 다루고 있다는 것, 그리고 한국어에 익숙하지 않은 초급 학습자들이 '불규칙 활용'을 이해해 나가는 것은 한국어 문법을 이해해 나가는 발판을 마련하는 것이라는 사실이다. 따라서 '불규칙 활용'은 초급 학습자가 될 수 있는 한 쉽게 이해하되 '규칙 활용'과 혼동을 겪지 않도록 지도되어야 할 것이다. 교사의 안내 및 제시가 얼마나 효율적으로 이루어지느냐에 따라 학습자의 성취도는 달라질 수 있기 때문에 이에 대한 효율적인 지도 방안을 모색할 필요성은 더욱 커진다.

본고에서는 기존에 제시된 바 있는 '불규칙 활용'의 지도 방법을 고려하되, 이를 학습자가 좀 더 쉽게 접근할 수 있도록 수정하여 제시하고자 한다. 일반적으로 문법 학습에서는 먼저 규칙을 제시하고 그 규칙이 구현된 예문을 제시하는 연역적인 방법이나 여러 예문을 제시하고 그것을 학습하는 과정에서 문법 규칙을 알아내게 하는 귀납적인 방법을 사용하는데, 본고에서는 학습자의 수준으로 고려하여 귀납적인 방법을 활용하고자 한다.

우선 교사는 학습자에게 '불규칙 활용'에 대한 개념을 쉽게 설명하고, 이를 구조화하여 줌으로써 학습자가 보다 구체적으로 이해하도록 돕는다. 그리고 제시된 '규칙 활용' 어휘와 대조하여 설명해 줌으로써 '불규칙 활용'의 특성을 정확하게 파악하도록 하며, 이를 바탕으로 어형변화표를 제시하여 불규칙 용언을 활용하는 연습의 시간을 갖도록 한다. 마지막으로 다양한 불규칙 용언의 어휘를 함께 제시하여 기계적이면서도 자연스럽게 '불규칙 활용'을 익힐 수 있도록 지도한다. 이를 정리하면 <그림 2>와 같다.

<그림 2> 한국어 불규칙 활용의 지도 방안

1단계	불규칙 활용 개념 설명
↓	
2단계	불규칙 활용 구조화
↓	
3단계	불규칙 활용과 규칙 활용의 비교
↓	
4단계	불규칙 용언의 활용 연습
↓	
5단계	불규칙 용언 어휘 제시

4.2 불규칙 활용의 효율적 지도 방안 실례

본 장에서는 <표 8>과 <그림 2>를 바탕으로 하여 각 대학별 교재의 내용을 바탕으로 실제 지도 방안을 설계해 보기로 한다.

- 문법 내용: 'ㅂ 불규칙 활용'
  'ㅂ 불규칙 활용' 부분은 8개 대학의 교재 모두에 제시된 부분으로, 학습의 중요도가 매우 큰 부분이다.

4.2.1 불규칙 활용 개념 설명

문법을 설명할 때에는 장황하게 설명하기 보다는 핵심만 간단하게 하는 것이 오히려 학습자가 쉽게 이해할 수 있다. 따라서 'ㅂ 불규칙 활용'은 다음과 같이 간단하게 설명해 주도록 한다.

- 'ㅂ 불규칙 활용'은 'ㅂ'으로 끝난 어간이 모음으로 시작하는 어미를 만났을 때, 'ㅂ'이 'ㅜ'로 바뀌는 현상이다.
- 단, '돕다, 곱다'의 용언에서처럼 양성 모음 아래에서는 'ㅂ'이 'ㅗ'로 바뀐다.

'ㅂ 불규칙 활용'은 지도시 모음 탈락과 모음 축약을 함께 가르쳐야 하며, 어간이 양성 모음으로 끝나더라도 '-어서, -었-'이 결합되므로 모음 조화가 적용되지 않음도 같이 설명해 주어야 하므로 학습량이 많은 편이다. 또한 '돕다, 곱다'의 경우에는 예외적으로 양성모음이 붙는다는 사실은 한국어 학습자에게 혼란을 가져올 수 있기 때문에 처음부터 한꺼번에 많은 양을 가르치려 하지 말아야 한다.

4.2.2 불규칙 활용 구조화

개념 설명이 끝나면 그에 해당하는 용언의 활용을 보여준다. 'ㅂ 불규칙 활용'의 경우에는 어간 말음 'ㅂ'이 'ㅜ'로 변하는 과정을 초급 학습자들에게 구조화하여 보여주도록 한다. '돕다, 곱다'의 예외적인 규칙도 구조화를 통해 지도해 준다.

- 뜨겁다 : 뜨겁 + 어요 → 뜨거 + (ㅂ→우) + 어요 → 뜨거워요
- 맵다   : 맵 + 어요 → 매 + (ㅂ→우) + 어요 → 매워요
- 돕다* : 돕 + 아요 → 도 + (ㅂ→우) + 아요 → 도와요

4.2.3 불규칙 활용과 규칙 활용의 비교

대부분의 한국어 교재에서는 '불규칙 활용'에 초점을 맞추어 용어를 제시하고 있다. 반면, 규칙 활용을 함께 제시해 주면 학습자가 '불규칙 활용'의 특성을 보다 쉽게 이해하는데 도움이 될 것이다. 따라서 '규칙 활용'에 해당하는 용언을 다양하게 제시해 주고 이를 활용해 보도록 지도한다.

- 입다 : 입 -어요 → 입어요 (_____ 활용)
- 좁다 : 좁 -아요 → 좁아요 (_____ 활용)
- 입다, 좁다, 잡다, 집다, 업다, 씹다, 뽑다

4.2.4 불규칙 용언의 활용 연습

교재에 제시된 어휘를 제시하되, 빈 어형변화표로 제시하여 학습자가 스스로 빈 칸을 채우도록 함으로써 불규칙 용언의 활용을 연습해 보도록 지도한다. 어려워하는 학습자를 위해 하나씩 예를 들어 확인시켜 주는 것도 필요하다.

	-아/어요	-아/어서	-(으)ㄹ 거예요	-습니다
덥다	더워요		더울 거예요	
춥다		추워서		
가볍다				가볍습니다
무겁다				
돕다	도와요			
좁다		좁아서		
아름답다				아름답습니다
어렵다			어려울 거예요	
뜨겁다	뜨거워요			
잡다				

4.2.5 불규칙 용언의 어휘 제시

초급 학습자의 수준에 맞춰 교재에 제시된 어휘 이외에도 <표 6>과 <표 7>을 참고하여 다양한 어휘를 제시한다. 예문이나 문장에 사용된 어휘를 활용하는 것도 좋을 것이다. 이때 단순히 어휘만을 제시하는 것보다는 연습 문제를 함께 제시하여 학습자가 다양하게 연습을 할 수 있는 기회를 제공하는 것도 필요하다.

- 어제는 날씨가 아주 _____.(덥다)
- 어제의 하늘은 _____.(아름답다)
- 선생님! 한국말이 너무 _____.(어렵다)
- 할아버지! 여기 _____.(눕다)
- 친구야! 좀 _____.(돕다)
- 여기서 우리집이 _____.(가깝다)

본고에서는 주어진 문장을 완성하는 문제로 어휘를 활용하도록 하엿으나, 이 외에도 문장 내에서 틀린 부분을 찾아 고치도록 한다거나 알맞은 단어를 찾아 골라 쓰도록 하는 등 초급 학습자의 수준에 맞는 여러 가지 연습 문제를 제시할 수도 있겠다.

5 정리

한국어 문법은 '규칙 활용'보다는 '불규칙 활용'이 대체로 많은 부분을 차지하고 있어 외국인 학습자가 한국어를 학습하는데 많은 어려움이 따르고 있는 것이 사실이다.

본 연구는 이에 한국어 문법에 나타난 '불규칙 활용'의 개념과 유형을 살펴보고, 한국어 교재에 '불규칙 활용'이 어떠한 유형으로 나타나고 있는지 분석해 보았다. 그리고 한국어 교재에 나타나 여러 종류의 '불규칙 활용'에 사용된 어휘들을 조사해 보고 그 빈도를 근거로 하여 불규칙 용언을 추출해 보았다.

아울러 이를 효과적으로 지도하는 방안으로 학습자가 교사의 설명을 듣고 구조화를 통해 한국어 '불규칙 활용'을 반복 연습하여 이를 효과적으로 이해할 수 있는 지도 방안을 제안해 보았다. 이를 통해 한국어 문법에서 '불규칙 활용'을 처음 접하는 초급 학습자들의 학습 부담감을 조금이나마 줄일 수 있으리라고 기대해 본다.

'불규칙 활용'에 대한 용어, 유형별 분류 체계에 대한 학계의 논란은 여전하다. '불규칙 활용'의 기준에 관한 문제나 '불규칙 활용'의 범주 설정에 관한 문제, 종래의 국어 문법에서 규칙 활용으로 설정하고 있는 '르 불규칙 활용, 으 불규칙 활용'에 대해 한국어 문법에서는 어떻게 접근하는 것이 좋을지 좀 더 구체적으로 고찰해 보지 못한 것은 이 연구의 한계점으로 남는다.

　본 연구가 한국어 교재에 '불규칙 활용'을 제시함에 있어 조그만 도움이 되기를 바라며, 본 연구에서 지적되는 문제들은 차후의 연구과제로 남겨 본다.

참고문헌

◎ 참고 논문 및 저서

국립국어연구원(1997), "한국어 기초 문법, 한국어 연수 교재", 국립국
　　　　어연구원.

김영선(2009), "한국어 불규칙 용언의 교수 방법 연구", 우리말연구 25
　　　　집, 우리말학회.

김제열(2001), "한국어 교육에서의 기초 문법 항목의 선정과 배열 연
　　　　구", 한국어교육 12-1, 국제한국어교육학회.

박덕유(2009), 학교문법론의 이해, 역락.

백봉자(2001), "외국어로서의 한국어 문법 교육", 한국어교육 12-2, 국
　　　　제 한국어교육학회.

석주연(2002), "외국인 학습자를 위한 불규칙 용언 교육 방법에 대한
　　　　일 고찰", 이중언어학 제20호, 이중언어학회.

이관규(2002), 개정판 학교문법론, 월인.

이대규(2000), "외국인을 위한 한국어 불규칙 동사의 교육 방법", 이중
　　　　언어학 제17호, 이중언어학회.

이미혜(2009), "한국어 문법 교육의 목표-국어 문법 교육과의 차별성",
　　　　문법교육 제10집, 한국문법교육학회.

이은희(2009). "한국어 교육의 문법 기술 방식 고찰-불규칙 활용을 중
　　　　심으로-", 이중언어학 제41호, 이중언어학회.

이정민(2008). "한국어 초급 학습자를 위한 불규칙 용언 활용의 교재
　　　　구성 방안", 상명대학교 일반대학원 석사학위논문.

조남민(2002), "한국어 교육용 교재에 나타난 불규칙 용언에 관한 분
　　　　석", 이중언어학 제20호, 이중언어학회.

◎ 참고 교재

건국대 한국어교육센터(2005), 한국어.

경희대 국제교육원 한국어교육부(2001), 한국어.

서강대 한국어교육원(2005), 서강한국어(구).

서울대 언어교육원(2000), 한국어.

선문대 한국어 교육원(2008), 외국인 유학생을 위한 한국어.

성균관대 성균어학원(2009(개정판)), 배우기 쉬운 한국어.

연세대 한국어학당(2010), 연세 한국어.

한국외대 한국어문화교육원(2007), 외국인을 위한 한국어.

찾아보기

저자 **박덕유** 인하대학교 국어교육과 교수
      오영신 인하대학교 국어교육과 강사
      강 비 인하대학교 한국어교육전공 박사과정
      이효숙 인하대학교 언어교육원 강사
      김정자 인하대학교 한국어교육전공 박사과정
      최 영 연변과기대 전임강사
      김선영 경기대학교 언어교육원 강사
      강금염 인하대학교 한국어교육전공 박사과정
      윤미영 태국 쏭클라대학교 강사
      윤인아 인천 가림고등학교 교사, 인하대학교 박사과정 수료

한국어 학습자를 위한 음운교육 연구

초판인쇄 2011년 12월 13일
초판발행 2011년 12월 23일

저 자 박덕유 외
발 행 인 윤석현
발 행 처 도서출판 박문사
책임편집 이신
마 케 팅 김형열
등록번호 제2009-11호

우편주소 서울시 도봉구 창동 624－1 북한산현대홈시티 102－1206
대표전화 (02)992-3253
전 송 (02)991-1285
전자우편 jncbook@hanmail.net
홈페이지 http://www.jncbms.co.kr

ISBN 978-89-94024-65-3 93710   정가 17,000원

* 이 저서는 2011년 인하대학교 국어문화원 전문적인 연구서 발간 출판비 지원에 의하여 발간되었음